JN196663

現代税制の現状と課題

租税回避否認規定編

著 今村 隆（日本大学大学院法務研究科教授）

新日本法規

は　し　が　き

　このたび、我が国及び諸外国の租税回避否認規定についての書き下ろしの単行本を刊行する運びとなった。新日本法規出版株式会社は、創立70周年を記念し、『現代税制の現状と課題』を出版することとなったが、本書は、その記念出版の一環としての「租税回避否認規定編」である。筆者は、平成27年にそれまで書いてきた論文をまとめた論文集である『租税回避と濫用法理』（凡例掲載）を出版した。この論文集は、筆者としては、望外の反響があったが、論文集の性格上、外国の立法や判例の動向については、古くなっていたり、あるいは、同じ事件を違う論文に何回か重複して記述したりしていた。そこで、今回の出版に当たっては、現時点での最新の状況に基づき、また、論じる判例などを整理して、上記論文集の筆者の考えを発展させて論じることとした。

　筆者が、上記論文集を刊行したのは、ヤフー事件での1審や高裁判決が出て、法人税法132条の2の「不当」について、組織再編税制や個別規定の趣旨・目的に反する場合も含まれるとの判断がされ、租税回避は、租税法規の濫用であるとの筆者の長年の主張が受け容れられたからであった。

　ところが、その後、ヤフー事件の最高裁平成28年2月29日判決が、法人税法132条の2の「不当」とは、「組織再編成に関する税制に係る各規定を租税回避の手段として濫用することにより法人税の負担を減少させるものであること」をいうと判示し、課税減免規定の濫用が租税回避に当たることを明確にした。この最高裁判決の意義は、租税回避の問題において、非常に重要であり、租税回避についての我が国の通説にも影響を与えるものであり、また、租税回避についての我が国における議論を大きく進展させるものである。

租税回避は、租税法における永遠の問題であるが難問でもあり、筆者としては、様々な見解があり得ると考えていて、これら様々な見解を決して否定するつもりはない。筆者が問題と考えているのは、我が国においては、これまで租税回避の問題を対立が大きなやっかいな問題として議論を避ける傾向にあったことである。その意味で、平成29年の6月10日及び11日にかけて開催された日本税法学会における第107回の大会・総会において、租税回避の問題が正面から取り上げられ、筆者も報告者の一人として報告の機会を得たことは、筆者としては大いに歓迎している。

　そこで、本書においては、上記ヤフー事件最高裁判決による議論の進展や日本税法学会での議論を踏まえて、執筆することとした。本書が、租税回避の問題について今後少しでも役に立つことがあれば幸いである。

　なお、この本の編集や校正に当たっては、加賀山量氏を始め新日本法規出版の諸氏にお手数をかけた。これらの方々には、厚くお礼を申し上げたい。

平成29年10月

今　村　　　隆

著者略歴

今村　隆（いまむら　たかし）

日本大学大学院法務研究科教授

昭和51年　東京大学法学部卒業

昭和54年　検事任官（東京地検検事）

法務省訟務局付検事、同省訟務局参事官を経て

平成10年　法務省訟務局租税訟務課長

平成15年　検事退官

その後、駿河台大学教授、同大学法科大学院教授を経て

現在　日本大学大学院法務研究科教授、税務大学校客員教授、
　　　弁護士

【主要著書・論文】

『租税回避と濫用法理』（単著、大蔵財務協会、平成27年）

『課税訴訟における要件事実論〔改訂版〕』（単著、日本租税研究
　協会、平成25年）

『租税争訟〔改訂版〕』（共編著、青林書院、平成21年）

「行為計算否認規定をめぐる紛争」（税法学、平成29年）

「租税回避の意義とG8各国の対応」（フィナンシャル・レビュー
　126号、平成28年）

「外国事業体の「法人」該当性」（税大ジャーナル24号、平成26年）

「税訴訟における文書提出命令」（租税法研究第37号、平成21年）

「税法における「価格」の証明責任」（山田二郎先生喜寿記念論文
　集、平成19年）

凡　　例

1　文　献

　比較的多く引用する文献については、下記のとおり略語を用いること
とする。

（和書・単行本）

拙著・濫用法理	拙著『租税回避と濫用法理－租税回避の基礎的研究－』（大蔵財務協会、平成27年）
拙著・要件事実論改訂版	拙著『課税訴訟における要件事実論〔改訂版〕』（日本租税研究協会、平成25年）
金子・租税法第22版	金子宏『租税法〔第22版〕』（弘文堂、平成29年）
清永・租税回避の研究	清永敬次『租税回避の研究』（ミネルヴァ書房、平成7年）
谷口・基本講義第5版	谷口勢津夫『税法基本講義〔第5版〕』（弘文堂、平成28年）
谷口・租税回避論	谷口勢津夫『租税回避論－税法の解釈適用と租税回避の試み－』（清文社、平成26年）

（洋書・単行本）

Lang ed.,GAARs	Michael Lang et al. ed., "GAARs - A Key Element of Tax Systems in the Post-BEPS World" (IBFD, 2016)

（洋雑誌）

BTR	British Tax Review (Sweet & Maxwell)
BIT	Bulletin for International Taxation (IBFD)

2　判　例

　外国の判例については、英文で事件名を表記することとする。

〈判例一覧〉

　本書で引用する判例のうち筆者の「検討」を加えているものについて、他で参照することも多いことから、特に番号を付し、当該箇所の頁数を示すこととする。

略　語　表

＜法令の表記＞

根拠となる法令の略記例及び略語は次のとおりである。

法人税法第12条第4項第2号＝法法12④二

法法	法人税法	措法	租税特別措置法
法令	法人税法施行令	措令	租税特別措置法施行令
所法	所得税法	憲法	日本国憲法
所令	所得税法施行令	相基通	相続税法基本通達
相法	相続税法		

＜判例の表記＞

根拠となる判例の略記例及び出典の略称は次のとおりである。

最高裁判所平成27年7月17日判決、最高裁判所民事判例集69巻5号
1253頁＝最判平27・7・17民集69・5・1253

民集	最高裁判所民事判例集	訟月	訟務月報
裁集民	最高裁判所判例集民事	判時	判例時報
民録	大審院民事判決録	判タ	判例タイムズ
刑集	最高裁判所刑事判例集	税資	税務訴訟資料
行集	行政事件裁判例集		

目　次

第3章　先進国の一般否認規定

第5章　我が国における今後の展望

第 1 章

総　論

第1節　問題の所在等

1　問題の所在

　租税回避否認規定とは、租税回避と認められる場合にこの原因となっている行為を租税法上否定しそれに沿って課税するとの規定である。租税回避の否認規定は、大きく分けると、①適用対象を限定していない一般否認規定（General Anti-Avoidance Rule、以下「GAAR」ともいう。）と、②適用対象を限定している個別否認規定（Special Anti-Avoidance Rule、以下「SAAR」ともいう。）とがある。このような租税回避否認規定を論じるに当たっては、租税回避とは何かを検討する必要がある。

　また、租税回避で問題となる取引は、租税法の文言どおりの適用を前提になされていて、納税者において、その文言どおりの租税法上の効果を主張することが多い。そのようなことから、租税回避の問題は、租税法における解釈の在り方と密接に関係していて、コインの表裏といってもいい関係にある。

　さらに、租税回避の問題は、我が国だけの問題ではなく、世界の諸国と共通の問題であることから先進国や新興国などの対応など比較法的な研究をする必要もある[注1]。

　そこで、本書では、本章で、まず租税法の解釈の意義や在り方を検討した上で、租税回避や租税回避否認規定の意義を検討し、第2章で、我が国の現行の租税回避否認規定についてその意義や問題点を論じ、第3章で、先進国の一般否認規定を論じ、第4章で、新興国の一般否認規定を論じ、第5章で、我が国にも一般否認規定を導入する必要があること及び一般否認規定を導入するに当たっての留意点などを論じることとしたい。

　本書の執筆に当たり、心掛けたことは、租税回避の意義を検討することなどにより、我が国の現行の租税回避否認規定の適用対象を明確にし、なぜそれが租税回避に当たるのかを明らかにすることであり、さらに、我が国の租税回避への対応についての現状における問題点を明らかにすることである。

（注1）　このような比較法研究をしたものとして、拙著・濫用法理第4編所収の各論文を参照されたい。

2 参考文献

なお、本書では、可能な限り、日本語で書かれた文献を引用することとしたが、本書の執筆に当たり、特に示唆を受けた外国語の文献としては、2016年に出版されたラング教授ら編集に係る各国の一般否認規定の論文集[注2]がある。この論文集は、2014年にルスト（オーストリア）で開催された会議での各国のレポーターの報告を基に書かれたもので、世界の36か国におけるGAARや判例法理を論じているものであり参考になることから、同書に登載されている各国のGAARについての論文は、適宜引用することとする。

また、最近公刊されたGAARに関する著書としては、①2015年に出版されたPaulo Rosenblattの『主要な途上国にとっての一般否認規定』[注3]、②2016年に出版されたRebecca Murrayの『租税回避第3版』[注4]、③2016年に出版されたMarkus Seilerの『ドイツ、英国及びEUにおけるGAARと司法上の租税回避否認』[注5]がある。

上記①は、ブラジル出身の著者の目で、途上国に対し、IMFなどが全てに当てはまる（one-size-fits-all）GAARを押しつけてくるのではないかとの懸念から、先進国のGAARを検討して、途上国におけるGAARの立法の在り方について論じるものであるが、GAARについて特に目新しい見解が示されているものではない。

上記②は、英国の弁護士（バリスター）による著書であり、緻密な判例の分析に基づき、英国のGAARについて論じるものである。しかし、英国の上院や最高裁の最近の判例については、ラムゼイ原則について目的的解釈を採るものであるとの見解には賛成しているものの、その適用の仕方には疑問を呈するものであり、これに対しては、英国では別な見解も有力であり、そのような前提で読む必要がある。

（注2） Lang ed.,GAARs。同書の概要は、拙稿「Michael Langら編集『一般否認規定——BEPS後の世界における租税制度の重要な要素の一つ』」租税研究2017年3月号336頁を参照されたい。
（注3） Paulo Rosenblatt,"General Anti-Avoidance Rules for Major Developing Countries",（Wolters Kluwer,2015）。この本の概要については、拙稿「Paulo Rosenblatt、主要な途上国にとっての一般否認規定」租税研究2016年5月号225頁を参照されたい。
（注4） Rebecca Murray,"Tax Avoidance 3rd ed.",（Sweet & Maxwell,2016）
（注5） Makus Seiler,"GAARs and Anti-Avoidance in Germany，the UK and the EU",（Linde,2016）

　上記③は、ラング教授が所属するウイーン経済大学に所属する若手の研究者によるもので、ドイツの判例などの記述は参考となるが、GAAR立法に当たり、客観性を高めるために、主観的要件を除くべきであると主張するものであり、いささか独自の見解と考えられる。

　さらに、租税回避の意義、先進国を初め新興国まで含めた一般否認規定についての動向や我が国に与える示唆については、平成28年3月に発刊されたフィナンシャル・レビューの森信教授の編集に係る特集号「税制特集Ⅳ―BEPSと租税回避への対応」[注6]や平成29年6月に刊行された税法学577号[注7]所収の各論文を参照されたい。

第2節　租税法の解釈

1　法律解釈の意義

（1）総 説

　そもそも法律の各規定は、要件と効果を記述する命題である。法律の解釈とは、主に、このような要件の意味を明らかにすることであり、適用とは、問題となっている事実関係がこの要件に当てはまるか否かを判断することである。そして、もし問題となっている事実関係が要件に当てはまると判断されれば、その法規が規定する効果が生じることとなるのである。このように法律の規定の解釈・適用とは、いわゆる法的三段論法といわれている判断過程により判断されるのである[注8]。

　このように法律の解釈とは、法律の各規定がどのような要件から成り立つ

（注6）　森信茂樹編集『フィナンシャル・レビュー平成28年1号』。筆者は、同書に「租税回避の意義とG8各国の対応」との論文（同書17頁）を投稿しているが、同書は、我が国にもGAARを導入すべきであるとの共通の見解に基づいて書かれている。

（注7）　筆者は、「はしがき」でも書いたとおり、平成29年6月に開催された日本税法学会の第107回大会・総会で「行為計算の否認規定をめぐる紛争」というテーマで報告したが、その報告に当たり、『税法学577号』に同名での論文（同書271頁）を投稿した。同書には、筆者とは異なる見解の論文もあり、租税回避についての様々な議論がなされている。

（注8）　法的三段論法の詳細については、拙稿「借用概念論・再考」税大ジャーナル16号30,31頁を参照されたい。

ていて、その場合どのような効果が生じるのかという各規定の意味や構造を
明らかにすることであり、具体的には、各規定の要件を明らかにすることで
ある。

(2)　文理解釈と論理解釈

　法律の解釈の方法としては、大きく分けると文理解釈と論理解釈とがある。
文理解釈とは、法律の規定の文言すなわち用語や文章の意味に主眼を置いて
法律を解釈する方法であり、専ら文字の意味に従って解釈する「文字解釈」
と文章の文脈（context）をも考慮する解釈（狭義の「文理解釈」）とがある
が(注9)、本書では、「文字解釈」と狭義の「文理解釈」を併せて「文理解釈」
ということとする。

　一方、論理解釈とは、法律の規定の文字、文章以外の法律の目的や条理に
主眼を置いて法律を解釈する方法である(注10)。論理解釈には、大きく分け
て、①拡張解釈と縮小解釈、②類推解釈と反対解釈とがある。

ア　拡張解釈と縮小解釈

（ア）　拡張解釈の意義

　拡張解釈とは、拡大解釈ともいわれるが、法律の規定の用語を通常に意味
するところより若干広げて解釈することをいう(注11)。Aという用語は、通常
は、ａという事実を意味していて、一般的にはｂという事実は含まれないこ
とが多いが、それを含むとすることも可能であるという解釈方法である。す
なわち、拡張解釈は、「言葉の可能な意味の範囲内の解釈」であると考えられ
る。例えば、刑法38条3項の「法律」について、ここで規定されている趣旨か
ら国民を拘束する法規範を意味していることから、政令や条例等も含まれる
として、「法令」を意味していると解釈されているが、これが拡張解釈の一例
である(注12)。このように拡張解釈は、当該法規で規定されている概念自体を
言葉の可能な意味の範囲内で拡大して、問題となっている事象を包摂すると
いうものであるが、恣意的な拡大解釈が許されないのはいうまでもなく、あ
くまでも拡張する根拠は、当該規定の趣旨であり、当該規定の文言がそもそ

（注9）　林修三『法令解釈の常識』（日本評論社、昭和34年）90頁
（注10）　林・前掲法令解釈の常識90頁
（注11）　林・前掲法令解釈の常識117頁
（注12）　林・前掲法令解釈の常識117頁

も曖昧な場合とか、当該規定の文言を通常の意味のとおり解釈すると不合理な結果をもたらす場合に、当該規定の趣旨に基づきそのように拡張して解釈することが許されるのである。

　ここで「フォーミュラー・カー事件」と呼ばれている最高裁平成9年11月11日判決（判時1624・71）を検討する。これは、物品税法上の「小型普通乗用四輪自動車」にフォーミュラー・カーが当たるとした事件であるが、これが拡張解釈であるのか否かが問題となる。多数意見は、物品税法が課税の対象となる「普通乗用自動車」と非課税の「特殊乗用自動車」を区別していることから、「普通乗用自動車」を「普通」の「乗用自動車」と分けて読み、「普通」とは「乗用以外の特殊の用途〔筆者注・e.g.救急車〕に供するものでないこと」であるとして、フォーミュラー・カーがこれに当たるとしたのである。これに対し、少数意見は、「普通乗用自動車」を「普通乗用」の「自動車」と分けて読み、「普通乗用」とは、人の移動を目的とする「乗用」を「普通」とするものであるとし、フォーミュラー・カーがこれに当たらないとするものである。多数意見は、「普通」という用語の物品税法上の用いられ方を重視するのに対し、少数意見は、「普通乗用」との文言から受ける日常的な用語の意味を重視するものである。金子教授は、少数意見に賛成し、多数意見は、一種の拡張解釈であるとするが(注13)、筆者は、多数意見に賛成であり、多数意見は、「乗用自動車」という概念自体を拡張しているのではなく、物品税法上の「普通」の意味をその趣旨に沿って解釈しているにすぎず、拡張解釈には当たらないと考える。

　　（イ）　縮小解釈の意義

　一方、縮小解釈とは、拡張解釈とは逆に、法律の規定の用語を通常に意味するところより若干狭めて解釈することをいう(注14)。民法177条の「第三者」について、登記制度の趣旨を考慮して、判例(注15)では、「登記のないことを主張することについての正当な利益を有する第三者」と解されているが、これが縮小解釈の一例である(注16)。租税法でいうと、国税通則法65条4項の「正

(注13)　金子・租税法第22版116頁注1、金子宏「租税法解釈論　序説」金子宏ほか編『租税法と市場』（有斐閣、平成26年）6〜9頁
(注14)　林・前掲法令解釈の常識119頁
(注15)　大判（連）明41・12・15民録14・1276
(注16)　林・前掲法令解釈の常識119, 120頁

当な理由」について、最高裁平成18年4月20日判決（民集60・4・1611）が、「真に納税者の責めに帰することのできない客観的な事情があり、上記のような過少申告加算税の趣旨に照らしても、なお、納税者に過少申告加算税を賦課することが不当又は酷になる場合をいう」としているが、これが縮小解釈の一例である。

　このように縮小解釈は、当該規定で用いられている概念を通常の意味よりも狭く解釈して、問題となっている事象をその概念の周縁部分であるとして排除するものであるが、恣意的な縮小解釈が許されないのはいうまでもなく、縮小解釈する根拠は、当該規定の趣旨である。

　これに対し、最近、租税法では、「限定解釈」ということがよくいわれる。後記外税事件最高裁判決（判例1）で問題とされているが、法人税法69条の解釈に当たって、「納付」を「正当な事業活動により納付した場合」と狭めるのであれば、縮小解釈となる。これは、上記の民法177条の「第三者」と同じような解釈方法であり、法人税法69条の外国税額控除の趣旨から「納付」を縮小解釈するものである。上記最高裁判決の事件において、被告の主張していた「課税減免規定の趣旨による限定解釈」というのは、このように「納付」の縮小解釈を主張するものである。

　一方、限定解釈について、「拡張解釈・縮小解釈は文理解釈より何らかの概念を拡張・縮小するものである一方、限定解釈は規定の効果の適用範囲を規定の趣旨・目的に即して文理解釈よりも限定するもの」とする見解[注17]もあり、このような意味で「限定解釈」の用語を用いるのであれば、これは、縮小解釈とは異なる解釈方法となる。しかし、租税法規の要件を狭めずに効果だけを狭めるとすると、「濫用法理」などの一般法理で効果を狭めたと考えざるを得ない。

　上記最高裁判決は、「……本件取引に基づいて生じた所得に対する外国法人税を法人税法69条の定める外国税額控除の対象とすることは、外国税額控除制度を濫用するものであり、さらには、税負担の公平を著しく害するものとして許されないというべきである。」として、同条の適用がないとしているが、これは、「濫用法理」という一般法理で効果を狭めたようにも読める。し

（注17）　浅妻章如「なるべくわかりやすく知りたい金子租税法の租税回避の考え方」税務弘報2016年1月号93頁注22

かし、もしそうであるとすると、ここでの「濫用法理」は、Halifax事件ECJ判決（判例4）と同様、明文規定によらない租税回避の否認ルールとなる。しかし、後記4（3）ア（ウ）で詳述するとおり、上記最高裁判決がそのような一般法理を認めたとは考えられず、法人税法69条の「納付」の縮小解釈の延長線上にあると考える。

　結局、本書では、「縮小解釈」と「限定解釈」とは同じ意味であり、特に区別すべきではないということで用いることとする。

　　イ　類推解釈と反対解釈

　類推解釈とは、Aという用語の意味の中にbという事実は含まれないが、Aを規定した立法趣旨からすると、bは、Aの中に含まれることの明らかなaと類似していることを理由として、bもaと同じように扱われるべきだという解釈方法である。例えば、秘密漏示罪（刑法134）の主体の中には、看護師は含まれていないが、業務上知り得た秘密を保護するというこの規定の目的を達成するために、看護師も含まれると解釈すると、これは類推解釈となる。

　一方、反対解釈とは、法律の規定に書かれていることは、その裏として、これと逆の場合には逆の効果が生じるという趣旨の規定を含んでいると解釈する方法である（注18）。例えば、民法737条の「未成年の子が婚姻をするには、父母の同意を得なければならない。」との規定から、成年の子には、父母の同意を要しないとするような解釈が一例である（注19）。

　このような類推解釈と反対解釈は、ある事柄について直接の規定がない場合に、それに類似し又は関連した規定がある場合に、1つの結論を推論するものであり、同一の基礎を有する解釈方法である（注20）。したがって、同じ素材を基にして反対解釈をすることも類推解釈をすることもできるのである。このような場合に類推解釈をするのか、反対解釈をするのかは、結局は、推論の根拠となっている当該規定の趣旨・目的で決するほかはないのである（注21）。

　租税法は、租税法律主義（憲法84）に基づく課税要件法定主義の要請がある

（注18）　林・前掲法令解釈の常識125頁
（注19）　林・前掲法令解釈の常識125頁
（注20）　林・前掲法令解釈の常識131頁
（注21）　林・前掲法令解釈の常識131頁

ことから、拡張解釈は許されるが、類推解釈は許されないとされている(注22)。これは、罪刑法定主義でも同様にいわれていることであり、租税法も国民に納税義務を課すという意味では、侵害規範の1つであり、租税法においても、類推解釈や反対解釈は厳に慎むべきであると考える。

2　法律解釈の本質

　法律の解釈は、客観的で創造的な営みである。これが筆者の法律の解釈についての基本的な考え方である。しかし、法律解釈の客観性や創造性については、様々な議論があるところである。

　そこで、筆者の基本的な考え方を明らかにするに当たり、まず、法律解釈の創造性から論じることとする。

(1)　法律の解釈の創造性

　法律の解釈については、単なる発見であるのか、解釈者による創造であるかは、争いがある。法とは、正義や自然法などとは別であり、実定法の体系こそ法であるとする「法実証主義(legal positivism)」の立場から、ドイツのケルゼンは、実定法上適用されるべき法は複数の適用可能性をもった「枠」にすぎず、「解釈」とはこのような「枠」の認識であり、枠の中でどの解釈を選ぶかは、解釈者の価値判断であるとし(注23)、英国のハートは、実定法の条文は、不確定さの半影(penumbra of uncertainty)をもつ開かれた構造であり、法律の解釈とは、このような構造を認識することであるとする(注24)。これらは、ドイツと英国と異なる法系における見解であるが、いずれも法律の解釈は、発見にすぎないとする立場である。これに対し、米国のドゥウォーキンは、連鎖小説(chain story)のたとえを使って、法律の解釈は、単なる発

(注22)　金子・租税法第22版116頁。もっとも、所得税法33条1項の「譲渡」について、最判昭45・10・23民集24・11・1617は、高額の権利金の授受を伴う賃貸借に類推適用すべきとした例があり、また、手続的規定についてのものであるが、地方税法17条の4第1項1号について、最判平20・10・24民集62・9・2424は、法人税割に基づいて都民税を申告した場合の還付加算金の起算日に実質的に類推適用を認めている(拙稿「都民税等の減額更正により生じた過誤納金還付における還付加算金の起算日」自治研究86巻4号138頁)。

(注23)　ハンス・ケルゼン(長尾龍一訳)『純粋法学〔第2版〕』(岩波書店、平成26年)339頁

(注24)　H.L.A.ハート(矢崎光圀監訳)『法の概念』(みすず書房、昭和51年)146頁

見ではなく、創造的な営みであるとする(注25)。なお、民法の内田教授も法の解釈の2つの在り方について同様の分析をしている(注26)。

　これは、法の解釈の在り方の問題であるが、同時に、法に対して解釈者がどのように向かい合うのかの問題でもある。法実証主義の立場は、法律の解釈の客観性をできるだけ担保しようとの立場と考えられる。しかし、実際の法律の解釈の在り方、特に判例による法の創造性をみたとき、法律の解釈は、単なる発見にすぎないとは考えられない。筆者は、実務家出身であり、判例による法の創造性を尊重する立場であり、法律の解釈には、創造的作用があると考える。判例による法の創造は、具体的には、民事の判例にその例を多く見出すことができるが、その形態には、①法文に規定のなかった一般法理の定立、②社会の実態に適合する法の創造、③抽象的法規範の具体化などがあるといわれている(注27)。我が国は、大陸法系の国であるが、制定法は、比較的条文数が少なく、不確定概念など抽象的法規範が用いられることも多く、立法部門も司法が判例で法創造をすることを期待しているところがあり、判例による法創造が実際にも重要な役割を果たしているのである。

　このように法律の解釈には、創造的作用があるとすると、解釈者の主観であるかのような誤解を招くかもしれない。しかし、法律の解釈は、ドゥウォーキンのいうとおり、「統一体としての法（law as integrity）」を発展させる創造的な営みであり、法律の解釈は、統一体としての法の発展であり、発展前の統一体との整合性が保たれる必要があり、客観性が保たれると考える。これは、筆者の実務家としての経験に基づくものでもあり、法律家として修練を積むにつれ、法律は統一体であるとの実感を強く抱くようになったのである。

　法律の解釈は、創造であり、「統一体としての解釈」が妥当し、そうすると、単に法律の用語が曖昧な場合だけではなく、法律の適用が不明確な場合や不合理な場合も解釈することが許されると考える。

　なお、筆者のいう「統一体としての解釈」というのは、法律の解釈の創造性を重視しているものの、法律の規定を出発点とし、それによって判例等に

(注25)　ロナルド・ドゥウォーキン（小林公訳）『法の帝国』（未来社、平成7年）357～371頁
(注26)　内田貴『民法Ⅰ〔第4版〕』（東京大学出版会、平成20年）8～10頁、内田貴「探訪『法の帝国』（一）」法学協会雑誌105巻3号249～253頁
(注27)　中野次雄編『判例とその読み方〔三訂版〕』（有斐閣、平成21年）219～233頁

より形成された法体系を前提としている立場であり、これを軽視して法律の解釈の創造を唱えるいわゆる自由法論(注28)とは、全く違う立場である。

　一方、我が国に目を転じると、行政法で、「仕組み解釈」ということがよくいわれる。この代表は、塩野教授であるが、「他の法分野にも当てはまることと思われるが、とりわけ行政法においては、それぞれの条文は孤立して存在するわけではない。個別条文は、それぞれの法律（道路交通法、生活保護法、河川法等）の目的実現のための道具の一部を形成している。したがって、条文の解釈に当たっては、単にその条文の字句に沿った解釈を心掛けるだけでは不十分で、その法律全体の仕組みを十分理解し、その仕組みの一部として当該条文を解釈していくことが必要である。これを『仕組み解釈』と呼ぶこともできるが（……）、いずれにせよ、そのためには、ときには、関連の他の法律まで視野を広げて考察しなければならないときもある。」としている(注29)。これは、個別の条文を解釈するときに、関連する条文等との体系的な関連を考慮しながら解釈するとの「体系的解釈」を更に発展させた解釈方法である。しかし、このような仕組み解釈は、前記1(2)で述べた文理解釈や論理解釈とは別次元の問題であり、文理解釈や論理解釈は、個別行政法の仕組みを理解する際の解釈方法であるとされている(注30)。このような仕組み解釈は、筆者のいう「統一体としての解釈」に近い考え方であり、行政法の一分野である租税法にも妥当するはずであり、後記4(1)イのとおり、判例も、租税法と私法とが交錯するような問題については、このような解釈方法を採っていると考えられる。

(2)　法律の解釈の客観性

　一方、法律の解釈が客観的であるかは、非常に難しい問題である。筆者は、学生時代に、民法の星野教授の「法律の解釈には、価値判断に由来する面から逃れることはできず、解釈者は、このことを自覚して示すべきである。」の見解(注31)に接し、それ以来、この問題は、法律の実務家になっても悩んだ問

（注28）　自由法論は、18世紀にドイツのイエリングやフランスのジェニーが提唱したものである。具体的な内容は、碧海純一『法哲学概論〔全訂第2版〕』（弘文堂、平成元年）165～171頁を参照されたい。
（注29）　塩野宏『行政法Ⅰ〔第6版〕』（有斐閣、平成27年）66頁
（注30）　塩野・前掲行政法Ⅰ第6版66頁
（注31）　星野英一『民法論集第1巻』（有斐閣、昭和45年）6頁

題である。

　しかし、法律の解釈は、単なる三段論法的な形式論理学ではなく、議論に基づく説得的論理学である。民法の平井教授も、法律解釈の実際の判断過程は、法的三段論法ではなく、「議論（argument）」から成り立っていると指摘している[注32]。

　要件事実論も、突き詰めると、このような議論に基づく説得的論理学と考えられる[注33]。

　このように考えると、法律の解釈の客観性は、自然科学における客観性とは異なり、議論を通じて成り立つものと考えられる。

3　比較法的考察

　我が国の租税法の解釈の在り方を論じる前に、諸外国における租税法の解釈がどのようになされているかを比較法的な見地から考察することとする。諸外国といっても、数多くあり、それらの全部を検討することはできないので、英国、米国及びドイツについて論じることとする。

(1)　英　国

ア　伝統的な解釈方法

　英国は、租税法律主義の発祥の国であり、また、所得税の発祥の国でもあり、租税法の解釈の在り方についても伝統のある国である。

　英国は、元々は、制定法については文理解釈（literal interpretation）の伝統が強い国である。これは、コモン・ローの国における制定法に対する考え方に基づくものと考えられる。英国においては、コモン・ローすなわち判例法が第1次的法源であり、制定法は補充的・第2次的法源であって、「制定法（律）は、コモン・ローの存在を仮定している。制定法（律）が法のある特定部門を法典の形に書き換える場合は別として、制定法（律）は、コモン・ローの

(注32)　平井宜雄『法律学基礎論覚書』（有斐閣、昭和34年）16頁以下
(注33)　伊藤滋夫教授は、要件事実論は、問題となっている事実関係において、本質的事実でない事実をオープンとし、それについて論駁を許すことにより成り立っているとのいわゆる「オープン理論」が基礎となっているとしているが（伊藤滋夫編著『要件事実講義』（商事法務、平成20年）253～256頁）、これは、要件事実論が議論に基づく説得的論理学であることを意味していると考える。

記録（判例集）の追録であり正誤表である。」(注34)といわれている。

　一方、英国において、議会は、議会主権主義（parliament sovereignty）といって、非常に強い立法権限をもっている。しかし、一方で、英国は、判例法の国であり、議会が強い立法権を有しているといっても、コモン・ローの伝統から、議会の立法が司法により是認されて初めて権威をもつとされている(注35)。このような議会の制定法に対する理解から、議会の立法を厳格に文言解釈をすることにより、議会の意思を尊重するとともにその適用を制限しようとする傾向にある。そこで、英国では、制定法の解釈は、文理解釈が原則とされてきたと考えられる。しかし、このような厳格な文理解釈も、文理解釈によって不合理な帰結をもたらす場合には、それが修正されるとしている。これが「黄金律（golden rule）」である。黄金律が採られたのは、1857年のGrey事件上院判決(注36)におけるウェンズリデイル卿の意見であり、「制定法の解釈をするに当たっては、用語の文法規則にかなった意味及び通常の意味が追求されるべきである」としながら、仮にこの方法が「何らかの『不合理性』又は（制定法の）その他の部分との『不整合性』若しくは『矛盾性』」を導くことになって、不十分なものとなる場合には「『このような不合理性及び矛盾性を回避する目的で、ただしその目的を超えない範囲内において』、用語の文法規則にかなった意味及び通常の意味は修正され得る」と述べているのである(注37)。

　このような伝統的な文理解釈を重視する立場は、租税法の解釈についても妥当する。このような租税法の解釈の在り方について、英国の権威的な租税法学者のタイリー教授の著書では、1970年のMangin事件枢密院判決(注38)におけるドノヴァン卿の意見が紹介されている(注39)。これは、ニュージーラン

（注34）　W.ゲルダート（末延三次ほか訳）『イギリス法原理』（東京大学出版会、昭和56年）3頁

（注35）　Marry Ann Glendon et al.,"Comparative Legal Tradition 4th ed.",（West Nutshell Series,2016),at 315

（注36）　Grey v Peason，(1857) 6 HL Cas61

（注37）　フィリップ・S.ジェームズ（矢頭敏也監訳）『イギリス法(上)』（三省堂、昭和60年）13,14頁

（注38）　IRC v Mangin，[1971] AC 739

（注39）　John Tiley and Glen Loutzewhnhiser,"Revenue Law 7th ed.",（Hart Publishing,2012),at 51

ドの事件であり、納税者の行ったpaddok trustという取引に、同国における当時の一般否認規定であった土地・所得税法108条が適用されるかが問題となった事件である。ドノヴァン卿は、「①用語は、通常の意味で解釈されなければならない。これらの用語は、単にその目的が正当な租税回避の手段を阻むとの理由のみで異なる意味を与えられてはならず……道徳的規範は歳入法の解釈には適用されない。②人々は、明白にいわれていることのみを見るべきである。いかなる意図の余地もない。租税には、衡平（equity）はない。租税についての前提もない。何も読み込まれるべきでなく、何も含みにすべきでない。人は、用いられているその用語を公正に見ることができるだけである。③制定法の解釈の目的は議会の意図を確定することであり、いかなる不正義もいかなる不合理も意図されていないと推定されることができる。それ故、もし、文言解釈がそのような結果をもたらすとき、そして用語がそれを避けるであろう解釈を許すときは、そのような解釈は採用することができる。④立法の歴史とそれが議会を通過した理由は、解釈の助けとして用いることができる。」と整理し、上記事件では、④が問題となるとの意見を述べ、土地・所得税法108条の歴史的な沿革を検討し、同条がpaddok trustにも適用されるとした。このドノヴァン卿の意見が、租税法において文理解釈を重視する伝統的な解釈方法と考えられる。

　イ　議会資料の排除ルール

　一方、英国においては、制定法の解釈についての独自のルールとして、裁判官が当該租税法規の趣旨・目的を判断するに当たり、当該制定法が立法された際の議会での議事録（Hansard）などの議会資料を参照することは許されないとする排除ルールがあった。これは、裁判官がこのような資料を判決の材料にすると、裁判官の判断が政治的な性質を帯びるおそれがあることから、これを避けるためと考えられる。

　しかし、英国のこの独自の排除ルールは、1992年のHart事件上院判決[注40]で、一定の場合に例外があるとされた。これは、奇しくも租税事件であるが、私立学校の職員がその息子を低額の費用で通学させていた場合の給与として評価される金額が問題となった事案で、1988年法156条1項の「費用（cost）」が限界費用（marginal cost）をいうのか、平均的費用（average cost）かが問

（注40）　Pepper v Hart，[1993] AC 593

題となった事件である。上記上院判決は、法律の条文の文言が不明確な場合には、国会の議事録（Hansard）を参照することを認めた。すなわち、ブロウニー＝ウイルキンソン卿は、多数意見の立場で、「私の判断では、庶民院の優越の問題に服した上で、議会の立法資料は、立法が曖昧でわかりにくいか、あるいは、文言の意味どおりだと不合理な場合には、立法の解釈の助けとして許されるべきである。」との意見を述べ、上記「費用」の意味が曖昧であるとして、議事録を参照し、上記「費用」が限界費用を意味しているとして、納税者の上告を認めて勝訴させた。

　　ウ　現在の解釈方法

　その後、英国では、1981年のRamsay事件上院判決（判例38）など主に租税回避の事案において租税法規の解釈の在り方が問題とされ、目的的解釈（purposive interpretation）の方法も採られるようになり、現在に至っている。

　(2)　米　国

　　ア　伝統的な解釈方法

　米国は、英国と同様、コモン・ローの国であり、元々は、英国における解釈方法と同様、文理解釈を出発点としているが、古くから目的的解釈がなされている。

　また、前記(1)イの議会資料の排除ルールは、1940年のAmerican Trucking事件連邦最高裁判決（注41）により否定されている。

　なお、米国では、実質主義（substance-over-form-doctrine）が採られているといわれているが、これは、あくまでも事実認定の法理であって、法律の解釈の法理ではない。

　　イ　シェブロン原則

　一方、米国における独自のルールとして、シェブロン原則の租税法への適用の問題がある。シェブロン原則とは、1984年のChevron事件連邦最高裁判決（注42）で採用された行政法規の解釈についての原則である。すなわち、裁判

（注41）　US v American Trucking Assosiations, 310 US 534（1940）
（注42）　Chevron U.S.A., Inc. v National Resources Defense Council, 467 US 837（1984）。事案の詳細は、拙稿「厳格文言解釈主義（Textualism）と租税条約の濫用」租税研究2014年11月号279頁以下を参照されたい。

所が行政法関係の議会の制定法を解釈するに当たり、裁判所が白紙から行うのではなく、①制定法が曖昧さがあるかを審査し、議会の意思が明確であれば、裁判所はこれに従わなければならないとし、②議会が沈黙しているか、あるいはその明確な意思が曖昧な場合には、行政機関による解釈が当該制定法の許容できる範囲内のものであれば、当該制定法を実施している行政機関による解釈が尊重されるべきであるとする原則である。これは、まず制定法における議会の意思を審査し、次に、行政機関による解釈を尊重するとの二段階審査（two step doctrine）を採用したもので、裁判所が行政機関による解釈に敬意を払って尊重すべきとする原則であることから「シェブロン敬譲（deference）」といったりもする。これは、1977年に制定された大気清浄法が、大気汚染の「固定汚染源（stationary source）」の排出を測定する方法を定めていたが、環境保護庁は、当初、この固定汚染源について、工場内の個々の施設から排出される汚染源と解釈していたが、排出源の全てをあたかも1つの泡（バブル）で包まれた1つの排出源であると考え（バブル・コンセプト）、1981年に、規則で製造工場施設全体から排出される汚染源と解釈を変更し、これに基づいて、処分がなされたとの事案である。処分を受けた原告は、この規則が無効として争ったが、上記連邦最高裁判決は、「固定汚染源」が曖昧であり、議会の意思も明確でないとし、上記規則を有効として、処分を適法とした。

　このシェブロン原則は、行政法規の解釈に当たり、議会の意思が明確でない場合の定式であるかのようにも思える。しかし、連邦最高裁は、その後の事件で、シェブロン原則を形式的に適用することなく、事案によっては、否定する場合も生じた。それで、シェブロン原則の意義が問題となっているが、連邦最高裁のブライヤー判事は、行政機関が法的問題について裁判所を上回る専門性や経験を有し、その問題について既に慎重に検討している場合に、裁判所が行政機関の解釈に敬譲を示すとの意味であるとしているのが参考となる[注43]。

　問題は、このようなシェブロン原則が租税法にも適用されるかである。具体的には、内国歳入法典の規定に曖昧さがある場合に、財務省の規定する規

則による解釈が裁判所においても尊重されるべきであるかである。2011年の Mayo事件連邦最高裁判決[注44]で、公的年金をまかなうための税（FICA taxes）に関する財務省規則がシェブロン原則の第2段階を満たしているとして、適用されるとしている[注45]。

　このように連邦最高裁は、租税法の分野についてもシェブロン原則の適用を認めているものの、上記のとおり、シェブロン原則の意義が問題となる上、判例の先例拘束性（stare decisis）との関係など争いがあり[注46]、いまだ不安定であると考えられる[注47]。

　　ウ　現在の解釈方法

　米国において、裁判所が採用している法律の解釈の方法について、大きく分けて、(A)文言主義（literalism）、(B)立法担当者意思主義（intentionalism）、(C)立法史尊重主義（puroposivism）、(D)原テキスト解釈主義（textualism）などの対立があるといわれている[注48]。

　文言主義は、法律上の文言を重視して、それによってたとえ不合理な結果をもたらすようなことがあっても、文言どおり解釈すべきであるとする立場である。文言主義の例の代表は、2001年のGitlitz事件連邦最高裁判決[注49]である[注50]。この事件では、債務超過の状態にあるS法人の株主が、その所有する株式の基準価格（basis）の計算に当たり、免除を受けた債務も加算できるかが争われた事件である。内国歳入庁は、債務免除はまずS法人の租税属性を減少させ、残りがある場合に株式の基準額に加算できると主張したのに

（注44）　Mayo Found. for Medical Educ. & Research et al. v United States, 131 S.Ct. 704（2011）

（注45）　この判決の意義については、渕圭吾「Mayo Found. for Medical Educ. & Research et al. v United States, 131 S.Ct. 704（2011）」アメリカ法2011年2号582頁で論じられている。

（注46）　渕圭吾「アメリカ法における先例拘束性とChevron敬譲の優先劣後」論究ジュリスト2014年春号192頁

（注47）　シェブロン原則のMayo事件連邦最高裁判決で残された問題については、カミーラ・E・ワトソン（大柳久幸ほか共訳）『アメリカ税務手続法』（大蔵財務協会、平成25年）19頁を参照されたい。

（注48）　Steve R. Johnson, " Legal Interpretation of Tax Law: United States" , Legal Interpretation of Tax Law,（Wolters Kluwer, 2014）, at 333-341

（注49）　Gitlitz v Commissioner, 531 US 206（2001）。この事案の詳細は、拙稿・前掲租税研究2014年11月号276頁以下を参照されたい。

（注50）　supra, Johnson, Legal Interpretation of Tax Law, at 334

対し、上記連邦最高裁判決で、トーマス判事が多数意見を代表して、内国歳入法典108条 d 項7号 A は、S 法人の場合、「a ないし c 項及び g 項は、法人のレベルで適用される。」と規定し、 b 項は、租税属性は、「総所得金額から除外される額」によってのみ減少されると規定し、債務免除益が株主にパススルーされてもその額に変更はないとして、これらの規定を文言どおり解釈して、免除された債務も基準価格に加算することができるとした。さらに、トーマス判事は、株主が債務免除益に対する課税を免れた上取得価格を増加させて欠損金を控除できるとすると二重の棚ぼたを受けることとなるが、法律の明白な文言が当該納税者にこのような便益を受け取らせることを許しているのであるから、このような不都合を考慮する必要はないとして、納税者の主張を認めたのである。

　次に、立法担当者意思主義は、当該制定法の立法時の立法担当者の意図を重視する立場である。一方、立法史尊重主義は、当該制定法の立法史（legislative history）から制定法の客観的な目的を探求する立場である。

　これに対し、原テキスト解釈主義は、立法史を検討することを否定し、制定法の文言を重視する点では、上記文言主義に類似しているが、法律の文言だけではなく、文脈や立法当時のテキストに基づいて客観的な立法目的を探求する立場である。

　連邦最高裁のスカーリア判事がその代表である(注51)。原テキスト解釈主義の例の代表は、1997年の Brockamp 事件連邦最高裁判決(注52)といわれている(注53)。これは、エクイティ上の時効停止（Eqitable Tolling）といわれている問題であり、内国歳入法典6511条にこのような法理が適用されるかが問題となったが、連邦議会がそのように期間制限に関するエクイティ上の例外を望んでいるとすれば、連邦議会はそのように制度化することが可能であったとして、この法理が適用されないと判断したのである。

　米国においては、これらの解釈方法の中で、立法史尊重主義が有力であると考えられる。

（注51）　スカーリア判事の解釈方法については、大林啓吾「スカリア判事の急逝─時の魔術師が遺したもの」判時2286号145頁を参照されたい。

（注52）　Brockamp v United States, 519 US 347

（注53）　supra, Johnson, Legal Interpretation of Tax Law, at 335

(3)　ドイツ

ア　伝統的な解釈方法

　法律の解釈の方法については、19世紀に有名なサヴィニーによって、①文法的解釈、②論理的解釈、③体系的解釈、④歴史的解釈ということで確立された[注54]。

　これに対し、ドイツにおいては、エノ・ベッカーらによって経済的観察法（wirtshaftliche Betrachtungsweise）が唱えられるようになった。この経済的観察法は、元々は、事実認定の法理として唱えられたが、それが法律の解釈の領域にまで発展させられた。

イ　借用概念

　ドイツで特有の議論で借用概念（entlehnter Begriff）論がある。これについては、借用概念を統一的に考える立場が当初優勢であったが、これに対し、経済的観察法の主張が強くなるにつれ、租税法の概念は独自であるとの見解が強くなった。しかし、その後、再び統一説に揺り戻しがなされたものの、さらに、ティプケによって、目的適合説が提唱されるようになった。

　ドイツの連邦憲法裁判所は、当初は、厳格な統一説の立場を採っていたが、徐々に、それが緩やかになってきて、ついには、1991年の判例で、借用概念も租税法規の目的に沿って解釈すべきであるとして、目的適合の立場を採るに至った[注55]。

ウ　現在の解釈方法

　現在は、ティプケの見解が通説であり、目的的適合説の立場が採られている。

(4)　小　括

　以上、世界の代表的な国々における租税法規の解釈の在り方を検討したが、いずれも紆余曲折はあるものの、文理解釈から目的的解釈へ移行しているというのが大きな流れである。

（注54）　Wolfgang Schön,"Interpretation of Tax Statutes in Germany",in Klaus Vogel ed. Interpretation of Tax Law and Treaties and Transfer Pricing in Japan and Germany, (Kluwer law International,1998),at 70

（注55）　Caroline Heber & Christian Sternberg," Legal Interpretation of Tax Law : Germany",supra,Legal Interpretation of Tax Law,at 170-171

4　租税法の解釈の在り方

(1)　租税法律主義と租税法の解釈

ア　金子教授の見解

　租税法の解釈の在り方について、我が国において文理解釈を重視する立場の代表は、金子教授の見解であり、「租税法は侵害規範（Eingriffsnorm）であり、法的安定性の要請が強く働くから、その解釈は原則として文理解釈によるべきであり、みだりに拡張解釈や類推解釈を行うことは許されない」とし、「ただし、文理解釈によって規定の意味内容を明らかにすることが困難な場合に、規定の趣旨目的に照らしてその意味内容を明らかにしなければならないことは、いうまでもない」として、これを「趣旨解釈」であるとする[注56]。なお、金子教授は、「趣旨解釈」とは、「規定の趣旨・目的に即した解釈」であるとしているが[注57]、これは、規定が曖昧な場合に規定を明確にするものであり、拡張解釈とは異なるものとしていると考えられる。

　金子教授の立場は、ドイツの伝統的な立場を出発点とするもので、文理解釈を重視する伝統的な解釈の方法に基づくものであり、租税法律主義の要請を最大限尊重する立場と考えられる。金子教授の解釈論の特徴は、第1に、類推解釈のみならず、拡張解釈もみだりに行うべきではないとし、拡張解釈の許容性について制限的であることと、第2に、文理解釈によって規定の意味が曖昧な場合に趣旨解釈を認めるが、文理解釈によって不合理な帰結をもたらす場合に趣旨解釈が許されるかについて明確でないことである[注58]。

　これは、金子教授が、租税法律主義において、納税者の予測可能性を重視

（注56）　金子・租税法第22版116, 117頁。金子教授の租税法の解釈についての具体的な見解は、金子・前掲租税法と市場3頁以下で示されている。

（注57）　金子・前掲租税法と市場9頁

（注58）　金子教授は、趣旨解釈の例として、所得税法34条1項の「その収入を得るために支出した金額」について、当該収入を得た個人において自ら負担したといえる場合に限るとした最判平24・1・13民集66・1・1を挙げて、明文上は、支払の主体は納税者に限定されていないが、納税者としては、自ら支払った分だけ控除すれば、投下資本が回収されていることからそれ以上控除を認める必要がないばかりか、もし控除を認めると、法人税において損金算入され、所得税においても控除を認めるという不当な結果（二重控除）が生じるとしている（金子・前掲租税法と市場13頁）。これは、文理解釈が不合理な帰結をもたらす場合に、趣旨解釈を認めているようにも思われるが、明確ではない。

するところからくると考えられるが、租税法律主義には、もちろん納税者の
予測可能性も重要な要素ではあるが、租税法律主義は、元々は、国による恣
意的な課税権の行使を抑制するのが重要な要素であり、納税者の予測可能性
だけで決せられるのではない。だが、金子教授の唱える解釈の方法論もあり
得る立場であり、否定するつもりはない。

　しかし、まず、第1の点であるが、租税法と同様にあるいはそれ以上に侵害
規範であることから租税法律主義よりも厳格な罪刑法定主義が採られている
刑法においてさえ、拡張解釈が広く認められているのと比べると、余りに制
限的すぎると考える(注59)。刑法においては、拡張解釈の限界については、「言
葉の可能な意味の範囲」とする見解などいくつかあるが、有力な見解は、拡
張解釈の許容範囲は、上記のような法文の語義からの距離のみだけではなく、
保護法益の必要性や処罰の必要性との衡量が必要とし、国民の予測可能性の
みで構成要件解釈が定まるわけではないとし、「解釈の実質的許容性は、実質
的正当性（処罰の必要性）に比例し、法文の通常の語義からの距離に反比例
する。」とする(注60)。これは、法律の解釈について、前記2(1)のケルゼンが
法における「枠」の考え方を発展させた長尾龍一教授の「富士山理論」(注61)
に依拠していると考えられる。すなわち、富士山理論とは、法律の解釈は、
富士山のような姿をしていて、頂上が条文の中心的意味であり、山の裾野に
近づくにつれて、言葉の中心から離れていき、その距離に比例して、実質的
正当化が要求されるとするものである。

（注59）　浅妻教授も同様の指摘をする（浅妻・前掲税務弘報2016年1月号93頁注20）。
（注60）　前田雅英『刑法総論講義〔第6版〕』（東京大学出版会、平成27年）60頁。前田教授
　　は、拡張解釈の例として、①鳥獣保護及狩猟ニ関スル法律11条の「捕獲」を「鳥獣を自
　　己の支配内に入れようとする一切の方法」であるとした上発射行為そのものも含まれる
　　とした最決昭54・7・31刑集33・5・494や、同法1条の4第3項の委任を受けた昭和53年環
　　境庁告示43号3号リの「弓矢を使用する方法による捕獲」に矢がはずれた場合も当たると
　　した最判平8・2・8刑集50・2・221、②医師法17条の「医業」に検眼が含まれるとした最
　　決平9・9・30刑集51・8・671、③福島県青少年健全育成条例16条1項の「自動販売機」に
　　監視カメラで客の容貌等を確認する機能を有している機器も、「対面の実質」を有してい
　　ないことからこれに当たるとした最判平21・3・9刑集63・3・27などがあるとしている（同
　　書60,61頁）。
（注61）　長尾龍一『法哲学入門』（講談社、平成19年）171〜174頁、同『法の解釈（ジュリ
　　スト増刊・基礎法学シリーズⅣ）』（有斐閣、昭和47年）234頁

　また、我が国の裁判官の中にも、租税法の解釈も、このような「富士山理論」によるべきとし、目的的解釈が許されるとする見解もある[注62]。

　このような観点でみたとき、租税法の分野で拡張解釈を認めた例としては、①法人税法22条2項の「その他の取引」について、納税者の意思に基づく経済的利益の移転を意味していることを前提に判断した後記オウブンシャ事件最高裁判決（判例2）、②国税徴収法39条の「第三者に利益を与える処分」について、滞納者の積極財産の減少の結果、第三者に利益を与えることとなる一切の行為を意味していることを前提に、遺産分割協議がこれに当たるとした最高裁平成21年12月10日判決（民集63・10・2516）などがある。

　次に、第2の点であるが、金子教授が文理解釈の代表例として挙げているのは、最高裁平成22年3月2日判決（民集64・2・420）である[注63]。これは、ホステスに対する報酬の額が一定の期間ごとに計算されている場合の所得税法施行令322条の「当該支払金額の計算期間の日数」が問題となった事案であり、「期間の日数」とは実際の出勤日数かすべての日数かが問題となった事案であるが、上記最高裁判決は、実際の出勤日数であるとした原審（東京高判平18・12・13民集64・2・487）に対し、「原審は、上記……のとおり判示するが、租税法規はみだりに規定の文言を離れて解釈すべきものではなく、原審のような解釈を採ることは、上記のとおり、文言上困難であるのみならず、ホステス報酬に係る源泉徴収制度において基礎控除方式が採られた趣旨は、できる限り源泉所得税額に係る還付の手数を省くことにあったことが、立法担当者の説明等からうかがわれるところであり、この点からみても、原審のような解釈は採用し難い。」として、すべての日数を意味しているとしたものである。これは、文理解釈からすると、「期間の日数」とは、全ての日数と考えられ、また、当該規定の意味内容が曖昧とはいえない事案である。それにもかかわらず、ホステス報酬の源泉徴収において基礎控除方式が採られた趣旨についても判示しているが、これは、文理解釈により規定の意味内容を明らかにすることが可能であっても、その帰結が不合理である場合には、規定の趣旨目的に照

（注62）　河村浩「要件事実論における法律の制度趣旨把握の方法」伊藤滋夫＝岩﨑政明編『租税訴訟における要件事実論の展開』（青林書院、平成28年）46～49頁。このような観点で、譲渡所得に関する特別控除を規定した昭和57年法律8号による改正前の租税特別措置法35条1項の「居住の用に供している家屋」の解釈について、検討している（同書54頁以下）。

（注63）　金子・租税法第22版116頁、金子・前掲租税法と市場5,6頁

らして合理的な解釈を導き出すことが可能かどうかを検討すべきであるとする見解もあり得ることから、趣旨解釈をもしたと考えられる[注64]。

　確かに、筆者も租税法の解釈は、まずは、文理解釈から出発すべきであることは異論はない。しかし、趣旨解釈は、規定の文言が曖昧な場合だけではなく、文理解釈による帰結が不合理な場合にも、拡張解釈又は限定解釈が許される範囲内で趣旨解釈が許されると考える。このように文理解釈による帰結が不合理な場合に目的的解釈が許されるとするのは、前記3(1)ウのとおり、目的的解釈についても厳格な立場を採っている英国でも認められているところである。

　　イ　筆者の見解

　筆者は、裁判実務における法律の在り方を重視する立場であり、前記2(1)で述べたとおり、法律の解釈の創造性を重視する立場を採っている。

　しかし、筆者も租税法律主義を尊重する立場であり、類推解釈は認めるべきでないと考えており、法律の解釈の創造性といってもその意味での限界はあると考える。具体的には、前記1(2)のとおり、条文の文言が曖昧であったり、あるいは、文言どおりの解釈だと不合理な帰結をもたらす場合には、当該規定の趣旨に基づき、拡張解釈や縮小解釈が許されると考える。

　もっとも、民事の譲渡担保などの判例でみられるような裁判官による立法は、租税法律主義の下では許されず、そのような限界があると考える。

　前記アの「富士山理論」は、拡張解釈の限界についての基準を提示するものであるが、拡張解釈といえども、その言葉の持つ「枠」から逸脱することは許されず、その意味での限界もあると考える。

　一方、このような解釈の限界の範囲内で、立法時には想定されていなかった問題や新しい問題について、あくまでも法の統一性（integrity）を維持しつつ、新たな解釈論や解釈手法が認められると考える。これは、前記2(1)のとおり、文理解釈や論理解釈とは別次元の問題であり、法の解釈の在り方の問題である。

　以上検討したところを判例でみてみると、これまで租税法の分野においても、現に判例による法創造はなされてきたところである。

　例えば、①利息制限法違反の利息の実現時期についての最高裁昭和46年11月9日判決（民集25・8・1120）、②譲渡所得における借入利子の取得費該当性についての最高裁平成4年7月14日判決（民集46・5・492）、③生命保険契約におけ

（注64）　鎌野真啓『最判解民事篇平成22年度(上)』137頁

る年金の非課税所得の範囲についての最高裁平成22年7月6日判決（民集64・5・1277）は、下級審で判断が分かれた一般的な問題について、最高裁が判断を示して、解釈の統一を図ったものであるが、これらは、判例が一般的な問題についての規範を示すものであり、租税法の適用についての解釈論を創造したものである。このような例は、枚挙に暇がない。

　また、ヤフー事件最高裁判決（判例18）は、法人税法132条の2の「不当」という不確定概念についての判断基準を示したものであるが、これは、今後の法人税法132条の2の適用に当たっての規範であり、前記2(1)の抽象的法規範の具体化という意味での判例による法の創造である。

　一方、消費税法30条7項の「保存」の意義が問題となった最高裁平成16年12月16日判決（民集58・9・2458）は、消費税法30条7項の「保存」の意義を文言だけみると、帳簿の物理的保管を意味していると考えられるが（大阪地判平10・8・10判時1661・32参照）、同法30条7項の「保存」は、同法58条の「保存」と同義であるとし、同法30条7項の「保存」も、同法62条（平成6年法律109号による改正前のもの）に基づく税務署職員の調査に対し「適時にこれを提示することが可能なように態勢を整えて保存」することを意味していると限定解釈すべきとするものであるが、これは、消費税法30条7項の「保存」の単なる文言解釈では、消費税法の関連している条文と反し、不合理な帰結が生じることから、消費税法30条7項の趣旨に基づいて限定解釈をしたものであると考える[注65]。

　さらに、米国デラウェア州リミティッド・パートナーシップについての我が国の所得税法2条1項7号や法人税法2条4号の「法人」該当性が問題となった最高裁平成27年7月17日判決（民集69・5・1253）は、下級審で判断が分かれた難問について解釈の統一を図ったものであるが、これは、後記(2)イのとおり、論理的には、いくつかの見解があり得たが、我が国の裁判実務で定着している借用概念論を前提に、借用概念論で構築された理論との統一性を維持しつつ、外国事業体が問題となる場合の「法人」についての新たな解釈を示したものであり、正に筆者のいう「統一体としての解釈」の例である。

(2)　借用概念論

　ア　借用概念の意義

　租税法の解釈に当たり重要な概念が借用概念である。借用概念とは、他の

（注65）　拙著・要件事実論改訂版128頁

法分野で用いられ、既にはっきりした意味内容を与えられている概念であり、固有概念とは、他の法分野では用いられておらず、租税法が独自に用いている概念である^(注66)。例えば、「配当」（所法181①）は、借用概念であるが、「所得」という概念は、固有概念である。このような借用概念については、租税法がそれらを課税要件規定に取り込むに当たって、私法上におけると同じ概念を用いている場合には、別意に解すべきことが租税法規の明文又はその趣旨から明らかな場合を除いては、租税法律主義、法的安定性の要請から、それを私法上におけるのと同じ意義に解釈すべきであるとする統一説が通説となっている^(注67)。

　このような借用概念論は、前記3（3）イのとおり、元々は、ドイツでの議論にルーツがあるが、現在ドイツでは、借用概念論における統一説は採られていない。一方、我が国では、この借用概念論は、現在でも通説であるばかりか、裁判例でも広く採用されている考え方である。もっとも、我が国における借用概念論の提唱者である金子教授は、元々は、借用概念と対立させて固有概念のみを論じていたが、裁判例では、もう1つ社会通念上の概念である「一般概念」というカテゴリーを認めている^(注68)。

　このような借用概念の考え方は、我が国では裁判例でも広く採られている考え方であるが、一方で、デラウエア州のリミティッド・パートナーシップの「法人」該当性が問題となった前記(1)イの最高裁平成27年7月17日判決は、租税法上の「法人」概念について、いわゆる借用概念論を正面から採ってはいない。そこで、借用概念論の意義についてもう一度検討する必要がある。

　借用概念において統一説を採る意義は、民商法で用いられている概念を租税法でも同一の意味に解することにより、納税者の予測可能性や法的安定性を図ることにあると考えられる^(注69)。しかし、借用概念であっても、「権利

（注66）　金子・租税法第22版119頁
（注67）　金子・租税法第22版120頁
（注68）　金子教授は、『租税法〔第20版〕』（弘文堂、平成27年）までは、借用概念と固有概念の2つの概念しか論じていなかったが、『租税法〔第21版〕』（平成28年）では、「もちろん、この2種類の概念以外にもきわめて多数の概念が用いられている。たとえば、自動車、事業等がその例である。これらの概念は、一括して、その他の概念と呼ぶのが適当であろう。」（同書118頁）として、一般概念も認めている。金子・租税法第22版でもこの分類を維持している（同書119頁）。
（注69）　渋谷雅弘「借用概念解釈の実際」金子宏編『租税法の発展』（有斐閣、平成22年）39頁

能力なき社団」や「住所」のように私法上の意義が明確でないものもあり、さらには、租税法は、経済的事象を法的に把握しようとするものであり、借用概念論における統一説を採っても、当該租税法規の規定の趣旨・目的に照らした法解釈という作業から逃れるわけではないとの指摘もなされている[注70]。

　筆者は、借用概念における統一説の立場に立っているが、かつて「借用概念論・再考」との論文で、レポ取引が所得税法161条6号（現行：1項10号）の「貸付金」に当たるかなどの問題を素材として、借用概念の意義を検討したが、そもそも租税法において民商法上の概念を借用概念とする意味は、租税法規が民商法上の概念を借用概念としている場合に、その規範構造を考えると、民商法がその概念の本質的要素としていることに基づいて民商法上の評価がなされることとなるが、そのような民商法上の評価を租税法においてもそのまま受容するということと考えられる[注71]。すなわち、当該借用概念における本質的要素を抽出し、当該取引がその本質的要素に該当する場合には、租税法上もその民商法上の評価をそのまま受け容れて、租税法の要件に該当するとの判断をするということを意味していると考えられる。

　筆者は、租税法上の概念に一般概念を認める上記裁判実務の立場に立っているが[注72]、上記のとおり、要件を本質的要素に分解して検討するとの判断方法は、実は、一般概念でも同様である。例えば、当時の所得税法161条3号（現行：1項7号）の「船舶」は、一般概念であるが、①浮揚性、②移動可能性、③積載性を本質的要素とする水上の構造物と考えられ、この本質的要素に該当するか否かにより、「船舶」に当たるかを判断すべきである（東京高判平26・4・24訟月61・1・195）[注73]。

　このように筆者は、借用概念の意義を考えていて、借用概念論を尊重する立場であるが、一方で、借用概念論に基づき、借用概念であるとの理由で、

（注70）　渋谷・前掲租税法の発展54頁

（注71）　拙稿・前掲税大ジャーナル16号31頁

（注72）　拙稿・前掲税大ジャーナル16号51頁

（注73）　この判決については、拙稿「所得税法161条3号の『船舶』の意義」ジュリスト1484号139頁を参照されたい。なお、金子教授は、この東京高裁判決は、拡大解釈であるとするが（金子・租税法第22版116頁注1）、本文で述べた「船舶」の本質的要素への該当性の問題であり、「船舶」概念自体を拡張して包摂されるとしたものではなく、拡張解釈ではないと考える。

当該租税法規の趣旨・目的を無視して解釈することは許されないと考えており、借用概念論の行き過ぎには慎重であるべきと考えている。さらに、裁判実務では、納税者側から、借用概念の場合には、問題となっている当該契約についても民商法上の法的性質決定を受け容れるべきであるとの主張がなされる場合がある[注74]。しかし、これは、当該契約の法的効果の課税要件への当てはめの問題であり、借用概念論の行き過ぎと考える。

　イ　借用概念と抵触法ルール

　さらに、借用概念論の応用として、借用概念において渉外関係が問題となる場合に、「法の適用に関する通則法」が規定する抵触法ルールが適用されるかが問題となる。これについては、私法上の取扱いを尊重して抵触法ルールが適用されるとする見解（外国私法準拠説）[注75]と租税法上借用概念を用いている場合であっても、当然に抵触ルールが適用されるのではなく、あくまでも内国私法を基準として判断すべきとする見解（内国私法準拠説）[注76]がある。前記(1)イの最高裁平成27年7月17日判決で争われた問題である。これについては、一般論でいうと、筆者は、租税法上の概念については、当然に、抵触法ルールの適用はなく、原則として、内国私法準拠説によるべきと考える[注77]。しかし、一方で抵触法ルールにより外国私法が準拠法とされている場合に、これを無視するのではなく、我が国の私法に基づき、当該借用概念

（注74）　拙稿・前掲税大ジャーナル16号27頁
（注75）　中里実「課税管轄権からの離脱をはかる行為について」フィナンシャル・レビュー平成21年2号13頁
（注76）　谷口勢津夫『税法基本講義〔第4版〕』（弘文堂、平成26年）54頁。この点、谷口・基本講義第5版では、明確ではなくなっている。
（注77）　所得税法83条1項の「配偶者」について、所得税基本通達2-46の(注)は、「外国人で民法の規定によれない者については、法の適用に関する通則法（……）の規定によることに留意する。」と規定し、抵触法ルールで判断すべきとしている。これは、内国私法準拠説の例外である。筆者としては、あくまでも原則として内国私法準拠説によるとしているのであり、上記の場合は、配偶者控除の趣旨は、扶養義務を負っているかであり、外国私法で扶養義務が認められるのであれば、「配偶者」に含めるべきとの考え方に基づくものであり、このような内国私法準拠説の例外となるかは、当該租税法規の解釈によると考える。詳細は、拙稿「外国事業体の『法人』該当性」税大ジャーナル24号11,12頁を参照されたい。

の本質的要素が何かの確定を前提として、まず、準拠法とされている外国私法でどのような性質を持つとされているかを検討し（第1段）、次に、その外国私法上の性質が当該借用概念の本質的要素と同等といえるか否かで決定する（第2段）との二段階アプローチ（two step approach）の方法によるべきであると考える[注78]。

　もっとも、課税要件の前提となる契約が外国法を準拠とする場合には、抵触法ルール（法の適用に関する法律7）で、当該外国法に基づいて解釈すべきであるが、これは、租税法が課税要件の適用に当たり、前提となる私法上の契約を尊重すべきとの原則に基づくものであり、上記のような租税法上の概念の解釈の問題とは、別問題である。もっとも、このような外国法を準拠法とする契約であっても、我が国の租税法上の要件への該当性が問題となる場合には、上記二段階アプローチによるべきである。例えば、ニューヨーク州法に準拠するリース契約に基づく貴金属の引渡しについて、減価償却資産としての固定資産の「取得」時期が問題となった事案において、東京地裁平成28年7月19日判決（平25（行ウ）808、裁判所ウェブサイト）は、「上記のような法人税に係る法的規律の枠組み及び関係法令上の『取得価額』の位置付けに照らすと、法人税法及び同法施行令における法人による固定資産の『取得』の意義については、法人がその事業活動を行うに当たって準拠される私法法規及びこれに基づく私法上の法律関係を前提とした上で、租税法規における固定資産の取得の根拠となる経済事象としての実体を備えた行為として、<u>所有権移転の原因となる私法上の法律行為がこれに当たる</u>ものと解するのが相当であり、上記『取得』の時期はその原因行為による所有権移転の時期がこれに当たるものと解される。」（下線筆者）と判示し、上記「取得」を我が国の私法上の所有権移転と解した上で、ニューヨーク州法上のリース契約の性質を検討し（第1段）、次いで、それがいつの時点で我が国の私法上の所有権移転に相当するか否か（第2段）で判断をしており、筆者のいう二段階アプローチによっていると考えられる。

（注78）　我が国の租税法上の「法人」概念についての二段階アプローチについては、拙稿・前掲税大ジャーナル24号14頁を参照されたい。

(3)　具体例

　ここで租税回避の事案について最高裁で法律の解釈の在り方が問題となった外税事件最高裁判決、オウブンシャ事件最高裁判決及び武富士事件最高裁判決について検討することとする。

ア　外税事件最高裁判決

　まず、「外税事件」と呼ばれている最高裁平成17年12月19日判決（民集59・10・2964、判例1）について検討することとする。これは、我が国の都市銀行がクック諸島に納付した源泉税を法人税法69条により税額控除することができるかが問題となった事件である。

（ア）　事案の概要

　A社は、ニュージーランド法人であるが、投資家から集めた資金をクック諸島に持ち込んでニュージーランド・ドル建てユーロ債の購入に利用するに当たり、運用益に対して課される法人税を軽減するため、ニュージーランドより法人税率の低いクック諸島において、A社が全株式を保有する子会社であるB社を設立し、さらに、投資家からの投資に対してクック諸島において源泉税が課されることを回避するために、当該源泉税が課されないクック諸島法人で、A社がその株式の28％を保有するC社に当該資金をいったん取得させ、同社を経由して、B社においてこれを運用することとした。この場合に、C社からB社に対して直接に資金を貸し付ける方法を採ったときは、クック諸島の税制によればB社からC社へ支払われる利息に対して15％の割合の源泉税が課されることになるため、我が国の都市銀行であるX行とB社及びC社の間で、X行の外国税額控除の余裕枠を利用して上記源泉税の負担を軽減する目的で、平成元年3月31日付けで、B社との間で、同社に対して年利10.85％の利息で5000万米国ドルを貸し付けるとのローン契約をし、同日、C社との間で、同額の預金契約を締結した。

　そして、X行は、下図のとおり、平成元年4月6日、C社から預金元本5000万米国ドル（①預金）及びB社から貸付金利息の先取り分207万米国ドル（源泉税差引後、②貸付利息）を受け取った。X行は、上記入金を確認後、同日、同行シンガポール支店からB社に5000万米国ドルを貸し付け（③貸付）、C社に対する預金利息の先払い分236万米国ドル（④預金利息）を支払った。

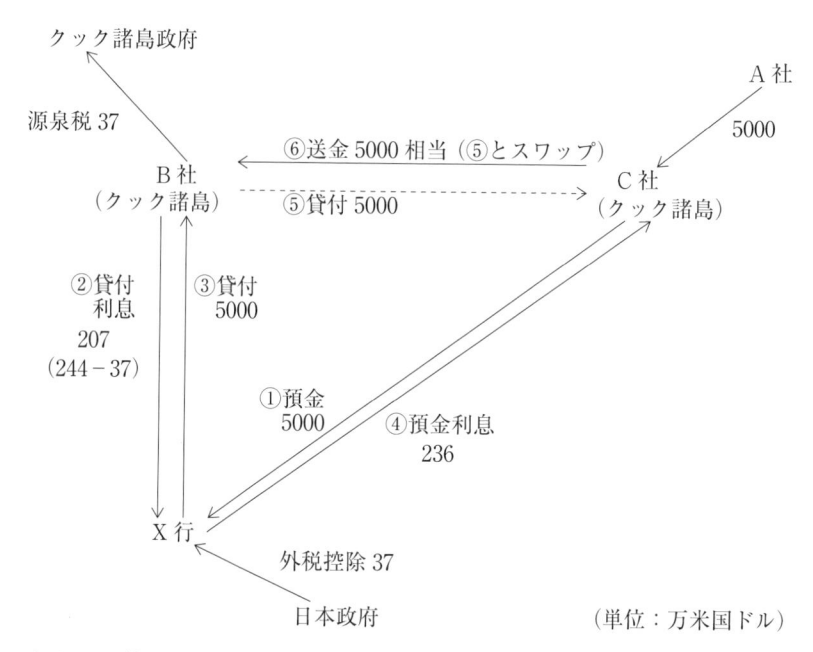

（単位：万米国ドル）

　なお、B社は、C社との間では、通貨スワップ契約を締結していて、B社がC社に5000万米国ドルを貸し付け（⑤貸付）、これとのスワップとして、C社が投資家から調達した5000万米国ドル相当ニュージーランド・ドルの送金（⑥送金）とのスワップを実行し、結局、C社→X行→B社への5000万米国ドルの資金の流れは、B社→C社（米国ドル建て）、C社→B社（ニュージランドドル建て）への資金の流れとなり、5000万米国ドルについては、循環していることとなる。

　また、X行は、その後、本件一連の取引の参加料として、B社から2万5000米国ドルを取得した。これにより、X行は、②の貸付利息244万米国ドルは、クック諸島源泉税37万米国ドルを差し引くと、207万米国ドルとなり、④の預金利息236万米国ドルと比較すると、29万米国ドルの逆ざやとなっているが、日本政府から外税控除により37万米国ドル控除することができ、差し引き、8万米国ドルの利ざやのほか本件を含め一連の取引の手数料として2万5000米国ドルを得ることとなる。また、B社は、クック諸島政府に源泉税を納付することには変わりはないが、B社とC社のグループで見ると、④の預金利息

の支払により、29万米国ドルのバックを受けることができることとなる。結局、損をしているのは日本政府であり、日本政府で受けた外国税額控除37万米国ドルをX行（8万米国ドル）とB社・C社（29万米国ドル）とで分け合う仕組みとなっている。

　　　（イ）　判　旨

　上記最高裁判決は、「法人税法69条の定める外国税額控除の制度は、内国法人が外国法人税を納付することとなる場合に、一定の限度で、その外国法人税の額を我が国の法人税の額から控除するという制度である。これは、同一の所得に対する国際的二重課税を排斥し、かつ、事業活動に対する税制の中立性を確保しようとする政策目的に基づく制度である。」とした上、「本件取引は、全体としてみれば、本来は外国法人が負担すべき外国法人税について我が国の銀行であるX行が対価を得て引き受け、その負担を自己の外国税額控除の余裕枠を利用して国内で納付すべき法人税額を減らすことによって免れ、最終的に利益を得ようとするものであるということができる。これは、我が国の外国税額控除制度をその本来の趣旨目的から著しく逸脱する態様で利用して納税を免れ、我が国において納付されるべき法人税額を減少させた上、この免れた税額を原資とする利益を取引関係者が享受するために、取引自体によっては外国法人税を負担すれば損失が生ずるだけであるという本件取引をあえて行うというものであって、我が国ひいては我が国の納税者の負担の下に取引関係者の利益を図るものというほかない。そうすると、本件取引に基づいて生じた所得に対する外国法人税を法人税法69条の定める外国税額控除の対象とすることは、外国税額控除制度を濫用するものであり、さらには、税負担の公平を著しく害するものとして許されないというべきである。」（下線筆者）として、X行が外国税額控除をすることは許されないと判示した。

　　　（ウ）　検　討

　上記最高裁判決は、「本件取引は、全体としてみれば」と判示し、法人税法69条の該当性の判断に当たり、フィルムリース事件最高裁判決（判例6）と同様に、複合契約において個々的な契約ではなく、全体としてみた場合の現実的な効果に着目しているものである。本件は、逆ざや取引であるが、最高裁判決は、「取引自体によっては外国法人税を負担すれば損失が生ずるだけであるという本件取引」と認定し、さらに、このような取引を「あえて」行う

というものであるとして、意図的なものであることを認定し、これを「濫用」
の根拠としていると考えられる。

　被告である国は、1審以来、「課税減免規定の立法趣旨による限定解釈」と
いうことで、法人税法69条は、内国法人の資本輸出中立性を確保するための
政策的規定であり、正当な事業活動に基づいて外国税を納付した場合を意味
していることから、法人税法69条1項の「納付」は、「正当な事業活動に基づ
いて納付した場合」に縮小解釈されるべきであると主張してきた。これは、
米国のGregory事件連邦最高裁判決（判例23）にヒントを得た金子教授の見
解（注79）に依拠するものである。

　これに対し、上記最高裁判決は、「濫用」であるとして、法人税法69条が適
用されないとしたものである。この最高裁判決は、「濫用」との表現を用いて
いることから、明文規定によらない租税回避の否認法理ではないかが問題と
されている。しかし、上記最高裁判決は、原審の大阪高裁平成15年5月14日判
決（民集59・10・3165）が、「本件取引が外国税額控除の制度を濫用したとまでい
うことはできない。」（民集59・10・3178）と判示したことに対し、「外国税額控
除制度を濫用するものであ」ると判示したものであり、原審との対比で検討
すべきである。この原審での判断は、原審段階で国が初めてした主張（民集
59・10・3169）に対応するものであるが、1審の訴訟経過からみても、国の主張
は、明文規定によらない租税回避の否認の法理を主張するものではなく、法
人税法69条の「納付」を「正当な事業活動による納付に限る」との限定解釈
をしても、納税者の予測可能性を害することはないとの趣旨の主張と考えら
れる。そうすると、この最高裁判決は、明文規定によらない租税回避否認の
法理を認めるものではなく、あくまでも限定解釈の法理であると考え
る（注80）。

　さらに、このことは、EUの後記Halifax事件ECJ判決（判例4）と対比すると
なお明らかである。このHalifax事件ECJ判決の濫用法理（abusive practice）
は、判例によって明文規定によらない租税回避の否認を認めるものであるが、
否認の効果として問題となっている取引の再構成（recharacrize）をも認め

（注79）　金子宏「租税法と私法」租税法研究6号24頁
（注80）　金子教授も、この最高裁判決に対して、「法律上の根拠がない場合に否認を認める
　　　趣旨ではなく、外国税額控除制度の趣旨・目的にてらして規定の限定解釈を行った例で
　　　あると理解しておきたい。」としている（金子・租税法第22版132頁）。

るものである（同判決・パラ94）（注81）。これに対し、上記最高裁判決の濫用の法理は、あくまでも法人税法69条の適用を否定するものにすぎず、取引の再構成までを認めるものではない。このことからも、上記最高裁判決の濫用法理が明文規定によらない租税回避の否認を認めるものでないことは明らかである（注82）。

　一方、上記最高裁判決に対し、これは、ドイツでいわれている「目的論的制限」を超える「目的論的縮小（teleogishe Reduktion）」であるとする批判がある（注83）。このような解釈方法の分析は、ドイツのラーレンツによりなされたものであるが（注84）、ドイツでは、目的論的縮小は、法律の規定の用語の意味の核心に属する肯定事例に法律を適用しない場合であり、縮小解釈は、法律の規定の意味の周縁部分に法律を適用しない場合であるとしている（注85）。縮小解釈は、拡張解釈に対応するのに対し、目的論的縮小は、類推解釈に対応するものである。上記最高裁判決は、法律の規定の用語の意味の核心に属する肯定事例に適用しない場合ではなく、周縁部分であり、目的論的縮小であるとの批判は当たらないと考える。

　　イ　オウブンシャ事件最高裁判決

　次に、「オウブンシャ事件」と呼ばれている最高裁平成18年1月24日判決（判時1923・20、判例2）について検討することとする。これは、我が国の法人が、外国子会社の新株を他の外国関連会社に割り当てさせた行為が、法人税法22条2項の「無償によるその他の取引」に当たるかが問題となった事件である。

（注81）　Laurent Leclerq（拙訳）「相互に影響を及ぼし合っている法理：フランスにおける法の濫用の概念とEUにおける濫用的実行の観念」租税研究2008年4月号185頁

（注82）　谷口教授は、本文で論じた第二小法廷の最判平17・12・19と類似の事案について、第一小法廷が最判平18・2・23判時1926・57において、「本件取引は、外国税額控除の制度を濫用するものであり、これに基づいて生じた所得に対する外国法人税を法人税法69条の定める外国税額控除の対象とすることはできないというべきである。」（下線筆者）と判示し表現ぶりが異なっていることに着目し、第二小法廷の判決は、明文規定によらない租税回避の否認の法理であるとする（谷口勢津夫「租税回避と税法の解釈適用方法論」岡村忠生編著『租税回避研究の展開と課題』（ミネルヴァ書房、平成27年）16,17頁）。しかし、これらの表現振りの違いに意味はなく、同じ判断であると考える（判時1926号58頁「匿名コメント」）。

（注83）　谷口・基本講義第5版41,42頁

（注84）　K.ラーレンツ（米山隆訳）『〔第六版〕法学方法論』（青山社、平成10年）607頁

（注85）　増田豊『語用論的意味理論と法解釈方法論』（勁草書房、平成20年）177,178頁

（ア）　事案の概要

　X社は、平成3年9月4日、旧法人税法51条の圧縮記帳制度を利用して、多額の含み益を有する甲社及び乙社の株式を現物出資して、オランダに100%出資の海外子会社A社を資本金1500万円で設立した。その後、X社は、下図のとおり、X社の保有するA社の株式総数は200株であったにもかかわらず、平成7年2月13日、A社の株主総会において、X社の関連会社であるB社（X社の49.6%の株式を保有する筆頭株主であるC財団の100%出資の子会社）に1株6万円（時価約850万円）で株式3000株を割り当てる旨の決議をした。B社は、平成7年2月15日、A社から割り当てられた新株を引き受けて払込をし、その結果、X社の保有するA社株200株の時価が合計約272億円から合計約17億円に下がり、B社保有のA株式3000株に約255億円が移転した。

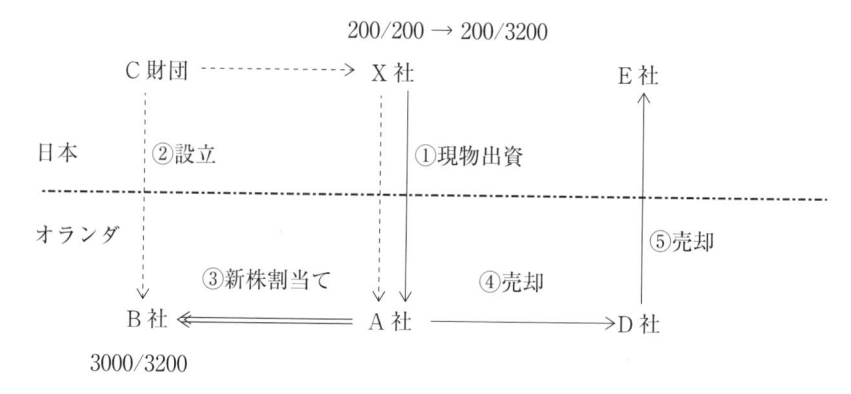

　X社が現物出資をした甲社等の株式は、その後、A社から、X社の関連法人であるオランダ法人であるD社に譲渡され、さらに、D社から内国法人であるE社（X社の100%子会社）に譲渡されたが、その後、E社株式をX社グループ外の法人に売却する方法により、グループ外の法人へ譲渡された。

　X社は、B社に対し、新株プレミアムをB社に無償で移転させたとして、益金課税されるかが問題となった。

　　（イ）　判　旨

　上記最高裁判決は、「前記事実関係等によれば、X社は、A社の唯一の株主であったというのであるから、第三者割当により同社の新株の発行を行うかどうか、だれに対してどのような条件で新株発行を行うかを自由に決定することができる立場にあり、著しく有利な価額による第三者割当増資を同社に行わせることによって、その保有する同社株式に表章された同社の資産価値を、同株式から切り離して、対価を得ることなく第三者に移転させることができたものということができる。そして、X社が、A社の唯一の株主の立場において、同社に発行済株式総数の15倍の新株を著しく有利な価額で発行させたのは、X社のA社に対する持株割合を100%から6.25%に減少させ、B社の持株割合を93.75%とすることによって、A社株式200株に表章されていた同社の資産価値の相当部分を対価を得ることなくB社に移転させることを意図したものということができる。また、前記事実関係等によれば、上記の新株発行は、X社、A社、B社及び財団法人Cの各役員が意思を相通じて行ったというのであるから、B社においても、上記の事情を十分に了解した上で、上記の資産価値の移転を受けたものということができる。以上によれば、X社の保有するA社株式に表章された同社の資産価値については、X社が支配し、処分することができる利益として明確に認めることができるところ、X社は、このような利益を、B社との合意に基づいて同社に移転したというべきである。したがって、この資産価値の移転は、X社の支配の及ばない外的要因によって生じたものではなく、X社において意図し、かつ、B社において了解したところが実現したものということができるから、法人税法22条2項にいう取引に当たるというべきである。」（下線筆者）とした。

　　（ウ）　検　討

　そもそも法人税法22条2項の「取引」は、所得が実現しているとみられるか否かを問題とするものであり、所得が実現していると認識できる場合に課税対象とする趣旨であると考えられる。そうすると、無償譲渡のように無償による資産の「譲渡」で実現を認識する場合には、「譲渡」は、私法行為に限られることになると考えられるものの、「その他の取引」は、法人の内部行為などおよそ資本、資産及び負債の増減変化をもたらす一切の原因となる行為を含み得るのであるから、そのような私法行為以外の行為の場合であっても経済的利益が確定的に移転しているとみられるのであれば、所得が実現してい

るとみることができ、「取引」があったとみれると考える。そうすると、X社のA社の株主総会における決議により、X社のA社株を保有することによる経済的利益をB社に移転したとみることができると考える。

　この点、金子教授は、法人税法22条2項の「取引」とは、売買等の法的取引を意味し、法的取引以外の行為や事実を含んでいるとは思われないとしている(注86)。しかし、まず、金子教授は、合意は、X社とA社との間で存在し、B社がそれを了承したとし、また、法人間の「取引」であれば、文書が交わされ、記録が残るのが普通であるとしているが(注87)、上記最高裁判決は、上記判旨の下線部分のとおり、X社とB社との間での合意を認定しているのである。しかし、上記最高裁判決は、X社とB社間での黙示の合意を認定したものである(注88)。法人間の売買や贈与であっても、黙示でなされることはあり得るのであり、このような合意は、民法上の典型契約ではないものの、A社が保有していた株式に表章されていた経済的価値を移転するとの法的効果を生じさせるものであり、その意味では、法的行為である。金子教授は、法人税法22条2項の「取引」を借用概念と考えていると思われるが、同項に「取引」が規定されている趣旨からみて、固有概念とみるべきであり、原審の東京高裁平成16年1月28日判決（判時1913・51）の判示するとおり、この「取引」は、関係者間の意思の合致に基づいて生じた法的及び経済的な結果を把握する概念であり、法的取引のみならず、納税者の意思に基づく経済的利益の移転を意味し、本件のようにX社がA社の株式に表章されていた資産価値を移転することも含むと考える。

　ウ　武富士事件最高裁判決

　次に、「武富士事件」と呼ばれている最高裁平成23年2月18日判決（判時2111・3、判例3）について検討することとする。これは、贈与税の受贈者の「住所」が我が国の国内にあるか否かが問題となった事件である。

　（ア）　事案の概要

　Xは、平成11年12月に、Xの父Aからオランダ法人B社の株式（時価約

（注86）　金子・前掲租税法と市場23,24頁
（注87）　金子・前掲租税法と市場24頁
（注88）　本件における黙示の合意の認定については、拙著・要件事実論改訂版82頁を参照されたい。

1600億円）の贈与を受けた。この時点で、Xは、昭和40年7月9日生まれで、34歳であった。B社は、Aが武富士の株式を現物出資した法人である。Xは、平成9年6月に出国し、平成12年12月まで香港に滞在した。Xは、毎月日本に帰国していたものの、1年の65％は香港に滞在した。Xは、独身で、元々Aの杉並の自宅に居住していたが、香港滞在後もその部屋を使っていた。Xは、香港では、サービスアパートメントに暮らし、香港の関連企業に働いていた。Xは、日本に住所を有する居住者かが問題となった。

　　（イ）　判　旨

　上記最高裁判決は、「法1条の2〔筆者注・平成15年法律8号による改正前の相続税法1条の2〕によれば、贈与により取得した財産が国外にあるものである場合には、受贈者が当該贈与を受けた時において国内に住所を有することが、当該贈与についての贈与税の課税要件とされている（同条1号）ところ、ここにいう住所とは、反対の解釈をすべき特段の事由はない以上、生活の本拠、すなわち、その者の生活に最も関係の深い一般的生活、全生活の中心を指すものであり、一定の場所がある者の住所であるか否かは、客観的に生活の本拠たる実体を具備しているか否かにより決すべきものと解するのが相当である（最高裁昭和29年……10月20日大法廷判決・民集8巻10号1907頁、……）。」（下線筆者）とした上、「前記事実関係等によれば、上告人は、本件贈与を受けた当時、本件会社の香港駐在役員及び本件各現地法人の役員として香港に赴任しつつ国内にも相応の日数滞在していたところ、本件贈与を受けたのは上記赴任の開始から約2年半後のことであり、香港に出国するに当たり住民登録につき香港への転出の届出をするなどした上、通算約3年半にわたる赴任期間である本件期間中、その約3分の2の日数を2年単位（合計4年）で賃借した本件香港居宅に滞在して過ごし、その間に現地において本件会社又は本件各現地法人の業務として関係者との面談等の業務に従事しており、これが贈与税回避の目的で仮装された実体のないものとはうかがわれないのに対して、国内においては、本件期間中の約4分の1の日数を本件杉並居宅に滞在して過ごし、その間に本件会社の業務に従事していたにとどまるというのであるから、本件贈与を受けた時において、本件香港居宅は生活の本拠たる実体を有していたものというべきであり、本件杉並居宅が生活の本拠たる実体を有していたということはできない。」とし、さらに、原審の贈与税回避の目的を考慮するか否かの問題について、「原審は、Xが贈与税回避を可能にする状況を整えるために香港に出国するものであることを認識し、本件期間

を通じて国内での滞在日数が多くなりすぎないよう滞在日数を調整していたことをもって、住所の判断に当たって香港と国内における各滞在日数の多寡を主要な要素として考慮することを否定する理由として説示するが、前記のとおり、一定の場所が住所に当たるか否かは、客観的に生活の本拠たる実体を具備しているか否かによって決すべきものであり、主観的に贈与税回避の目的があったとしても、客観的な生活の実体が消滅するものではないから、上記の目的の下に各滞在日数を調整していたことをもって、現に香港での滞在日数が本件期間中の約3分の2（国内での滞在日数の約2.5倍）に及んでいるXについて前記事実関係等の下で本件香港居宅に生活の本拠たる実体があることを否定する理由とすることはできない。このことは、法が民法上の概念である『住所』を用いて課税要件を定めているため、本件の争点が上記『住所』概念の解釈適用の問題となることから導かれる帰結であるといわざるを得ず、他方、贈与税回避を可能にする状況を整えるためにあえて国外に長期の滞在をするという行為が課税実務上想定されていなかった事態であり、このような方法による贈与税回避を容認することが適当でないというのであれば、法の解釈では限界があるので、そのような事態に対応できるような立法によって対処すべきものである。」（下線筆者）とし、贈与税を課税することはできないとした。

　　　（ウ）　検　討
　上記最高裁判決の原審の東京高裁平成20年1月23日判決（訟月55・2・244）は、「一定の場所が生活の本拠に当たるか否かは、住居、職業、生計を一にする配偶者その他の親族の存否、資産の所在等の客観的事実に、居住者の言動等により外部から客観的に認識することができる居住者の居住意思を総合して判断するのが相当である。なお、特定の場所を特定人の住所と判断するについては、その者が間断なくその場所に居住することを要するものではなく、単に滞在日数が多いかどうかによってのみ判断すべきものでもない（……）。」（下線筆者）とした上、「Xが上記の方法による贈与税回避を可能にする状況を整えるために香港に出国するものであることを認識していたこと、Xの香港における執務状況（……）によれば、Xが面談等のために執務した日数は、全滞在期間を通じて168日にすぎず、かつ、Xはその立場上、執務日を自由に決定することができる立場にあったものと考えられることに照らすと、Xは、その香港における滞在日数、上記の方法による贈与税回避の計画を考慮して

容易に調整することができたものと認められること、実際にも、Xは、前記
……に記載のとおり、滞在日数を調整していることからすると、本件事実関
係の下では、香港における滞在日数を重視し、これを日本における滞在日数
と形式的に比較してその多寡を主要な考慮要素として本件香港自宅と本件杉
並自宅のいずれが住所であるかを判断するのは相当ではないというべきであ
る。」として、Xの住所は、日本であるとした。

　当時の相続税法1条の2の「住所」は、民法からの借用概念である。上記最
高裁判決は、住所の判定をするに当たり、「客観的に生活の本拠たる実体」を
具備しているか否かで判定すべきとの客観説に立っている。しかし、民法上
も、主観的要素も考慮すべきとの見解も有力であり、また、客観的要素で原
則は判断するとしても、主観的要素も考慮しないことには判断できない場合
もある。例えば、Xの香港と我が国の年間での滞在日数がほぼ同じである場
合である。それにもかかわらず、上記最高裁判決は、「住所」を客観的要素だ
けで判断すべきとしているもので、このような議論を無視するいささか強引
な考え方であり、上記東京高裁判決の判断の方が相当と考える。

第3節　租税回避の意義

1　租税回避の定義

(1)　旧通説

　租税回避について、我が国の通説を代表する金子教授は、これまで「私法
上の選択可能性を利用し、私的経済取引プロパーの見地からは合理的理由が
ないのに、<u>通常用いられない法形式を選択することによって</u>、結果的には意
図した経済的目的ないし経済的成果を実現しながら、通常用いられる法形式
に対応する<u>課税要件の充足を免れ</u>、もって税負担を減少させあるいは排除す
ること」(下線筆者)と定義していた[注89]。

　租税回避についての通説を代表するもう一人の清永教授も、包括的定義と
して、「課税要件の充足を避けることによる租税負担の不当な軽減又は排除

(注89)　金子・前掲租税法第21版125頁

をいう。」とし、多くの場合の例として、上記金子教授の定義とほぼ同様の説明をしていた[注90]。

また、通説は、上記のとおり租税回避を定義した上、脱税は、売上除外や架空経費の計上など私法上は有効でない行為（仮装行為）によって、税負担の軽減を図ることであり[注91]、節税は、租税法規が予定しているところに従って税負担の減少を図ることであることであると区別していた[注92]。

そして、我が国の通説は、租税回避を上記のとおり定義した上で、租税回避がなされた場合に、当事者の用いた異常な法形式を無視して、通常用いられる課税要件が充足されたものとして取り扱うことを、「租税回避の否認」というとし、課税要件を充足しないのに充足したものとして扱うことから租税法律主義に基づき明文が必要であるとしていた[注93]。

このように通説の租税回避の定義は、課税要件との関係で定義するものであることから法的定義であるが、主に「租税回避の否認」との関係を念頭に置いて租税回避を定義しようとするものと考えられる。このような定義は、後記2(1)で述べるドイツにおける1919年の一般否認規定の導入に当たってのヘンゼルの見解に依拠したと考えられるが[注94]、非常に古い考えであり、ドイツでも現在は、租税通則法（Abgabenordnung、以下「AO」という。）42条の解釈上、課税減免規定を充足させる場合も、「法の形成可能性の濫用（Missbrauch von Gestaltungsmöglichkeiten des Rechts）」と考えられている[注95]。

これに対し、筆者は、かつて、上記定義には、第1に、課税減免規定を充足させて租税負担の軽減を図る行為（e.g., 減価償却費の計上、外国税額控除の計上）が含まれていないこと、第2に、「通常用いられない法形式」とか「通

（注90）　清永敬次『税法〔新装版〕』（ミネルヴァ書房、平成25年）42頁

（注91）　金子・前掲租税法第21版126頁

（注92）　金子・前掲租税法第21版126頁

（注93）　金子・前掲租税法第21版126,129頁、清永・前掲税法新装版43頁

（注94）　我が国の通説は、昭和6年に杉村章三郎教授により翻訳されたヘンゼルの『独逸租税法論』に由来していると考えられる（拙著・濫用法理4,5頁）。渕圭吾教授も、上記ヘンゼルの著書の翻訳を挙げた上で、我が国の租税回避についての通説が、ドイツのヘンゼルの見解に由来しているとしている（K Brown ed., "A Comparative Look at Regulation of Corporate Tax Avoidance", (Springer, 2012), at 226, note17)。

（注95）　拙著・濫用法理18頁

常用いられた法形式」との区別が、現在の取引社会では、区別が困難となっているとの問題点があると指摘したところである(注96)。筆者が、このように問題点があると考えたのは、我が国の通説の租税回避の定義が古くなっていて、世界標準からずれていて、世界の諸国と議論する上で問題が生じると懸念したからである。

(2) 通説の修正

これに対し、金子教授は、『租税法』の第20版や第21版では、課税減免規定の充足を図るのも租税回避の一類型であるとし上記通説の定義を拡張するとの見解を示した上(注97)、第22版では、これを正面から認め、「租税回避(……)とは、このような、私法上の形成可能性を異常または変則的な(……)態様で利用すること(濫用)によって、税負担の軽減又は排除を図る行為のことである。」とした上、「租税回避には、2つの類型がある。1つは、合理的または正当な理由がないのに、通常用いられない法形式を選択することによって、通常用いられる法形式に対応する税負担の軽減又は排除を図る行為である。……もう1つは、租税減免規定の趣旨・目的に反するにもかかわらず、私法上の形成可能性を利用して、自己の取引をそれを充足するように仕組み、もって税負担の軽減または排除を図る行為である。いずれも、私法上の形成可能性を濫用(……)することによって税負担の軽減・排除を図る行為である。」(下線筆者)としている(注98)。

また、金子教授は、租税回避の定義の拡張に伴い、「租税回避の否認」の概念も拡張し、「租税回避があった場合に、当事者が用いた法形式を租税法上は無視し、通常用いられる法形式に対応する課税要件が充足されたものとして

(注96) 拙稿「租税回避とは何か」『税務大学校論叢40周年記念論文集』(税務大学校、平成20年)14頁(後に拙著・濫用法理18,19頁に転載)

(注97) 金子教授は、『租税法〔第20版〕』(弘文堂、平成27年)において、第19版(平成26年)までには記述がなかったが、「租税法規のなかには、一定の政策目的の実現のために、税負担の軽減ないし免除を定める規定(租税減免規定)が多い。納税者のなかには、これらの規定の趣旨、目的に適合しないにもかかわらず、税負担の減免のみを目的として、その取引を形の上でこれらの規定の鋳型に当てはまるように仕組みあるいは組成して、それらの規定の適用を図る例が多い(これも租税回避の1つのタイプである)。」(同書129頁)とし、第21版(平成28年)において、括弧書部分について、「これも前述(脚注19)に対応する本文の意味における租税回避の1つのタイプである」(同書130頁)としていた。

(注98) 金子・租税法第22版126,127頁

取り扱うこと（減免規定については，その適用を認めないこと）を租税回避
行為の否認と呼ぶ。」とし[注99]、課税減免規定の適用を認めないことも、「租
税回避行為の否認」に含めている。

　筆者は、金子教授が、租税回避の定義に、課税減免規定の充足の場合も含
めたことには賛成である。筆者としては、長年のこの点の主張が通説で受け
容れられたと歓迎している。

　しかし、金子教授が、租税回避は、あくまでも「私法上の形成可能性の濫
用」であるとしていることには、反対である。租税回避は、「租税法規の濫用
（abuse of tax law）」と考える。金子教授が、租税回避とは「私法上の形成可
能性の濫用」であるとするのは、ドイツのAO42条を参考にしていると考え
られるが、AO42条の制定時に法律の回避と租税回避との関係が議論され、
「法の形成可能性の濫用」との文言に落ち着いたものであり、元々は、租税
法規の濫用という考え方を出発点として、その際、租税負担を軽減する目的
で租税法規で立法者が予定している私法形式と異なる私法形式が選択された
場合を「法の形成可能性の濫用」と規定したと考えられる[注100]。このように
租税回避は、ドイツ租税法においても、元々は、法の濫用（abuse of law）を
議論の出発点としているのである。また、「私法上の形成可能性の濫用」とい
っても、私法上は、私人がどのような法形式を選択するかは、契約自由の原
則からいって認められており、たとえ、租税負担を軽減するため、迂遠で複
雑な法形式を選択したからといって、私法上「濫用」となるのではない。も
し、このような取引を「濫用」であるというとすると、あくまでも租税法上
の観点からであり、結局は、当該租税法規の趣旨に反するから「濫用」に当
たると言わざるを得ないはずである。

　一方、私法上、「権利濫用（abuse of rights）」との考え方はあるが、これは、
後記３(1)ウ(イ)のとおり、権利行使の名を借りた第三者の権利侵害を制限
する法理であり、「法の濫用」ではない。租税法で租税回避を問題とするのは、
租税法規を文言どおり解釈するとその立法趣旨に反するからであり、その意
味で「法の濫用」に当たるからである。租税回避が「私法上の選択可能性の
濫用」であるとすると、租税法において租税回避をなぜ問題にする必要があ

(注99)　金子・租税法第22版128頁
(注100)　拙著・濫用法理17,18頁

るのかとの根本的な疑問が生じる。租税法規の濫用であるからこそ租税法で
これを問題として議論をする必要があるのである。

　さらに、金子教授のかつての定義と上記新しい定義を比較すると、微妙な
表現であるが、旧説では、語尾が、「もって税負担を減少させあるいは排除す
ること」となっていたが、新説では、「税負担の軽減又は排除を図る行為のこ
と」(下線筆者)と、「図る」との表現が加わっていることである。「図る」と
は、意図のことであり、租税回避の定義に、税負担減少の目的といった主観
的要件が必要であるかが問題となる。後記3(2)のとおり、筆者は、租税回避
の定義に、主観的要件が必要であると考えているが、金子教授の新しい定義
は、主観的要件を要するとしているようにも読める。

　このように現在、租税回避の定義や意義が我が国の通説でも揺らいでいる。
そこで、まず、比較法的な考察を行った上で、租税回避の本質に即して、本
書における租税回避の定義を検討することとする。

2　比較法的考察

(1)　古典的な定義

　租税回避を定義したものとして、有名なものがいくつかある。まず、ヘン
ゼルの定義がある。ヘンゼルは、『独逸租税法論』で、「立法者は課税法規の
設定により一定の経済上の成果、法律状態又は事実関係につき同時に(付随
的効果として)租税債権を発生せしめずして之を成立せしめないと云う見解
を示すのである。課税要件の規則はこの課税に値するように見える地位を先
ずその典型的な法律上又は事実上の形態の下に規律することを試みる。従っ
て取引上一定の経済的目的に到達しようとする際通常従うべき正当の途
(Normalweg)について課税要件の要素を定める。併し立法者が目標とする
『経済上の状態』と法規の定める課税要件との間に不一致を来す場合も稀で
ない。それは前者が異なる方法によって同時に実現せられ、経済上の目標が
立法者の課税法規作成の際採った方法と異なる方法により達せられうる場合
にもおこるのである。而して経済上の損害をなるべく少なくして経済上の目
的を達せんとする経済生活に内在する努力は(経済上の目的に到る道途に於
ける一定の地位に就き課される租税も亦この例として観察される)」同様の
経済上の結果が一の側道又は迂路に於いても得られる場合、法律上の課税要
件に対する回避の原因となるであろう。」(下線筆者。なお、漢字及び仮名遣

いは、現代のものとした。）（注101）と述べている。

　これが、前記 1 (1)のとおり、我が国の通説の根拠となった定義である。ヘンゼルのこの定義は、清永教授も指摘されるとおり（注102）、元々は、法律の回避の概念を基礎に置くものであり、法律の回避を課税要件を回避する場合についての古典的な定義と考えられる。

　(2)　英米法系の国における定義

　次に、英米法系の国における定義として、1966年に公刊されたカナダのカーター報告（注103）がある。カーター報告は、租税回避について、次のとおり定義している。

　「我々の目的のためには、『租税回避』との表現は、いくつかの条項の租税上の特典や租税法規の条項の欠如を使って、他の方法では生じない租税上の負担の軽減をする法的手段によるすべての企てと表現できよう。それは、脱税、隠匿やその他の違法な手段を除くものである。他の選択の存在を仮定し、他の方法よりも少ない租税となる結果となるものである。それ以上に、動機は、租税回避の本質的要素のようにみえる。最も租税を節約できるが故に可能ないくつかの選択の中からそれを選んだ人は、事業や人的理由から同じ方法を選択した納税者と区別されなければならない。」（下線筆者）（注104）

　この定義は、租税回避と節税とを区別するに当たり、納税者の動機を重視するものである。

　また、英国でよく引用される定義として、1997年のWilloughby事件上院判決（注105）におけるノーラン卿の意見がある。ノーラン卿は、同意見において、「租税回避の特徴は、議会において納税者の租税上の軽減について適格であると受け容れることを意図した経済的成果を生じさせないでその負担を軽減することである。一方、節税の特徴は、租税法によって与えられた租税上の優遇措置の特典を受けることであり、議会がそのような特典を与えることを

（注101）　ヘンゼル（杉村章三郎訳）『独逸租税法論』（有斐閣、昭和6年）155,156頁
（注102）　清永・租税回避の研究90頁
（注103）　Canada Report of the Royal Commission on Taxation（K.L.Carter,Chairman），（Ottawa:Queens Printer,1966）
（注104）　supra,Report Vol.3,Appendix A,at 538
（注105）　IRC v Willoughby,[1997] STC 995,at 1004c

受け容れることを意図した経済的成果を真実受けることである。」とし、租税
上の便益を得ることが、議会の意図と反するか否かを租税回避と節税との違
いとしている。

　上院のテンプルマン卿も、1997年の著作で、「租税回避は、個人の納税者に
よって生み出された議会の意図に反する課税の減少である。」(注106)としてお
り、租税法審査委員会も、選択的な条文案において、「このルールは、議会の
明らかな意図に抵触するか、これを無効にする方法で租税を回避することを
目指した取引を妨げるものである。」(注107)としている。これらは、租税法規
の趣旨に反することを重視するものである。

　一方、米国には、経済実質原則(economic substance doctrine)がある。こ
れは、米国の内国歳入庁が採る立場であり、下級審の裁判例でも是認され、
2010年の内国歳入法典の改正で、7701条o項で立法された定義である。これ
は、事業目的という主観的要素と経済実質という客観的要素を問題とするも
のであり、事業目的と経済実質を欠く場合に、見せかけ(sham)であるとす
るものである。

(3)　大陸法系の国における定義

　一方、大陸法系の国における最近の定義として、欧州連合司法裁判所
(Court of Justice of the European Union,CJEU)の定義がある。この裁判所
は、2009年以前は、欧州司法裁判所(European Court of Justice、以下「ECJ」
という。)と呼ばれていたが、ECJの判例のうち重要なものは、2006年の
Halifax事件ECJ判決(判例4)(注108)である。ここでこの判決について検討す
ることとする。これは、銀行が自社ビルを建設するに当たり、課税売上割合
が少ないことから子会社に請負契約を締結させた事案において、その分の仕
入税額控除ができるかが問題となった事件である。

ア　事案の概要

　X社は、銀行であるが、下図のとおり、A社に自社ビルの建築工事を請け
負わせたものの、X社の課税売上割合が小さいことにより、建設代金に係る

(注106)　Adrian Shipwright ed.,"Tax Avoidance and the Law",(London:Key Haven,
　　　　1997),at 1

(注107)　Tax Law Review Committee,"Tax Avoidance",(London:Institute for Fiscal
　　　　Studies,1997),Executive Summary,Para.7,and Appendix 2,at 59

(注108)　Halifax plc v Customs&Exercise,Case C-255/02

付加価値税の控除をできないため、この請負契約をいったん取り消した。そして、X社は、このような控除を利用できるX社の100％子会社であるB社に貸付を行い、B社からC社（X社の子会社）に同ビルの建築を請け負わせ、C社からA社に請け負わせて、ビルの建設を行わせた。X社は、同ビルが完成した後、B社がリースしたD社（X社の子会社）から再リースを受けて、同ビルを使用することとなった。

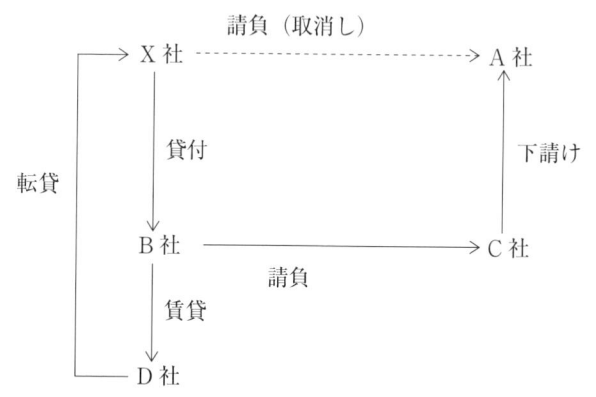

この場合、B社は、C社に対する建築工事代金の支払について付加価値税の仕入税額控除をすることができるかが問題となった。

　イ　判　旨

上記ECJ判決は、「判例法によると、共同体法は濫用や詐欺的な目的（fraudulent ends）に依拠することはできないことを心に留めなければならない（……）。」（パラ68）とした上、「<u>共同体法は、経済を動かす人達による濫用的行為（abusive practices）―すなわち正常な（normal）商業作用の状況でないのに実行され、共同体法によって提供された特典を不当に得る目的のみでなされている取引―にまでこれをカバーするように適用することはできない（……）。</u>」（パラ69、下線筆者）とし、「この濫用的行為を禁止する法理は、付加価値税の分野にも適用される。」（パラ70）として、濫用的行為に当たる場合には、仕入税額控除はできないとした。

そして、当該取引の客観的要素（パラ74）と主観的要素（パラ75）に着目すべきとした上、主観的要素について、「当該取引が本質的に租税上の便益を得ることを目指しているに違いない場合、国内裁判所が当該取引の真の実質や意義を決定する責任を負っていることを心に留めるべきである。そうすること

により、当該取引の完全に技巧的な性質（purely artificial nature）や租税上の負担を軽減するスキームに関与している人達の間の法的、経済的、そしてあるいは人的性質の結び付きを考慮することとなろう（……）」（パラ81）とし、結局、「したがって、二つ目の疑問に対する答えは、第6次指令は、当該取引が濫用的行為を構成する場合、仕入税額控除の権利が妨げられるように解釈されなければならないこととなる。」（パラ85）とし、「濫用的行為があると認定されるために最初にされるべきことは、問題の取引が第6次指令やその指令を取り込んだ国内法の関連する条項によって規定されている要件に形式的には該当するにもかかわらず、それらの条項の目的に反する租税上の特典を発生させる結果となるということが必要である。次にされるべきは、問題となっている取引の本質的目的（the essential aim）が租税上の特典を得ることであるということが、多くの客観的事情によって明らかにされることである。」（パラ86、下線筆者）とした。

　　ウ　検　討
　この判決によると、ECJは、濫用的行為（abusive practice）とは、「正常な商業作用の状況でないのに実行され、共同体法によって提供された特典を不当に得る目的のみでなされている取引」（パラ69）とした上で、濫用的行為と認定されるためには、①共同体法の規定の文言には合致しているが、その趣旨に反する租税上の特典を発生させていること、②租税上の特典を得ることが当該取引の本質的な目的であることを要するとしているが（パラ86）、ここで濫用的行為は、租税回避と同義であり、租税回避を法の濫用であるととらえていると考えられる。

　なお、Halifax事件ECJ判決の意義を更に明らかにする上で、同じ年に判決された2006年のCadbury Schweppes事件ECJ判決(注109)を検討する必要がある。この判決は、英国のタックス・ヘイブン対策税制が旧EC条約43条の開業の自由の保障に反しないかが問題となったが、当該加盟国の租税法規の適用を回避することを目的とした完全に技巧的な取決め（wholly artificial arrangement）の場合には正当化されるとし、「そのような取決め〔筆者注・wholly artificial arrangement〕であることを見出すためには、租税上の特典

（注109）　Cadbury Schweppes plc v Commissioners of Inland Revenue, C-196/04, 12 September 2006

を得る意図にある主観的要素に加えて、共同体法によって述べられている要件に形式的に該当しているようにみえるにもかかわらず、開業の自由による目的が……達成されていないという客観的状況も示されなければならない。」（パラ64）と判示している。この「完全に技巧的な取決め」の意義が問題となるが、オーストリアのラング教授は、この判決は、続けて、その客観的状況として「経済的実体（economic reality）」、「現実の施設（actual eatablishuument）」、「真実の経済活動（genuine economic activities）」（パラ65、66）としているのがキーワードであるとする（注110）。この点、ドイツのシェーン教授も、「裁判所の司法権の行使において、取引の法的実体が疑いがある（すなわち単に『sham』と性格付けされる。）のではなく、経済実質がほとんど失われている場合をwholly artificial arrangementと表現しているのである。」と述べているところである（注111）。このように「完全に技巧的な取決め」とは、経済実質がないことを意味していると考えられる（注112）。このようにCadbury Scweppes事件ECJ判決は、濫用的行為を「完全に技巧的な取決め」であるとして、経済実質の観点からのアプローチも必要であるとしてその意義を明らかにしたものではあるが、この事件は、そもそも英国のタックス・ヘイブン対策税制が旧EC条約43条の開業の保障に反しないかが問題となった事案で、同条の解釈問題であるのに対し、Halifax事件ECJ判決は、明文規定がないのに、第6次指令の適用上当該取引を否認できるかとの問題であり、問題となっている規範構造が異なっており、Halifax事件ECJ判決こそが明文規定のよらない租税回避の否認法理と考えられる（注113）。

(4)　小　括

以上、英米法系の国と大陸法系の国の租税回避の定義をみると、租税法規の文言に合致はしているが、その趣旨に反していることを重視するのが大勢と考えられる。

（注110）　拙著・濫用法理180,181頁
（注111）　拙著・濫用法理182頁
（注112）　「wholly artificial」については、「完全に人為的」とする翻訳例もあるが、「人為的」というのは、言い換えると「不自然な」との意味であるが、本文で述べたとおり、ECJは、「経済実質」があるか否かを問題としているものであることから、筆者は、「実質がない」との意味で、「技巧的」と翻訳している。もっとも、ここで「技巧的」というのは、skillfulとの意味ではなく、「実質がないのに形式を整えている」との意味である。
（注113）　拙著・濫用法理185〜187頁

3　租税回避の本質

(1)　租税回避の本質に即した定義

ア　筆者の定義

　これに対し、筆者は、本書において、租税回避の本質に即して、下記のとおり定義することとする(注114)。

　私法上有効な行為でもって①、主として税負担を減少させる目的で②、租税法上の効果を生じさせる当該租税法規の文言には反しないものの、その趣旨に反する態様によって③、その適用を免れ又はこれを適用して税負担を軽減又は排除すること

　すなわち、a 主観的要件として、「主として租税上の負担を減少させる目的」が必要であり、b 客観的要件として、「当該租税法規の趣旨・目的に反する態様」であることが必要であり、a の主観的要件は、納税者や関係者の主観的な認識や意欲そのものではなく、あくまでも客観的事実で認定される「目的」であり、事業目的との比較で、いずれかが主であるかにより判断され、b の客観的要件は、当該租税法規の文言にかなっていてもその趣旨に反する態様ということであり、法の濫用（abuse of law）を意味している。

（ア）　筆者の定義の説明

　筆者の上記定義では、①と②が脱税とは違うこととなる。すなわち、脱税は、私法上は、虚偽表示等で無効な行為であり(注115)、また、租税回避の主観

(注114)　筆者は、以前、税務大学校論叢40周年記念論文集に「租税回避とは何か」との論文を投稿した際に類似の定義をしたが（拙著・濫用法理49頁）、租税法規の趣旨に反するか否かの判断に当たり、取引等の経済実質も考慮要素であることを明らかにしたかったため、いささか難解となってしまった。筆者は、現在でも、租税法規の趣旨に反するかの判断に当たり、取引等の経済実質も考慮要素とすべきと考えているが、経済実質を定義の中に含めると複雑になるのと「法の濫用」とは異なる基準ではないかとの誤解を招くおそれもあることから、本書の定義は、「経済実質を欠く」などの表現を省き、「当該租税法規の趣旨に反する態様」の中に含ませることとしたものである。

(注115)　もっとも、脱税の構成要件は、「偽りその他不正の行為」とされているが（所法238条1項、法法159条1項等）、これは、私法上の有効な行為の場合であっても、所得の帰属を偽る場合などには「偽りその他不正の行為」に該当することから（東京高判平28・2・26判タ1427・133（上告中）参照）、例外的に、私法上有効な行為であっても脱税に当たる場合もあり得る。

的要件の「目的」と異なり、主観的な認識・意欲が必要である。そして、節税とは、③が違うこととなる。すなわち、節税は、租税法規の趣旨に反しない態様である。なお、③で「租税上の効果」としているのは、英米法系の諸国の一般否認規定で「租税上の便益（tax benefitやtax advantage）」と同じである。英米法系の諸国の一般否認規定でも「租税上の便益」というと、課税減免規定を充足させる態様によって得られる利益だけでなく、課税根拠規定を充足させる態様によって得られる利益をも含んでいる(注116)。しかし、「租税上の便益」というと、課税減免規定を充足させる態様によって得られる利益のみを意味しているように誤解されるおそれもあるため、「租税法上の効果（租税上の便益）」との表現を用いることとする。

　筆者は、我が国の通説が「私法上の選択可能性の濫用」を問題としているのに対し、租税回避の問題は、「租税法規の濫用」であり、民法や国際私法でも問題とされている「法の濫用（abuse of law）」であるとの考えを出発点とするものである。そもそも前記２(1)のとおり、我が国の通説の元となったヘンゼルの定義も、「法律の回避」すなわち「法の濫用」を出発点とするものであったし、筆者は、このように租税回避をとらえることで、租税法において租税回避を議論する意義やその本質が明らかになると考えている。もっとも、筆者としては、租税法規は，取引等の経済実質に着目して立法されている規定が多く、「租税法規の濫用」か否かの判断に当たり、そのような規定の場合には、「当該租税法規の趣旨に反する態様」であるか否かを判断するに当たり、当該取引等の経済実質をも考慮要素にすべきと考えている。この点は、後記(3)で詳述することとする。

　なお、古典的論理学の定義理論において、名辞定義と事物定義とが区別されている。名辞定義とは、ある表現の意味を定めることであり、最近類と種差によって規定されるが、事物定義は、ある事物の本質を規定することといわれている(注117)。事物定義には、評価を含むことから、本来であれば、でき

（注116）　例えば、英国のGAARは、2013年財政法208条で、tax advantageとの表現を用いているが、同条の(c)では、「avoidance or reduction of a charge to tax or an asessment to tax」もtax advantageに含まれると規定し、課税根拠規定の回避の態様による利益も含まれるとしている。

（注117）　碧海・前掲法哲学概論第2版45頁

る限り名辞定義が望ましいといわれている。しかし、租税回避は、その外縁が不明確であり、名辞定義で定義するのは困難であることから、このような事物定義の方法によって定義せざるを得ないと考えている。

　したがって、上記定義は、あくまでもその本質に着目した定義である。租税回避の定義は、租税法が課税要件から構成される法規であることから、課税要件に着目すると、上記定義の③の態様には、課税根拠規定を回避する場合と課税減免規定を充足させる場合があり得ると考える。前記1 (1)の金子教授のかつての定義では、課税根拠規定を回避する場合しか含まれないように読めるが、筆者は、課税減免規定の趣旨に反して当該減免規定を充足させるのも、租税回避であると考えている。そうすると、課税要件に着目すると、上記定義の③の具体的な態様として、「課税根拠規定を回避し又は課税減免規定を充足させることにより」を付け加えることとなる。筆者が上記定義③の後に「その適用を免れ又はこれを適用し」としているのは、その意味であり、課税根拠規定の回避と課税減免規定の充足を意味している。なお、例外的ではあるが、課税減免規定の適用が納税者に義務付けられている場合には、課税減免規定の回避も租税回避に当たると考える。これは、ヤフー事件最高裁判決（判例18）の関連事件のIDCF事件最高裁判決で問題となったいわゆる「適格外し」であるが、このような類型も当該課税減免規定の趣旨に反する態様であり、租税回避に当たると考える。

　筆者の上記定義では、「当該租税法規の趣旨・目的に反する態様」というのが、「法の濫用」を意味しているが、課税減免規定の充足がそのような意味で「濫用」に当たることは異論がないと考えられる。一方、課税根拠規定の回避がそのような意味で「濫用」に当たるかが問題となる。例えば、所得税法33条1項の譲渡所得課税を回避するために、土地を売買契約により譲渡する代わりに、異常で複雑な地上権設定契約と消費貸借契約を組み合わせるとの法形式を採った場合、所得税法33条1項の趣旨は、権利者の手から資産が離れるときにキャピタル・ゲインの実現があったとして課税するとの清算課税にあり、民法上は、所有権の移転はないものの、実質的には、所有権を手放しているのと同じであり、これを課税対象としないのは、同条項の清算課税の趣旨に反することとなる。前記1 (1)及び(2)の金子教授の定義は、上記の例の場合に、法形式が異常で複雑であることから、私法上の選択可能性の問題としているが、私法上は有効な行為であり、租税法上問題なのは、所得税法

33条1項の趣旨に反しているかが問題であり、やはり「法の濫用」に当たると考える(注118)。筆者の上記定義において、課税根拠規定の回避の場合と課税減免規定の充足の場合とを2つの類型に分けることも可能であるが、課税根拠規定の回避の場合も、「法の濫用」であることを明確にするため、あえて2つに分けないこととする(注119)。

　　（イ）　筆者の定義の意義

　このような租税回避の捉え方は、OECDや世界の諸国における租税回避の捉え方にも合致するものである。すなわち、OECDは、その用語集において、租税回避について、「定義するのが難しい用語ではあるが、一般的には、納税者の租税負担を軽減しようとする納税者による取決めで、法的には文言上は適法かもしれないが、<u>当該取決めが従っている法律の目的（intent）に通例は反するようなもの</u>として表現されている。」（下線筆者）とし、脱税については、同様に定義するのが難しい用語であるとしながら、「納税義務が隠ぺいされ（hidden）又は無視される（ignored）違法な取決め、納税者が税務当局に所得又は情報を隠ぺいすること（hiding）により法的義務より少ない租税を支払う取決めをいうのに一般に用いられる用語」と定義している(注120)。ここで注目されるのは、租税回避について、当該租税法規の趣旨に反するものとして捉えていることである。

　また、前記2（3）のとおり、EUのHalifax事件ECJ判決（判例4）も租税回避を「共同体法の規定の文言には合致しているが、その趣旨に反する租税上の特典を発生させていること」とし濫用基準を採用しており、その他にも、カナダや英国の一般否認規定でも濫用基準が採られている（第3章第3節の4

(注118)　法の濫用の法理は、ローマ法でもfraus legisということで認められていた解釈原理であり、被相続人の第三者への生前贈与を相続人が否認できるとするキンキア法の適用を回避するため、被相続人が何回かに分けて生前贈与した場合が、その例であるとされている（拙著・濫用法理192頁）。これは、相続人が否認できるとする根拠規定の回避である。

(注119)　谷口教授は、後記イ（ア）のとおり、租税回避を態様に着目し、①私法上の選択可能性の利用による租税回避と、②私法上の課税減免的の利用による回避とに分けて、後者の「不当」は、当該規定の趣旨・目的違反を意味するが、前者の「不当」は、不公平を意味するとする（谷口勢津夫「租税回避の法的意義・評価とその否認」税法学577号258頁）。しかし、筆者は、前者の場合、確かに公平性も問題となるが、それ以上に、当該規定の趣旨・目的違反が問題と考える。

(注120)　http://www.oecd.org/ctp/glossaryoftaxterms.htm（平成29年6月1日最終確認）

(3)及び5(2)参照)。

　さらに、第2章第3節の1で詳しく検討するが、ヤフー事件最高裁判決(判例18)が組織再編成に係る行為計算否認規定である法人税法132条の2の「不当」についてのものではあるが、同条にいう「不当」について、「法人の行為又は計算が組織再編税制の係る各規定を租税回避の手段として濫用すること」(下線筆者)とした上、「その濫用の有無の判断に当たっては、①当該法人の行為又は計算が、通常は想定されない組織再編成の手順や方法に基づいたり、実態とは乖離した形式を作出したりするなど、不自然なものであるかどうか、②税負担の減少以外にそのような行為又は計算を行うことの合理的な理由となる事業目的その他の事由が存在するかどうか等の事情を考慮した上で、当該行為又は計算が、組織再編成を利用して税負担を減少させることを意図したものであって、組織再編税制に係る各規定の本来の趣旨及び目的から逸脱する態様でその適用を受けるもの又は免れるものと認められるか否かという観点から判断するのが相当である。」と判示しているのが参考となる。これは、法人税法132条の2の「不当」についての判示であるものの、このような濫用基準は、租税回避の捉え方に一般化することができる。筆者の上記定義は、このヤフー事件の最高裁判決の考え方にも沿うものであり、我が国の裁判実務においても意味のある定義と考える。

　　イ　谷口教授の見解に対する反論

　　　(ア)　谷口教授の見解

　これに対し、谷口教授は、清永教授の前記1(1)の定義を参考として、租税回避の包括的定義として、「課税要件の充足を避け納税義務の成立を阻止することによる、租税負担の適法だが不当な軽減または排除をいう。」(下線筆者)とし(注121)、課税要件に着目すると、「課税要件のうち①課税を根拠づける要件(積極的要件)については、その要件の充足回避による租税負担の適法だが不当な軽減または排除、②課税を減免する要件(消極的課税要件)については、その要件の充足(対応する積極的要件の充足回避)による租税負担の適法だが不当な軽減または排除」(注122)とし、行為態様に着目すると、①私法上の選択可能性の利用による租税回避と、②私法上の課税減免規定の利

(注121)　谷口・基本講義第5版60頁
(注122)　谷口・基本講義第5版62頁

用による租税回避とに分けられるとする(注123)。谷口教授は、前記1 (1)の金子教授のかつての定義とは異なり、金子教授による定義の修正以前から、課税減免規定の充足の場合も、上記のとおり、課税減免規定に対応する積極的要件の充足回避ということで、これを含めている点では、筆者の上記定義と同じである。

　また、谷口教授は、上記包括的定義に下線を引いたとおり、清永教授の見解に一歩進めて、「適法」であるとしている。すなわち、谷口教授によると、納税者が私法上の法形式を私的自治の原則に従って自由に選択することができることを意味し、租税回避の適法性を重視するリベラルな租税回避観に立脚しているとする(注124)。一方で、租税回避は、立法者が予定していない異常な法形式を用いるものであり、法の欠缺を利用するものであるとする(注125)。

　　（イ）　反　論

　しかし、このような谷口教授の見解には、筆者としては、異論がある。まず、リベラルな租税回避観であるが、このような見解は、英米を始め世界の各国に古くからあったが、各国でこのような行き過ぎたリベラルな租税回避観により、多くの租税回避がなされ、税源の侵食や納税者間の不公平が問題とされ、BSPSへの対応がOECDを中心に議論されているとおり、行き過ぎた租税回避は受け容れられないとの考えが現在では英米を始め世界の趨勢である(注126)。もちろん、逆に納税者間の公平を重視する余り、かつてのドイツで見られたような課税権の確保に傾き過ぎても問題であり、現在では、私法上の経済活動や取引の保護と適正な課税権の確保や納税者間の公平との調和が

(注123)　谷口・前掲税法学577号7,14頁。もっとも、谷口教授は、最近の著書では、行為態様に着目した類型として、①私法上の選択可能性の濫用による租税回避と、②税法上の課税減免規定の濫用による租税回避との分類している（谷口勢津夫ほか『基礎から学べる租税法＝INTRODUCTION TO TAX LAW』（弘文堂、平成29年）133頁）。税法学577号での定義では、「利用」とし、最近の著書では、「濫用」としているが、内容についての記述は同じであり、同義と思われる。

(注124)　谷口・基本講義第5版66頁

(注125)　谷口・基本講義第5版60頁

(注126)　英国の最高裁裁判官であるリード卿も、2015年のPendragon事件最高裁判決（HMRC v Pendragon plc,［2015］UKSC 37）でサンプション卿が述べた洗練された租税回避スキームは、納税者間の公平や企業間の公平を害するとの意見を支持し、これが、現在の最高裁の立場であるとしている（Lord Robert Reed,"Anti-Avoidance Principles Under Domestic and EU Law",BTR 2016.3,at 288）。

とられた解釈論が要請されていると考える。大事なのは、両者の調和であり、どちらから一方に傾き過ぎてはいけないと考える。谷口教授は、納税者間の公平は、立法の際に問題にすべきではあるが、解釈論では問題にすべきではないとする(注127)。しかし、課税権の確保や納税者間の公平が害される場合は、当該事案の解決としては、具体的妥当性を欠くことを意味しており、もちろん解釈論で許される範囲内であるが、複数の論理解釈が可能な場合には、最終的には具体的妥当性という観点での考慮も必要であり、その意味で解釈論においても具体的妥当性が問題となると考える。

　また、「法の欠缺」についての考え方にも異論がある。確かに、租税回避は法の欠缺の場合もあるが、法の欠缺の場合に限定されているのではない。また、谷口教授によると、租税法規は、欠缺だらけということになるようであるが、立法に当たり、余りに細目まで規定するとかえって煩雑になり、悪しき立法となる。それで、立法者は、解釈に委ねている場合があり、特に、我が国の租税法規は、諸外国と比べると、条文数も少なく簡素であり、それぞれの規定が抽象的なものが多い。これは、我が国の立法の伝統として、裁判所等の解釈に委ねている部分が大きく、そのような視点でみると、租税法規は決して欠缺だらけというのではなく、解釈でカバーできる部分が多いと考える。

　さらに、谷口教授は、外税事件最高裁判決（判例1）、売買か交換かが問題となった岩瀬事件高裁判決（判例5）の一審判決などいくつかの判決を例にして、過形成（hyperplasia）ということで、裁判所が判例や解釈の名の下に実質的な立法作用を行っているのではないかと批判している(注128)。また、この関係で、谷口教授は、ヘンゼルを引用して、行為概念としての「租税回避の試み（Steureumgehehungsversuch）」と結果概念としての「租税回避」とを区別すべきとする。すなわち、租税回避の試みは、実定法の解釈によって、その課税要件該当性が肯定されれば失敗し課税され、租税回避は、解釈の限界を超えていることから達成されるとする(注129)。そして、筆者のように外税事件最高裁判決を限定解釈を認めたものと理解するのは、「租税回避の試

（注127）　谷口・基本講義第5版65,66頁
（注128）　谷口・前掲租税回避研究の展開と課題11～21頁
（注129）　谷口・租税回避論16頁

みの否認」による課税であるが、目的的解釈の限界を超えているとする(注130)。

　このようなヘンゼルの見解は、ドイツに一般否認規定があることを前提とし、一般否認規定の対象を「解釈の限界を超えたもの」(真の租税回避)とするための議論ではないかと考えられる。しかし、租税回避か否かは、一般否認規定が存在する以前の問題であり、行為の本質から決定されるべきであり、まして、課税庁による否認が成功したか失敗したかで、「租税回避」に当たるか否かが決せられるべきでないと考える。また、外税事件最高裁判決の理解は、確かに難しい問題ではあるが、目的的解釈の枠内と考える（第2節の4(3)ア(ウ)参照）。

　　ウ　木村教授及び酒井教授の見解に対する反論

　　（ア）　木村教授及び酒井教授の見解

　さらに、租税回避と節税の区別について、筆者の見解とは別な見解もある。そのような見解として、木村教授は、租税回避と節税の区別について、両者ともに私法上有効であるが、「租税回避（……）は、租税法律要件の充足そのものを回避する行為であり、不当な租税回避は、法律を濫用した、迂回や多段階な法形式（法取引・事実行為）を用いて税負担の減少を図る行為である。」(注131)とし、「節税とは、法律構成の選択権と契約の自由を行使することを通して、(1)法律規定が予定している、(2)所得の金額の計算上損金算入（必要経費計上）、税負担の減免もしくは繰延べを許容する節税法律要件または(3)租税法上もしくは租税条約上の受益（……）を許容する租税受益要件を充足することによって、税負担を軽減または排除すること」と定義した上で、「節税は原則として租税法上適法であるが、しかし、納税義務者の選択した法律構成（法形成）が、相当な法律構成に比べて、法律の趣旨を越えて税法上の便益を納税義務者または第三者にもたらす場合、そのような法律構成は濫用である。したがって、この節税行為は租税法上否認されるべきである。その法的根拠は、租税回避の否認の場合と同様に、権利濫用と平等原則に求められる。」とする(注132)。すなわち、租税回避は、課税根拠規定の適用を回

（注130）　谷口・租税回避論17〜19頁、谷口・前掲税法学577号254〜257頁

（注131）　木村弘之亮「節税と租税回避の区別の基準」拙共編『新・裁判実務大系18　租税争訟〔改訂版〕』（青林書院、平成21年）351頁

（注132）　木村・前掲租税争訟改訂版353,354頁

避して租税の負担を免れる場合であるのに対し、節税は、課税減免規定の要件を充足させて租税の負担を免れる場合であるとした上、不当な租税回避だけでなく、不当な節税もあり得るとするものである。

　また、酒井教授は、上記木村教授の見解を参考にして、租税回避を課税根拠規定の回避であり、節税を課税減免規定の充足であるとした上、いずれも課税されるべき不当な租税回避や節税を問題とすべきとする[注133]。

　　（イ）　反　論

　木村教授の見解は、前記1（1）で述べた従来の租税回避の定義についてのかつての通説に疑問を投げかけるものであり、その意味では、筆者と同じ方向を目指しているとも考えられる。しかし、木村教授は、租税回避と節税のいずれの場合も「不当」であることを「権利濫用」であるか否かの基準で判断するものと思われるが、筆者としては、いずれの場合も問題となるのは、「権利濫用」ではなく、「租税法規の濫用」であることが見失われるおそれがあると考えている[注134]。権利濫用（abuse of rights）の法理は、19世紀のフランスの私法の判例で発展し、その後ドイツ民法226条でSchikaneとして採用された法理であり、権利行使の名を借りた第三者の権利侵害を制限する法理である[注135]。一方、法の濫用（abuse of law）の法理は、ローマ法由来のfraus legisを淵源とする法理であり[注136]、法規を文言どおり解釈するとその趣旨に反する場合に解釈で修正を加える法理であり、全く別な法理である。そもそも租税回避の議論は、前記アのとおり、法の濫用の法理を出発点にするものであり、権利濫用とは異なっている。また、木村教授は、「節税権」という観念を認めるものと思われるが、そもそもそのような権利が認められるかが疑問である上、結局、「不当」という不確定概念にその最終的判断を委ねることとなり、判断の基準を提示するものではない。

（注133）　酒井克彦「我が国における租税回避否認の議論」フィナンシャル・レビュー平成28年1号152頁
（注134）　ザイラーも、租税回避は、窮極的には、法の濫用（abuse of law）であり、権利濫用とは区別されるとしている（supra, Seiler, GAARs, at 3）。
（注135）　米倉明「権利濫用ノ禁止」法学教室1981年12月号32, 33頁
（注136）　法の濫用の法理が、3世紀のローマ法学者のパウルスの法格言に由来するfraus legisの法理を淵源とするものであることの詳細は、拙著・濫用法理191〜193頁を参照されたい。

このように「不当」の判断に委ねる点は、酒井教授の見解も同様である。筆者としては、法人税法132条の行為計算否認規定に課税要件として「不当」という不確定概念を持ち込まざるを得ないのは、同規定で対象とする行為が多様であり一義的でないことからやむを得ないと考えているが、理論上の「租税回避」や「節税」の概念に「不当」という不確定概念を持ち込むのでは、概念が曖昧になることから適切でないと考える。

(2)　租税回避と主観的要件

租税回避を定義するに当たり、「主として税負担を減少させることを目的」とするという主観的要件が必要であるかが問題となる。第1に、租税回避を「法の濫用」であるとすると、「濫用」という場合、当初から「濫用の意図」がなく、結果的にたまたま個別規定の趣旨目的に反することになった場合に、「濫用」といい得るかが問題となる。第2に、納税者がある行為をする場合、租税上の便益を得る目的のほか事業目的やその他合理的な理由がある場合があり得る。このような場合、客観的に、当該租税法規の趣旨・目的に反するからといって、直ちに租税回避としていいか問題がある。租税上の便益を得る目的が事業目的等に比して少ない場合には、納税者の行為には合理性があり、租税法としても、そのような合理的な行為は尊重せざるを得ないからである。もっとも、筆者の考えている主観的要件は、事業目的等がある場合を除外するための要件であることから、あくまでも客観的に認定される「意図」であり、脱税で要求される納税者の主観的な認識や意思そのものではない。

このように筆者としては、租税回避を租税法規の濫用であるとした場合でも、客観的に認定される税負担減少目的は、理論上必要であると考えており(注137)、ECJの判例なども、前記(1)のとおり、①租税回避の意図、②共同体の目的が達成されていないとの客観的状況の主観的要件と客観的要件の2つが必要であるとして、そのような立場を採っている(注138)。

また、このように租税回避に主観的要件が必要であるとする考え方は、ラング教授ら編集の論文集におけるクレーバー教授によるGeneral Reportでも、各国のGAARにおいて発動の要件として納税者の意図（purpose）が必要

（注137）　拙著・濫用法理49,50頁
（注138）　拙著・濫用法理28頁

とされていると報告されていること^(注139)でも裏付けられる。

(3)　租税回避と態様の考慮要素

　筆者としては、租税回避に当たるか否かは、前記(2)の主観的要件と「当該租税法規の趣旨に反する態様」であるかとの客観的要件とで判断されると考えている。そこで、「当該租税法規の趣旨に反する態様」をどのようにして判断するかが問題となる。具体的には、「当該租税法規の趣旨に反する態様」の考慮要素あるいは考慮すべき事情が何であるかが問題となる。

　筆者は、「当該租税法規の趣旨に反する態様」であるか否かの考慮要素として、当該租税法規が問題となっている取引等の経済実質をも考慮することを予定していると考えられる規定の場合には、当該取引等の経済実質をも考慮すべきと考える。例えば、フィルムリース事件最高裁判決（判例6）で問題となった「事業の用に供する」といった要件である。一方、譲渡所得における「譲渡」は、純粋に法的な概念であり、経済実質の観点で権利の移転があったというのでは足りず、法的にも権利の移転があったことを要すると考える。英国の判例でも同様の議論がされており、Barclays事件上院判決（判例39）においてニコルス卿が引用しているが、ホフマン卿の商業上の概念（commercial concept）と法的概念（legal concept）との区別である。英国の判例においては、ラムゼイ原則が適用される範囲を画するための概念として用いられているが、租税回避に当たるか否かを判断するためにも有用な概念であり、経済実質を考慮すべきとしている要件の場合には、当該取引等の経済実質をも考慮して当該租税法規の趣旨に反するか否かを判断することとなる。

　我が国のヤフー事件最高裁判決（判例18）も、前記(1)ア(イ)のとおり、法人税法132条の2の「不当」について「法人の行為又は計算が組織再編税制の係る各規定を租税回避の手段として濫用すること」とした上、「濫用」に当たるか否かの考慮要素として、「通常は想定されない手順や方法に基づいているか」という事情だけでなく、「実態とは乖離した形式を作出しているか」という事情も考慮要素として挙げているが、後者は、正に組織再編成の商業上意味があるかといった経済実質を問題としており、租税回避か否かを判断するに当たり、取引等の経済実質を判断する必要がある場合があることを示唆しているのである。

（注139）　拙稿・前掲租税研究2017年3月号340頁参照

　さらに、第3章第4節で検討するが、先進国の一般否認規定の適用に当たり、経済実質をも考慮要素とすべきかが問題となっている。具体的には、カナダのGAARで議論されたが、Canada Trustco事件最高裁判決（判例32）は、これを否定したものの、英国のGAARでは、立法で考慮要素としている（2013年財政法207条4項）。租税法規の中には、純粋な法的な概念に基づく要件もあるが、取引等の経済実質を問題とする要件も多く、このような要件について、その趣旨に反するかを検討するに当たっては、取引等の経済実質をも考慮しないことには判断できないのであり、このような租税法規の場合には、「当該租税法規の趣旨に反する態様」であるか否かを判断するに当たっては、経済実質をも考慮すべきと考える。

(4)　租税回避の類型

　租税回避には、課税根拠規定の回避を図る類型と租税減免規定の充足を図る類型とがある。

　租税回避の一形態であるタックス・シェルターについて類型化をして分析しようとする試みがある(注140)。このような類型化として、①租税法規の種類による分類、②ファイナンスの視点からの分類、③経済的実態による分類が提唱されている。筆者の課税根拠規定と課税減免規定によって分類するとの考え方は、上記①の類型化である。これは、課税要件の種類という法的な観点からの分類であるが、租税回避が多様で社会の発展により様々な態様があることから見て、実際には、上記③の経済的実態による分類が有用であろう。

4　BEPSと租税回避

(1)　BEPSの意義

　税源浸食と利益移転（Base Erosion and Profit Shifting、以下「BEPS」という。）とは、多国籍企業による各国の税制の違いなどを利用したクロスボーダーの「行き過ぎたタックス・プランニング」（Agressive Tax Plannning、以下「ATP」という。）のことである。

　そもそもこのようなBEPSが問題とされるようになったのは、英国におけるスターバックス事件、米国におけるグーグル事件やアップル事件などの租

(注140)　中里実『タックスシェルター』（有斐閣、平成14年）166,167頁

税回避事案である。スターバックス事件は、英国スターバックスが、スイス
の関連企業からコーヒー豆を仕入れるに当たり価格を高く設定するなどして
英国における利益を軽減させていたとの事案で、主に移転価格税制が問題と
なったケースである。一方、グーグル事件やアップル事件は、ダブル・アイ
リッシュ・ウィズ・ダッチ・サンドといったスキームを使うなどして、アイ
ルランド子会社に所得をプールしていたとの事案で、主に米国のタックス・
ヘイブン対策税制であるサブパートF条項の適用が問題となったケースであ
る(注141)。

　このようなBEPSで議論となったのは、多国籍企業が世界に関連会社を展
開していることから、各国の税制の違いなどを利用した二重非課税が可能で
あるとの問題や多国籍企業によるタックス・ヘイブンといわれている軽課税
国の利用の問題である。

　このようなATPにより、二重非課税の状態が生じることから、2012年6月
からOECDが中心となって、BEPSプロジェクトということで、国際的に強調
して有効に対処していくための対応策を策定することが取り組まれるように
なった。このようなBEPSプロジェクトの議論では、タックス・プランニン
グのうち、租税回避とは、「法の字義には従いつつ、法の精神に反するもの」
と理解されたとされる(注142)。すなわち、前記3(1)アのOECDの定義に従っ
たものであり、法の濫用としての租税回避を問題とするものであった。そし
て、OECDは、途中で、中間的な報告書を公表したりして、各国の企業側にも
その意見を求めたりした上、2016年10月に最終報告を公表した。

　BEPSが問題となるまでは、OECDは、モデル租税条約を作成するなどして、
二重課税を防止するとの観点で取り組んできたが、多国籍企業が各国の課税
の強化を逃れるため、様々な二重非課税の状態を作出するプランニングを行
うようになった。これに対し、OECDでは、BEPSへの対応策として、①多国
籍企業は価値が創造されるところで適正な税金を支払うべきとの国際課税の
原則の再構築、②各国政府・多国籍企業の活動に関する透明性の向上、③企業

(注141)　グーグル事件とアップル事件の詳細については、拙稿「米国における最近の国際
　　　的租税回避に対する議論の状況」租税研究2013年10月号193頁を参照されたい。
(注142)　緒方健太郎「BEPSプロジェクト等における租税回避否認をめぐる議論」フィナ
　　　ンシャル・レビュー平成28年1号197頁

の不確実性の排除の3つの柱で構成されている^(注143)。そして、行動計画1ないし10が①の柱に関するものであり、行動計画11ないし13が②の柱に関するものであり、行動計画14、15が③の柱に関するものである。

　具体的には、BEPSでは、「Cash box」といわれる資本提供をするが重要な経済活動を行わない企業を軽課税国において、このような二重非課税状態を作り出すことが多く行われているとのことで、このようなCash boxに対し、包括的（holistic）アプローチで、行動計画で論じられている様々な取組みを包括的に用いて対応しようとするものである。

　このようなBEPSへの対応への議論を通じ、経済界の関係者も巻き込んで、これまでの二重課税の防止にとどまらず、二重非課税の防止や価値創造の場での課税との国際課税原則を再構築することになったもので、その意義は大きいと考える。

　(2)　BEPSプロジェクトへの各国の対応

　このようなOECDの最終報告書に対するOECD各国の対応であるが、EU加盟国、英国及び米国についてそれぞれみていくこととする。

　ア　EU加盟国（英国を除く。）

　(ア)　2016年指令

　EUは、付加価値税については、欧州司法裁判所の2006年のHalifax事件ECJ判決（判例4）があり、明文規定によらない租税回避の否認ルールで対処している。一方、直接税については、加盟国の立法に委ねられてきていたが、2011年3月に共通連結法人課税ベース（CCCTB）についての指令提案の80条に一般否認規定（GAAR）が盛り込まれた。しかし、この指令提案は、加盟国の合意は得られず、提案にとどまっている。その後、2012年12月に加盟国の全税目について、「攻撃的租税回避計画についての委員会勧告」（以下「ATP勧告」という。）で加盟国にGAARの立法を促す勧告を行った。このATP勧告は、勧告にとどまり、加盟国に法的拘束力まではなかったものの、加盟国のいくつかの国には影響を与えた。例えば、ギリシャは、2012年勧告に示されたGAARと同様のGAARを立法し、2014年1月に発効させている。また、イ

（注143）　浅川雅嗣「最近の国際課税をめぐる議論〜BEPSを中心に」租税研究2016年4月号12頁

タリアも、2015年にそれまでのGAARを改正し(注144)、ポーランドも新たに
GAARを制定させようとしている(注145)。

　その後、EU委員会はOECDのBEPSプロジェクトなどを受けて、2016年1月
に指令案として「租税回避対抗パッケージ」を公表し、その後加盟国の議論
を経て、2016年7月に、EU理事会が、加盟国の法人税について、「域内市場の
機能に直接影響を及ぼす租税回避行為に対抗するためのルール」という指令
（以下「2016年指令」という。）(注146)を発した。この2016年指令は、法人税の
みを対象とするものではあるが、利子の控除制限、GAAR、タックス・ヘイブ
ン対策税制やハイブリッド・ミスマッチに対する加盟国の国内立法を指示す
るものであり、非常に広汎な内容となっている。

　EUは、BEPSが問題となる以前から、上記のとおり、CCTBの指令提案や
ATP勧告で、加盟国においてGAARの立法を促す立場を採っており、2016年
指令も特に多国籍企業によるBEPSを特に問題としたものではない。しか
し、2016年指令の前文1ないし3に規定されているとおり(注147)、OECDによる
BEPSプロジェクトを歓迎し、これを参考にしていると考えられる。

　さらに、2016年指令6条のGAARは、2012年勧告に示されたGAARを修正す
るものであり、BEPSプロジェクトの議論を反映して、より強力なものとな
っており、EUは、この2016年指令に基づいて、広汎な措置でBEPSに対応し
ようとしていると考えられる。

　　イ　英　国

　英国は、2013年7月にGAARを導入した。これについては、第3章第3節5
で詳述するが、OECDのBEPS報告書は発行される前の議論でなされたもの
であり、BEPSプロジェクトの議論の契機となったスターバックス事件など
に対応するものではない。

　そのため、英国において、上記GAARでBEPSへの対応が議論され、2015年
4月の財政法で迂回利益税（Diverted Profits Tax）が導入された。この迂回

（注144）　Marco Greggi," The Dawn of a General Anti-Avoidance Rule: the Italian
　　　　Experience",(2015),http://ssrn.com/abstract=2709304
（注145）　Hanna Filipczyk and Agnieszka Olesinska,"Poland",Lang ed.,GAARs,at 485
（注146）　2016年指令の詳細については、大野雅人「EUの一般的濫用対抗規定（GAAR）」
　　　　租税研究2017年1月号138頁以下を参照されたい。
（注147）　大野・前掲租税研究2017年1月号138,139頁

利益税は、外国企業が英国における活動に対する恒久的施設（PE）の認定を回避したり、迂回取引を行ってグループ全体の税負担を不当に減少していると認められる場合に、通常の法人税率より高い税率で課税するというものであり(注148)、スターバックス事件などを対象とするものと考えられる。

　　ウ　米　国

　米国は、2010年3月に、内国歳入法典7701条o項で各国のGAARに相当する規定を制定した。これについては、第3章第2節の1(2)で詳述するが、あくまでも判例法理としての経済実質原則を確認したものであり、その適用は、経済実質原則に基づいて考えられる。このような観点でみたとき、条約の濫用については、1971年のAiken事件租税裁判所判決(注149)が経済実質原則に基づいて導管法人を否認したが、経済実質原則だけでは対応ができない事例もあり、問題とされている(注150)。

　そのようなこともあり、財務省は、2016年2月に、新しいモデル条約を公表したが(注151)、このモデル条約は、前文で二重非課税について言及した上、第三国PE、特別税制や条約相手国の税制改正への対応等の条約の濫用の防止を強化する内容となっている。

　　エ　OECDの対応

　さらに、これらの諸国の動きに加えて、注目すべきは、OECDは、行動15で議論されていた租税条約実施のための多国間協定（Multilateral Instrument, MLI）を開発するとの提案に基づき、2016年11月に、この協定（Multilateral Convention to Implement Tax Treaty releted Measures to Prevent Base Erosion and Profit Shifting）を公表し(注152)、2017年6月7日に、協定参加国76か国による署名が行われた。

　(3)　BEPSプロジェクトの我が国への影響

　各国は、OECDの最終報告書に基づき、国内法制を整備するなどを行うこ

（注148）　迂回利益税の詳細については、緒方・前掲フィナンシャル・レビュー平成28年1号221～223頁を参照されたい。

（注149）　Aiken Indus., Inc v CIR, (1971)56 TC 925

（注150）　Shay Menuchin and Yariv Brauner, "United States", Lang ed., GAARs, at 769-778

（注151）　https://www.treasury.gov/press-center/press-releases/Pages/jl0356.aspx

（注152）　http://www.oecd.org/tax/treaties/multilateral-convention-to-implement-tax-treaty-related-measures-to-prevent-BEPS.pdf

ととなっている。我が国では、行動計画1（電子経済の発展への対応）、行動計画2（ハイブリッド・ミスマッチ取決めの無効化）については、平成27年度の改正で、一応対応済みであり、行動13（多国籍企業の報告制度）については、平成28年度の改正で対応する予定である。

また、注目すべきは、租税条約の主要目的テスト（Principal Purpose Test、PPT）への対応である。我が国では、条約の直接適用可能性については、議論があるところであり、租税条約に主要目的テストが規定されたとしても、この規定を根拠に直ちに否認できるかが問題がある。この点、日台民間租税取決めに規定された内容の実施に係る国内法の整備が注目される。

このように我が国でもBEPSへの対応のための立法がなされてきているが、我が国ではGAARがないことからBEPSに十分に対応できるかが問題である。我が国にGAARが欠如していることから解決が困難な例としては、例えば、バミューダLPS事件高裁判決（判例7）の事例とIBM事件高裁判決（判例13）の事例である。前者は、トリーティ・ショッピングが問題となった事件であり、第2章第1節で詳述する。また、後者は、法人税法132条の適用が問題となった事件であり、第2章第2節の3(7)で詳述する。

第4節　租税回避と事実認定

1　課税要件の前提となる契約の解釈

(1)　契約解釈の意義

ア　客観説と主観説

租税法の適用に当たり、その前提となる契約について、真実であるのか仮装ではないかが問題となることが多い。殊に租税回避の場合には、複雑な契約を用いることが多く、そこで用いられている契約の解釈が問題となることが多い。筆者は、かつて「私法上の法律構成による否認」ということでこの問題を論じたが(注153)、本書で改めて考えてみることとする。

(注153)　拙著・濫用法理54頁以下

　なお、我が国の従来の通説を代表する我妻栄教授は、「法律行為の解釈」ということで、契約だけではなく、遺言等も含めて「解釈」の問題として捉える。しかし、契約と遺言ではその解釈の在り方はかなり違っており、法律行為一般について論じるのは問題であることから、本書では、「契約の解釈」ということに限定して論じることとする。

　我が国においては、契約の解釈について、大きく分けて、客観説と主観説との対立があるとされている。客観説とは、契約解釈の出発点を表示であるとし、契約の解釈とは、当事者の内心の意思ではなく、表示の意味を確定することであるとする見解であり、主観説というのは、当事者の内心の意思を出発点として、契約の解釈は、表示の意味ではなく、当事者の意思の確定をすることとする見解である。客観説は、我妻教授を代表とする見解（以下「従来の通説」という。）であり、比較法的にみると、ドイツ法的な見解である。主観説は、星野英一教授を代表とする最近の通説（以下「最近の通説」という。）であり、フランス法的な見解である(注154)。

　このように契約解釈は、大きく分けると客観説と主観説に分けられるが、表示を重視するか意思を重視するかとの対立軸のほか、表示や意思を厳格に解釈するか合理的に解釈するかの対立軸がある(注155)。すなわち、客観説と主観説の対立には、表示／意思のほかに、厳格／合理的との対立軸があり、従来の通説は、客観説といっても、表示のみを厳格に解釈するのではなく、周辺事情を含め合理的な意味を探求する見解であり、合理的表示主義と考えられ、最近の通説は、主観説といっても、契約の両当事者の共通の意思を探求するものであり、合理的意思主義を考えられる。また、後に述べる英国やフランスの判例なども一緒に表にすると次のとおりとなる。

（注154）　我が国の通説の変遷やフランス法との比較研究は、沖野眞己「契約の解釈に関する一考察（一）（二）（三）」法学協会雑誌109巻2号245頁、4号495頁、8号1265頁が参考となる。

（注155）　山本敬三教授は、最近の通説が「当事者の共通の意思に従って解釈しなければならない」とするのは、意思か表示かの対立軸ではなく、形式的な理解か実質的な理解の対立軸で捉えるべきであるとする（山本敬三「契約の解釈と民法改正の課題」伊藤眞ほか編『石川正先生古稀記念論文集』（商事法務、平成25年）739頁）。筆者の「厳格」、「合理的」の区別は、この山本教授の指摘にヒントを得たものである。

		厳　格	合理的
客観説	表示主義	・古い英国判例	・従来の我が国の通説 ・英国の最近の判例
主観説	意思主義	・フランスの古典理論	・最近の我が国の通説 ・フランスの通説

　イ　従来の通説

　従来の通説は、合理的表示主義の立場に立ち、これを代表する我妻教授は、次のように述べている。

「意思表示ないし法律行為によって欲せられる効果は、専ら表示行為によって決定される。従って、法律行為の解釈とは、この表示行為の有する意味を明らかにすることである。すなわち、第1に、普通人のする表示行為を組成する言語・挙動などの曖昧・不完全なのを明瞭・完全にし、第2に、非法律的なのを法律的に構成し、かようにして、当事者の達しようとする社会目的に法律的助力を与えることのできる基礎を作ることが、法律行為解釈の任務である。往々にして、表意者のかくれた意思（内心的効果意思）を探求することが、法律行為解釈の任務のように考えられることがある。しかし、これは誤った個人意思自治の思想に膠着して、意思表示が専ら表示行為を介してなされるものであることを忘れた考である。内心的効果意思は、法律行為の効力の有無を左右することがあるだけで、法律行為の内容に影響を及ぼすことは、絶対にないといってよい。」(注156)

　我妻教授の上記見解は、ドイツの学説（エーリッヒ・ダンツ）に依拠しているが、この学説では、当事者間に言葉の意味について争いがある場合であり、当事者間でそのような意味に用いることの明瞭な合意がある場合には解釈の余地がないとしている(注157)のに対し、明瞭な合意といっても程度問題であり、この場合も解釈が問題となることには変わりがないとして(注158)、客観説をより徹底していることが注目される。

（注156）　我妻栄『新訂民法総則』（岩波書店、昭和40年）249,250頁
（注157）　我妻栄「ダンツの『裁判官の解釈的作用』」『民法研究Ⅰ』（有斐閣、昭和41年）70頁
（注158）　我妻・前掲民法研究Ⅰ76,77頁

　従来の通説は、客観説といっても、かつての英国で採られたような厳格表示主義ではなく、表示の意味の客観的・合理的確定であり、また、表示者が表示した文言だけではなく、効果意思の表現に関する一切の状況を含み、さらには、慣習や信義則をも解釈の材料とするものである(注159)。また、我妻教授は、当事者の一方に不利な条項について、単なる「例文」であるとして拘束力を認めないところのいわゆる「例文解釈」も是認している(注160)。

　　ウ　最近の通説

　これに対し、従来の通説に対する批判として、従来の通説が「契約の解釈」と言っていた作業の中には、「意味の発見」と「意味の持込み」との2つの作業があることが指摘された(注161)。これは、米国法におけるinterpretationとconstructionの違いを参考に、裁判官の「解釈」に着目した考え方であった。

　さらには、主観説の立場から、星野教授や賀集判事によって、両当事者が表示に付与した主観的意味が合致する場合には、表示の客観的意味ではなく、その共通の主観的意味によるべきであるとする批判がなされるようになった。特に星野教授の見解は、フランス法の主観説を参考にしていると考えられる。しかし、最近の通説は、当事者の共通意思のみを問題とするものではなく、両当事者の共通意思を合理的に解釈するものであり、合理的意思主義の立場に立っていると考えられる。なお、フランスでも古典理論は、主観説を徹底して、両当事者の共通の意思のみを問題としてきたが、最近の通説は、契約の条項や文言が「明瞭かつ明確」である場合には、当事者の意思に合致するとの推定がなされるとして、客観説の考え方も取り入れている(注162)。

　最近の通説は、契約の解釈を①狭義の解釈、②補充的解釈、③修正的解釈の3つに分けている(注163)。①は、表示の意味を明らかにすることであり、意味の発見であり、後記エのとおり、本来的解釈と規範的解釈がある。②は、当事者の表示によって明らかにされていない場合に、裁判官が補充するというものであって、意味の持ち込みである。③は、当事者の表示のままに法的

（注159）　沖野・前掲法学協会雑誌109巻4号501～510頁
（注160）　我妻・前掲民法総則256頁
（注161）　穂積忠夫「法律行為の『解釈』の構造と機能」川島武宜編『経験法学の研究』（岩波書店、昭和41年）221～226頁
（注162）　沖野・前掲法学協会雑誌109巻8号1334～1339頁
（注163）　四宮和夫＝能見善久『民法総則〔第8版〕』（弘文堂、平成22年）185,186頁

効果を認めると条理に反すると判断されるときに、裁判官が修正するものであり、意味の持ち込みに相当し、約款などで不当な条項が用いられた場合などに問題とされている。

　エ　債権法改正における議論

　我が国の債権法の改正で、契約の解釈原則が明文化することが、平成25年に公表された中間試案で提案された。これは、最近の通説に基づくものであり、具体的には、中間試案では、次の3つの解釈原則を定めることが提案された。

① 　契約の内容について当事者が共通の理解をしていたときは、契約は、その理解に従って解釈しなければならないものとする。

② 　契約の内容についての当事者の共通の理解が明らかでないときは、当事者が用いた文言その他の表現の通常の意味のほか、当該契約に関する一切の事情を考慮して、当該契約の当事者が合理的に考えれば理解したと認められる意味に従って解釈しなければならないものとする。

③ 　上記①及び②によって確定することができない事項が残る場合において、当事者がそのことを知っていれば合意したと認められる内容を確認することができるときは、契約は、その内容に従って解釈しなければならないものとする。

　上記①は本来的解釈、上記②は規範的解釈で、上記③は補充的解釈といわれているものであり、①と②が、2つ併せて、「狭義の解釈」に相当する[注164]。

　従来の通説に立つと、前記イのとおり、契約の解釈とは、表示行為の有する意味を明らかにすることであり、内心の意思は、錯誤等の場合において法律行為の効力の有無を左右することがあるだけで、法律行為の内容に影響を及ぼすことはないとされている。このような客観的解釈を重視する伝統的通説に立つと、債権法改正における上記①は、当事者の主観を前面に出したものとなっている。しかし、そもそも契約は、当事者が自らの法律関係を形成するために行うものである以上、表示の客観的意味とは違っていても当事者の意思が一致していれば、それを基準とすることが契約制度の趣旨に合致す

（注164）　山本・前掲石川正先生古希記念論文集704頁

ると考えられたのである(注165)。これは、比較法的にみると、「当事者の共通
の意思に従って解釈しなければならない」という解釈原則は、文言に拘泥し
た解釈を退け、当該契約において当事者が実際に合意したことを基準とする
ことを含意するものであり、これは、意思か表示かという対立軸ではなく、
むしろ形式的な理解と実質的な理解、外在的な理解と内在的な理解という対
立軸で採られらるものであるとされている(注166)。これは、筆者の言葉で表
現すると、主観説に立った上、意思主義を出発点とするものの、当事者のそ
れぞれの意思を厳格に解釈するというのではなく、契約書の文言に捕らわれ
ることなく、共通の意思によって解釈するということで合理的意思主義に立
つものと考えられる。

　しかし、残念ながら、債権法改正は、最終段階で、このような契約原則を
規定しないこととされ、平成29年5月26日に成立した。

　　オ　英国における契約解釈原則

　このような我が国における契約解釈の在り方の議論を検討する上で、英国
における契約解釈原則の変遷が参考となる。英国においては、契約の解釈原
則は、不合理な条項でない限り、原則として、契約について文言解釈をすべ
きとするとされていた。すなわち、かつては、英国では、厳格表示主義の立
場が採られていた。ところが、1997年のInvestors Compensation Scheme事
件上院判決(注167)におけるホフマン卿の意見で、これまでの解釈原則を実質
的に変更する解釈原則が述べられ、これが、英国における現在の判例となっ
ている。

　上記事件で原告となったInvestors Compensation Schemeとは、英国の金
融サービス法54条の下で、投資業務を認可された者の行為により投資家が被
った投資損害を補償するための公的団体であり、同Schemeが、多数の投資家
達に補償する代わりに、訴訟上の請求権の移転を受けて、West Bromwich
Building Society（以下「WBBS」という。）に訴訟を提起した事件である。同
訴訟において、被告WBBSが、上記移転条項においてはWBBSに対する請求

（注165）　山本・前掲石川正先生古希記念論文集739頁
（注166）　山本・前掲石川正先生古希記念論文集739頁
（注167）　Investors Compensation Scheme v West Bromwich Building Society，[1998] 1
　WLR 896

権が留保するとされているとして、原告Schemeに請求権がないとして争った事件である。

　問題となっている契約書の3条（b）をそのとおり読むと、確かに、WBBSの主張どおりであるが、ホフマン卿は、次の5つの解釈原則を述べた上[注168]、WBBSに対する請求権が移転されているとしたものである。

（第1原則）

　解釈とは、契約締結時に当事者が置かれた状況の中で、彼らが合理的に得ることができた背景事実（background）の全てを知っている合理者（a reasonable person）に対して書類が伝える意味を確定することである。

（第2原則）

　背景事実（background）とは、ウイルバーフォース卿がPrenn事件において、よく知られている『事実の基盤（matrix of fact）』といったものである。しかし、この言葉は、背景に何が含まれているかについて、どちらかといえば控えめな表現である。当事者が合理的に得られるものという要件と、次に述べる例外に従うものの、書類の文言が合理者の理解方法に影響を及ぼす完全に全てのもの（absolutely anything）が含まれる。

（第3原則）

　法は、認められる背景事実から当事者の事前交渉と主観的意思の表明を例外として排除する。これは、修正命令（rectification）の請求訴訟のみで認められる。法は実務政策上の理由でこの区別をしている。この点だけは、法的解釈と日常生活の言葉の解釈のやり方は異なる。

（第4原則）

　書類（あるいは、その他の言葉）が合理者に伝える意味は、その文言の意味と同じことではない。文言の意味とは、辞書的あるいは文法的な事柄である。書類の意味は、関連の背景の中で文言を使った当事者が合理的にどう理解されるかである。

（第5原則）

　背景事実からみて、文言がどこかおかしいと判断される場合は、法は裁判官に対して当事者が明白に有していたと思われないような意思を認めるこ

（注168）　杉浦保友「英文契約書の文言解釈についてのイングランド裁判所の判断基準について」国際商事法務44巻2号234〜236頁

とを要求するものではない。

　これは、英国の伝統的な考え方である契約書に書かれていることだけをみるということで「四隅（four corners）理論」といわれる厳格表示主義に対し、契約の背景事情を考慮して、当事者の合理的意思を探求すべきであるとする原則であり、英国では、「状況主義（contextualism）」と呼ばれている[注169]。

　なお、ホフマン卿は、第3章第3節の5(1)イのとおり、英国のGAARのアーロンソンの委員会のメンバーの一人でもあるが、ウイルバーフォース卿の契約解釈についての考え方を参考にしていることが注目される。すなわち、ウイルバーフォース卿は、上記四隅理論に対し、1971年のPrenn事件上院判決）[注170]において、「1960年7月6日の契約を理解するためには、状況からみる必要がある。それが捺印証書であるかどうかを問わず、置かれた事実の基盤（matrix of fact）から切り離され、純粋に内部的な文言のみを考えて解釈していた時代からはかなり時間は経過した」として、裁判所は、その契約をとりまく状況を広く検討する義務があるとして、状況主義を採用した[注171]。ウイルバーフォース卿は、1976年のReadron事件上院判決[注172]でも同様の意見を述べたが、ホフマン卿は、このウイルバーフォース卿の考えを再確認したものである。

　また、ウイルバーフォース卿は、Ramsay事件上院判決（判例38）で主導的な役割を果たしているが、同卿は、1981年のRamsay事件上院判決において、「裁判所は、真正であると認定された証書や取引を容認するよう義務づけられてはいるが、裁判所は、当該証書や取引をそれが属する流れから切り離して、盲目的（in blinkers）に判断することが強制されるのではない。もし、証書や取引が複数の一連の取引の一部であるとして、又は、全体として実行するよう意図されたより大きな取引の構成要素として効果を発揮するよう意図されていたとみることが可能であれば、そのようにみることを妨げる原理はない。」との意見を述べている。ウイルバーフォース卿のこの意見は、契約を

（注169）　杉浦教授は、「contextualism」を「状況主義」と訳している（杉浦・前掲国際商事法務44巻2号231頁）。
（注170）　Prenn v Simmonds,［1971］1 WLR 1381
（注171）　杉浦・前掲国際商事法務44巻2号232頁
（注172）　Readron Smith Line Ltd v Yngvar Hanse-Tangen, Yngvar Hasen-Tangen v Sanko Steamship,［1976］1 WLR 989

その状況から認定するとの考え方であり、既に1971年のPrenn事件上院判決や1976年のReadron事件上院判決で示されていた考え方であり、同卿のこのような考え方が契約解釈についての一般論に由来していることは明らかである。

　英国では、客観説の立場から、現在でも、当事者の内心の意思についてや契約締結過程の事実についての立証を認めておらず、上記ホフマン卿が第3原則でも述べているとおり、これを前提としていることから、我が国と比較する上で慎重にすべきではあるものの、我が国の契約解釈における従来の通説（合理的表示主義）に近い立場と考えられる。

　ここで注目すべきは、ホフマン卿は、第5原則で、文言が不合理である場合には、裁判官に修正的解釈を認めていると考えられることである(注173)。もっとも、ここで修正的解釈というのは、「修正命令（rectification）」のことであり、「書面による契約書が作成されたが、間違って記載したことを当事者双方が気付かなかった場合、又は当事者の一方が気付いていたが他方の当事者において黙っておいて、その機に乗じた場合に、裁判所は、契約締結までの経緯を参照して、エクイティに基づき契約書の修正を命じることができる。」とするものであり(注174)、我が国の最近の通説の修正的解釈の一部と考えられる。

　　カ　小　括

　筆者の提唱していた「私法上の法律構成による否認」は、最近の通説である合理的意思主義の立場に立って、狭義の解釈における規範的解釈や補充的解釈をすべきであるとするものである。しかし、修正的解釈は、主観説であれ客観説であれ、合理的表示主義や合理的意思主義の立場に立てば、その違いは少なく、客観説に立っても、前記イのとおり、例文解釈ということで修正解釈を許容していたのである。筆者は、表示主義か意思主義かにこだわっていたが、現在は、問題は、その対立軸だけではなく、厳格解釈か合理的解釈かの対立軸も重要であると考えている。

　そのような観点で、岩瀬事件高裁判決（判例5）を検討することとする。

（注173）　杉浦・前掲国際商事法務44巻2号237頁、杉浦保友「イングランドにおける契約解釈原則」日本大学法科大学院法務研究13号30,31頁
（注174）　杉浦・前掲法務研究13号38頁

(2)　岩瀬事件高裁判決

　ここで、「岩瀬事件」と呼ばれている東京高裁平成11年6月21日判決（判時1685・33、判例5）を検討することとする。これは、実質は交換であるのに、2個の売買契約を締結した場合の譲渡収入金額が問題となった事件である。

　　ア　事案の概要

　Xは、A社との間で、X所有の土地・建物（以下「甲地」という。譲渡資産）をA社所有の土地・建物（以下「乙地」という。取得資産）と交換するに当たり、下図のとおり、7億円の売買契約①と4億円の売買契約②、3億円の差金の支払契約③を締結した。甲地の時価は直接は認定できないが、乙地の時価は7億円相当であることが判明している。

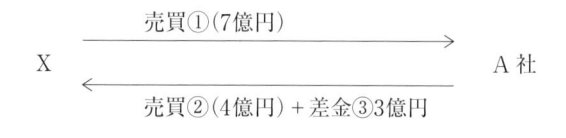

　この場合のXの譲渡所得の計算に当たり、収入金額を売買代金額の7億円と計算すべきか、取得資産の時価7億円と差金3億円の合計額10億円と計算すべきかが問題となる。

　　イ　判　旨

　　　（ア）　1審判決

　1審の東京地裁平成10年5月13日判決（判時1656・72）は、「契約の内容は契約当事者の自由に決し得るところであるが、契約の真実の内容は、当該契約における当事者の合理的意思、経過、前提事情等を総合して解釈すべきものである。ところで、既に認定した本件取引の経過に照らせば、Xらにとって、本件譲渡資産を合計7億3313万円で譲渡する売買契約はそれ自体でXらの経済目的を達成させるものではなく、代替土地の取得と建物の建築費用等を賄える経済的利益を得て初めて、契約の目的を達成するものであったこと、他方、A社にとっても、本件取得資産の売買契約はそれ自体で意味があるものではなく、右売買契約によってXらに代替土地を提供し、本件譲渡資産を取

得することにこそ経済目的があったのであり、<u>本件取得資産の代価は本件譲
渡資産の譲渡代金額からXらが希望した経済的利益を考慮して逆算されたも
の</u>であることからすれば、本件取引は本件取得資産及び本件差金と本件譲渡
資産とを相互の対価とする不可分の権利移転合意、すなわち、A社において
本件取得資産及び本件差金を、Xらにおいて本件譲渡資産を相互に相手方に
移転することを内容とする交換（民法586条）であったというべきである。」
（下線筆者）として、1個の補足金付交換契約（民法586②参照）が成立している
として、譲渡価額を10億円と認定した。

　すなわち、上記東京地裁判決は、①本件2個の売買契約による履行が不可分
一体的関係にあったこと、②取得資産や譲渡資産の代金額が時価等に基づき
決定されたものではなく、作為的に決定されたものであることを認定した上、
③各別の売買契約と各売買代金の相殺という法形式が採用されたのは、譲渡
所得に対する税負担の軽減を図るためであったとして、1個の補足金付交換
契約であるとしたものである。

　　（イ）　控訴審判決

　これに対し、上記東京高裁判決は、上記事実は全て認められるとしながら、
「しかしながら、本件取引に際して、XらとA社の間でどのような法形式、
どのような契約類型を採用するかは、両当事者間の自由な選択に任されてい
ることはいうまでもないところである。確かに、本件取引の経済的な実体か
らすれば、本件譲渡資産と本件取得資産との補足金付交換契約という契約類
型を採用した方が、その実体により適合しており直截であるという感は否め
ない面があるが、だからといって、譲渡所得に対する税負担の軽減を図ると
いう考慮から、より迂遠な面のある方式である本件譲渡資産及び本件取得資
産の各別の売買契約とその各売買代金の相殺という法形式を採用することが
許されないとすべき根拠はない。」とした上、「……本件取引のような取引に
おいては、むしろ補足金付交換契約の法形式が用いられるのが通常であるも
のとも考えられるところであり、現に、本件取引においても、当初の交渉の
過程においては、交換契約の形式を取ることが予定されていたことが認めら
れるところである。しかしながら、最終的には本件取引の法形式として売買
契約の法形式が採用されるに至ったことは前記のとおりであり、そうすると、
<u>いわゆる租税法律主義の下においては、法律の根拠なしに、当事者の選択し
た法形式を通常用いられる法形式に引き直し、それに対応する課税要件が充</u>

足されたものとして取り扱う権限が課税庁に認められているものではないから、本件譲渡資産及び本件取得資産の各別の売買契約とその各売買代金の相殺という法形式を採用して行われた本件取引を、本件譲渡資産と本件取得資産との補足金付交換契約という法形式に引き直して、この法形式に対応した課税処分を行うことが許されないことは明らかである。」（下線筆者）として、1個の補足金付交換契約に引き直して課税処分を行うことは許されないとした。

　なお、上記東京高裁判決は、平成15年6月13日に上告受理申立ての不受理決定がなされている。

　　ウ　検　討
　　（ア）　契約解釈の在り方
　　　（i）　1審判決の考え方

　XとA社は、民法上、2個の売買契約として有効に締結することも交換契約として有効に締結することも可能である。その意味では、不可分一体の売買契約と認定することも交換契約と認定することも可能である。しかし、問題は、XとA社の真意（内心の効果意思）が何かである。Xは、甲地と引き替えに乙地を取得しようとの意思であり、一方、A社は、乙地の売買自体に意味があるのではなく、あくまでも甲地を取得しようとの意思であり、両者の共通の意思は、甲地と乙地とを交換することであると考えられる。すなわち、XとA社の真意は、甲地と乙地との交換をすることであると考えられる。確かに、契約は、2個の売買となっているが、当事者の真意は、甲地と乙地の相互の取得であり、これを法的に評価すると交換契約に当たると考えられるのである。さらに、2個の売買契約が、それぞれ別個の売買契約であるとすると、売買②の売買代金額が真意であるかが問題となる。すなわち、A社は、本件契約締結の直前に乙地を7億円で購入したものであり、これをすぐに4億円で売ったことになるが、A社が真に乙地の代金を4億円であるとして、売買②を契約したのかが問題となり、1審判決が判示するとおり、逆算したにすぎないと認められる。売買契約において、代金額は、要素の1つであるが、XもA社も共に売買②の4億円という代金額に対価的意義をもたせておらず、売買契約が成立しているとは認められない。そうすると、1審判決の判示するとおり、民法上も交換契約と認定すべきである。

　1審判決は、このような認定の前提として、上記のとおり、「契約の真実の

内容は、当該契約における当事者の合理的意思、経過、前提事情等を総合して解釈すべきものである。」としているが、これは、当事者の意思（真意）を合理的に解釈すべきであるとする合理的主観主義の立場に立っていると考えられる。すなわち、1審判決は、契約書の「売買」との表示どおりとすると、売買価格が不合理であり、契約締結時における両当事者の共通意思に基づいて解釈しようとしたものと考えられる。すなわち、1審判決は、両当事者の共通の意思は、甲地と乙地の相互取得であり、これが両当事者の真意であるとして、狭義の解釈のうちの本来的解釈（前記(1)エ参照）を行ったものである。

　なお、このような1審判決の認定は、租税法独自の認定ではなく、民法の一般的な契約解釈による認定である。本件は、譲渡所得の収入金額が問題とはなったが、もし、Xが本件取引後に乙地に瑕疵があったということで、A社に対し、瑕疵担保責任（民法570）を請求する場合に、Xが、乙地に瑕疵があったことを理由として、甲地の売買を解除したいとすると、Xは、2個の売買が真実は交換契約であると主張することとなる。このように2個の売買契約の法的評価は、XとA社との間での民事紛争でも問題となり得るのである。

　　（ⅱ）　控訴審判決の問題点

　これに対し、控訴審判決は、当事者の選択した法形式と異なる契約を認定することは許されないとしているが、そもそも控訴審判決は、民事上の証拠法則である処分証書の法理をドグマ的に考える考え方を前提にしている。すなわち、処分証書とは、意思表示その他の法律的行為が行われたことを示す文書のことであり、例えば、契約書、遺言書、手形、貨物引換証、解約通知書、判決書、行政処分の告知書などがこれに当たる。民事訴訟の事実認定においては、処分証書と作成者の見聞、判断、感想、記憶などが記載された文書である報告文書とを峻別する。なぜなら、処分証書の場合、当該文書が作成名義人によって作成されたことが認められるときには、その文書でなされている契約等の法律行為も真実なされているとの事実上の推定が生じるからである。これを「処分証書の法理」といい、民事訴訟法に明文はないものの、実務上広く受け入れられている法理である（注175）。これは、契約など重要な

（注175）　我が国の民事訴訟法には明文規定がないものの、ドイツ民事訴訟法416条の「私文書は、それが作成者によって署名されているか、又は公証人が手記によって署名された場合に限り、その私文書に記載される表示が作成者によってなされたものであることについて完全な証明力を有する。」との規定に由来していると考えられる。

内容が書かれている書面に真意に基づかずに署名や押印をするはずはないとの経験則に基づくものである。このように処分証書の法理を経験則に基づく単に事実上の推定と考えるのであれば問題はないのであるが、この法理をドグマ的に考える考え方が古くからあった。すなわち、処分証書の場合、当該文書が作成名義人によって作成されたことが認められるときには、その文書でなされている契約等の法律行為も真実なされていると確定され、それに対する反証も許されず、裁判官がこの契約書に記載された契約と違う認定をすることは許されないとする考えである。しかし、このように処分証書の法理をドグマ的に考える根拠はなく、古い考え方と言わざるを得ない。控訴審判決は、このような古い考え方を前提にして、1審判決が契約書の記載と異なる交換契約と認定するのは、明文規定によらない否認であるとしたものであり、相当でない。

　また、控訴審判決は、本件2個の売買契約が仮装でない理由として、「本件取引にあっては、Xらの側においてもまたA社の側においても、真実の合意としては本件譲渡資産と本件取得資産との補足金付交換契約の法形式を採用することとするのでなければ何らかの不都合が生じるといった事情は認められず、むしろ税負担の軽減を図るという観点からして、本件譲渡資産及び本件取得資産の各別の売買契約とその各売買代金の相殺という法形式を採用することの方が望ましいと考えられたことが認められるのであるから、両者において、本件取引に際して、真実の合意としては右の補足金付交換契約の法形式を採用した上で、契約書の書面上はこの真の法形式を隠ぺいするという行動を取るべき動機に乏しく、したがって、<u>本件取引において採用された右売買契約の法形式が仮装のものであるとすることは困難なものというべきである。</u>」（下線筆者）としているが、これも問題がある。すなわち、控訴審判決は、契約の解釈における客観説の立場に立って、表示は、2個の売買であることから内心の効果意思がこれと異なる場合に、仮装行為となるとの考えを前提にしているが、そもそも本件は、仮装行為の問題ではなく、表示を前提にはするものの、当事者の共通意思から契約を法的に評価しようとする問題であり、問題が異なっている。控訴審判決は、上記のとおり、「税負担の軽減を図るという観点からして」2個の売買契約の形式を採用したとし、故にこれが真意であるとするようであるが、これは、あくまでも2個の売買契約の形式を採用しようとすることについての合意すなわち表面的な「ラベルについて

の合意」にすぎず、当事者の真意で問題とすべき合意とは異なるものである。

　これらの理由から、筆者としては、現在でも、1審判決の立場が相当と考えている。

　（イ）　岩瀬事件高裁判決とWestminster事件上院判決

　この岩瀬事件高裁判決は、英国のWestminster事件上院判決（判例37）と非常によく似た発想で判決がされた事件である。すなわち、Westminster事件上院判決は、契約書が、真実（bona fide）でない場合は別として、そうでない限りは、契約書のとおり法的効果が生じるのであれば、たとえ租税回避目的の契約であっても、租税上の効果を否定できないとするものであるが、岩瀬事件高裁判決も、同様の発想に基づくものである。

　しかし、Westminster事件上院判決では、真実の契約は、内国歳入庁の方から契約書とは違うとの主張がなされていない事件であり、岩瀬事件では、課税庁から真実の契約が契約書とは違うとの主張がなされている事件であり、高裁判決は、この点を問題とすべきであったと考える。

　英国でも、内国歳入庁の方から真実の契約は、当事者の主張する契約書に書かれた契約とは違うとの主張がなされる場合があり、これを「mislabelling」の問題といっている。これについては、第3章第3節の5(3)ウ(イ)で詳述する。

　（ウ）　「収入」との要件に着目した解釈

　岩瀬事件の高裁判決で、課税庁の方から主張はなかったものの、本件は、上記のような契約解釈の民法上の問題ではなく、所得税法36条1項の「収入」の解釈とその当てはめの問題として、考えることができる。

　所得税法36条1項の「収入」は、資産の譲渡の対価として、どのような価値が外部から流入したかとの問題である。このように考えると、Xには、時価7億円の取得資産と現金3億円が流入しているのであり、「収入」は10億円と考えることができる。

　これは、「収入」という要件を目的的に解釈し、それに沿った事実を分析するものであり、英国のラムゼイ原則の考え方と同じと考えられる（UBS銀行事件最高裁判決（判例41）の「検討」参照）。

2　複合契約における事実認定

(1)　複合契約の意義

　複合契約とは、2当事者又はそれ以上の者の間で2つ以上の契約が締結されて併存する取引である[注176]。これは、契約法や商法でも議論される重要なテーマであるが、租税回避といわれている取引がこのような複合契約の場合が多く、租税法においても、重要な意味を持っている。

　このような複合契約による租税回避の典型例は、フィルムリース事件最高裁判決（判例6）である。以下では、まず、この事件を検討し、さらに、英国のRamsay事件上院判決（判例38）などを参考に、複合契約における全体的観察の意義について検討することとする。

(2)　フィルムリース事件最高裁判決

　では、「フィルムリース事件」と呼ばれている最高裁平成18年1月24日判決（民集60・1・252、判例6）について検討することとする。これは、いわゆるタックス・シェルターの事案であり、納税者が減価償却費等の損金算入を期待して、映画フィルムのリースバック取引に投資をした場合に、減価償却費等の損金算入が認められるかが問題となった事件である。

ア　事案の概要

　X社ら投資家は、下図のとおり、1口1億3795万円で、B組合に加入して、C社（米国法人）から映画制作会社F社（米国法人）の制作する映画フィルムを売買により取得し、映画配給会社D社（オランダ法人）にリースしたとして、減価償却費の計上をした事案である。

　X社らは、C社との売買契約を結ぶに当たり、E銀行（オランダ法人）から1口の3倍くらいの融資を受け、レバレッジド・リースにして、減価償却の金額を増額させるようにしている。しかし、E銀行から融資を受けた63億円については、還流してE銀行に戻っている。また、D社は、本件映画フィルムのリースを受けた後、F社に配給権を譲渡し、F社が元々有していた諸権利がF社に帰属するとされている。なお、B組合は、米国法人H社と管理契約を締結し、業務執行を委任している。この事案では、映画フィルムの減価

（注176）　都築満雄『複合取引の法的構造』（成文堂、平成19年）1頁

償却期間が2年間[注177]と非常に短いため税効果が高いことがポイントとなっている。

（契約形態）

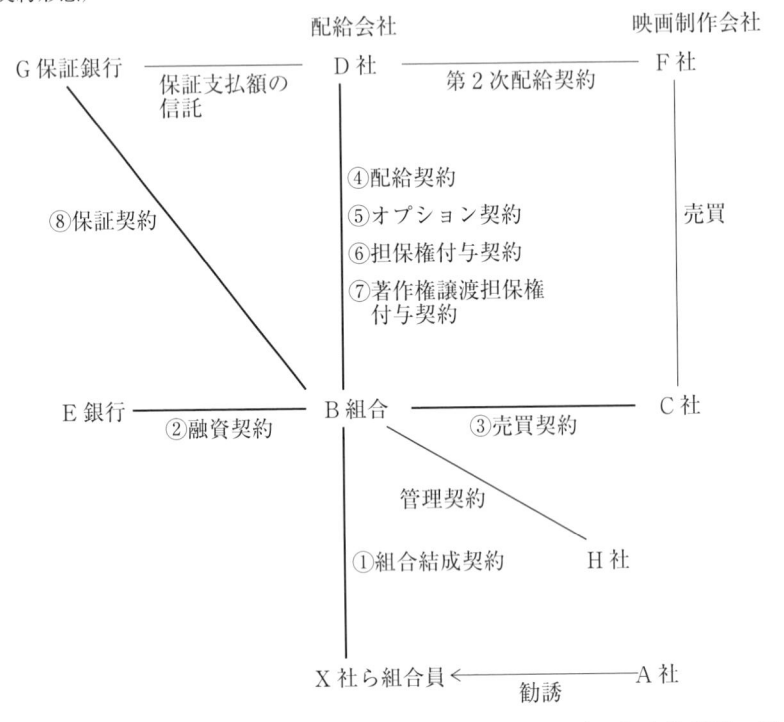

　この場合、X社らについて、85億円分の減価償却費の計上と支払利子の控除が認められるかが問題となった[注178]。

　なお、資金の流れは、下図のとおりであり、X社らがE銀行から借り受けた63億円は、F社からリース料として支払われ、その分がD社からE銀行の姉妹銀行のG保証銀行（オランダ法人）に信託され、リース期間満了の7年後にE銀行からの借入れの元本返済に充てられることとなっていて、いわゆる循環金融となっている。

（注177）　平成12年政令145号による改正前の法人税法施行令13条
（注178）　この事案の更に詳細な事実関係については、拙稿「租税回避についての最近の司法判断の傾向（その2）」租税研究2006年12月号59頁以下を参照されたい。

（資金の流れ）

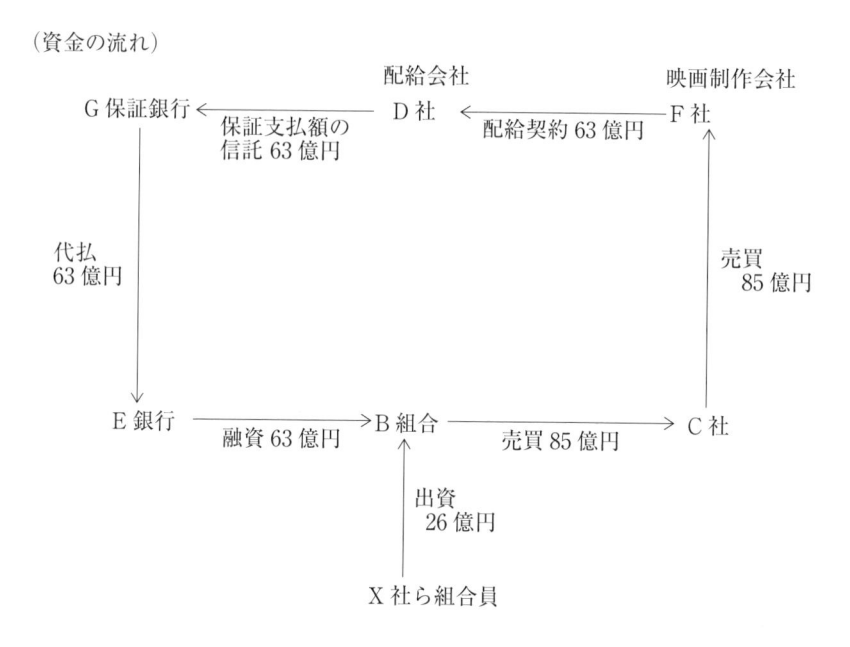

※出資26億円と融資63億円で合計89億円となるが、差額の4億円は、E銀行とX社らにこのスキームを売り込んだA社が手数料として取っている。

イ 判 旨

　上記最高裁判決は、「前記事実関係に加えて、原審の適法に確定した事実関係によれば、①本件組合は、本件売買契約と同時に、D社との間で本件配給契約を締結し、これにより、D社に対し、本件映画につき、題名を選択し又は変更すること、編集すること、全世界で封切りをすること、ビデオテープ等を作成すること、広告宣伝をすること、著作権侵害に対する措置を執ることなどの権利を与えており、このようなD社の本件映画に関する権利は、本件配給契約の解除、終了等により影響を受けず、D社は、この契約上の地位等を譲渡することができ、また、本件映画に関する権利を取得することができる購入選択権を有するとされ、②他方、本件組合は、D社が本件配給契約上の義務に違反したとしても、D社が有する上記の権利を制限したり、本件配給契約を解除することはできず、また、本件映画に関する権利をD社の権利に悪影響を与えるように第三者に譲渡することはできないとされ、③本件

組合が本件借入契約に基づいてE銀行に返済すべき金額は、D社が本件配給契約に基づいて購入選択権を行使した場合に本件映画の興行収入の大小を問わず本件組合に対して最低限支払うべきものとされる金額と合致し、また、D社による同金額の支払債務の大部分については、本件保証契約により、G銀行が保証しており、④さらに、X社は、不動産業を営む会社であり、従来、映画の制作、配給等の事業に関与したことがなく、X社が本件取引についてA社から受けた説明の中には、本件映画の題名を始め、本件映画の興行に関する具体的な情報はなかったというのである。そうすると、本件組合は、<u>本件売買契約により本件映画に関する所有権その他の権利を取得したとしても</u>、本件映画に関する権利のほとんどは、本件売買契約と同じ日付で締結された本件配給契約によりD社に移転しているのであって、実質的には、本件映画についての使用収益権限及び処分権限を失っているというべきである。このことに、本件組合は本件映画の購入資金の約4分の3を占める本件借入金の返済について実質的な危険を負担しない地位にあり、本件組合に出資した組合員は本件映画の配給事業自体がもたらす収益についてその出資額に相応する関心を抱いていたとはうかがわれないことをも併せて考慮すれば、本件映画は、本件組合の事業において収益を生む源泉であるとみることはできず、本件組合の事業の用に供しているものということはできないから、法人税法（平成13年法律第6号による改正前のもの）31条1項にいう減価償却資産に当たるとは認められない。」（下線筆者）として、減価償却費の計上は認められないとした。

　一方、1審の大阪地裁平成10年10月16日判決（訟月45・6・1153）は、X社とD社との契約をみると、映画に関する権利は全てD社が行使し、X社は一切行使することが認められず、また、X社は、リース契約の解除をすることもできず、D社から映画興行が成功した場合の調整レンタル料等を受領する関係であるが、X社が本件取引に関与したのは、利益を消すための減価償却費の計上を目的としたものにすぎないとして、「本件取引は、その実質において、X社が本件組合を通じ、C社による本件映画の興業に対する融資を行ったものであって、本件組合ないしその組合員であるX社は、本件取引により本件映画に関する所有権その他の権利を真実取得したものではなく、本件各契約書上、単にX社ら組合員の租税負担を回避する目的のもとに、本件組合が本件映画の所有権を取得するという形式、文言が用いられたにすぎないものと

解するのが相当である。」とし、控訴審の大阪高裁平成12年1月18日判決（訟月47・12・3767）も1審の判断を是認し、「課税は、私法上の行為によって現実に発生している経済効果に則してされるものであるから、第1義的には私法の適用を受ける経済取引の存在を前提として行われるが、<u>課税の前提となる私法上の当事者の意思を、当事者の合意の単なる表面的・形式的な意味によってではなく、経済実体を考慮した実質的な合意内容に従って認定し、その真に意図している私法上の事実関係を前提として法律構成をして課税要件への当てはめを行うべきである。</u>したがって、課税庁が租税回避の否認を行うためには、原則的には、法文中に租税回避の否認に関する明文の規定が存する必要があるが、仮に法文中に明文の規定が存しない場合であっても、租税回避を目的としてされた行為に対しては、当事者が真に意図した私法上の法律構成による合意内容に基づいて課税が行われるべきである。」（下線筆者）として、減価償却費の計上は認められないとした。この控訴審の判示が正に私法上の法律構成による否認の考え方を表したものである。

　ウ　検　討

　（ア）　最高裁と原審との異同

　法人税法31条（平成13年法律6号による改正前のもの）は、損金の1つとして減価償却費を規定しているが、減価償却費が損金として認められるための要件は、①減価償却資産であること（平13法6改正前法法2二十三）、②内国法人が当該資産を所有すること、③内国法人が当該資産を事業の用に供していることの3つである。最後の③の要件は、法人税法31条の文言上は、明確ではないが、所得税法上の同様の規定である同法51条1項はその旨明記しており、法人税法31条においても当然の要件と考えられる(注179)。

　本件の1審及び控訴審は、上記要件のうちの②に着目し、いわゆる私法上の法律構成による否認の法理に基づき、複合的契約の解釈をして、当事者の主張する売買や配給契約でなく、B組合とF社との間の融資契約にすぎず、X社らは、フィルムの所有権を取得していないとするものである。これに対し、最高裁判決は、私法上の法律構成による否認論を否定するのではなく、仮定的な形で、「本件映画に関する所有権その他の権利を取得したとしても」として、上記要件のうちの③に着目して、本件では「事業の用に供した」とはい

―――――――――――――

(注179)　拙著・要件事実論改訂版151頁

えないとしたものである。その際、最高裁が注目した事実は、1審や控訴審判決がX社が所有権を取得したといえるか否かに当たり注目した事実と同じであり、本件配給契約において、X社らが解除権など所有権者としての権利がことごとく奪われていて、X社らが所有権を取得したといっても、「所有者」という名目だけにすぎないことと、また、X社らがG保証銀行の保証により、最初の出資以上の追加の出資は義務付けられておらず、リスクを負っていないことが理由となっている。すなわち、最高裁と原審とは、着目した要件は違うものの、同一の事実を根拠に、それぞれの要件該当性を否定しているのである。

　　（イ）　複合契約における事実認定の在り方

　最高裁は、このように「事業の用に供する」との要件に該当するか否かの判断をするに当たり、個々的な契約ではなく、これを全体としてみたときの現実の効果に着目している。このような複合取引を全体としてみた場合の現実的効果を検討することは、外税事件最高裁判決（判例1）も、「本件取引は、全体としてみれば、本来は外国法人が負担すべき外国法人税について我が国の銀行であるX行が対価を得て引き受け、その負担を自己の外国税額控除の余裕枠を利用して国内で納付すべき法人税額を減らすことによって免れ、最終的に利益を得ようとするものであるということができる。」（下線筆者）と判示しているところであり、同様に採られている考え方である。

　さらに、このような考え方は、英国のラムゼイ原則の租税法規の要件の目的的解釈とそれに沿った事実の分析の在り方（UBS銀行事件最高裁判決（判例41）の検討参照）と同様の考え方である（注180）。すなわち、「事業の用に供する」との要件を目的的に解釈すると、「当該事業において収益を生む源泉」であるか否か、言い換えると、「収益獲得目的で供していること」と目的的解釈した上、そのような観点で事実を分析していくと、①使用収益権限及び処分権限を実質的に失ってること、②収益についての危険を負担しないこと、③収益についての関心がないことから、収益獲得目的がないとして、「事業の用に供している」とはいえないとしたものと考えられる。

（注180）　拙稿「英国におけるラムゼイ原則と欧州連合司法裁判所の濫用法理との異同」租税研究2017年2月号261頁

第2章

我が国の租税回避否認規定

第1節　概　観

1　租税回避否認規定の分類

　我が国の租税回避否認規定の代表的なものは、①同族会社の行為計算否認規定であり（法法132、所法157、相法64）、このほかに、②組織再編成に係る行為計算否認規定（法法132の2）、③連結法人に係る行為計算否認規定（法法132の3）、④外国法人の恒久的施設帰属取得に係る行為計算否認規定（法法147の2、所法168の2）がある。これらは、いずれも関係者間取引に関する否認規定である。国際課税の分野におけるタックス・ヘイブン対策税制（措法66の6）、移転価格税制（同法66の4）、過小資本税制（同法66の5）及び過大支払利子税制（同法66の5の2）も、関係者間取引と考えられる。

　そうすると、我が国の租税回避否認規定は、大きく分類すると、関係者間取引に関する否認規定とそれ以外の個別否認規定とに分けられ、関係者間取引に関する否認規定が、主に国内取引を対象とするものと専ら国際取引を対象とするものとに分けられることとなる。

　これらを図示すると、下図のとおりとなる。

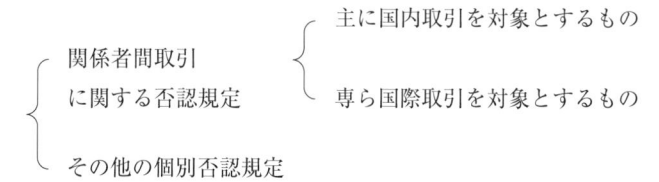

　これらの否認規定のうち、主に国内取引を対象とする否認規定については、第2節で、専ら国際取引を対象とする否認規定については、第4節で、その他の個別否認規定については、第5節で論じることとする。

2　租税回避についての判例法理

(1)　判例法理の現状

　我が国では、租税法律主義（憲法84）の下、明文規定によらない租税回避の

否認は許されないと考えられている[注181]。しかし、明文規定による租税回避の否認ではないものの、それに代わる法理として、いくつか判例法理が発展している。

　　ア　まず、私法上の法律構成による否認論がある。私法上の法律構成による否認論とは、課税要件の前提となる契約の法的性質決定をすることにより租税回避行為を否認したのと同じ効果が生じることである[注182]。これは、我が国の裁判所における契約の法的性質の実務を踏まえた上、英国の有名な判例法理であるWestminster事件上院判決（判例37）やRamsay事件上院判決（判例38）などをも参考にして提唱された考え方である。筆者もその提唱者の一人であるが[注183]、主に、フィルムリース事件最高裁判決（判例6）で問題となったような複合的契約の場合の契約の法的性質決定を問題としていたものである。しかし、売買か交換かが問題となった岩瀬事件の1審の東京地裁平成10年5月13日判決でも、同様の考えが採られたものの、控訴審の岩瀬事件高裁判決（判例5）でこの考え方が否定され、国側の上告が不受理となったため、最高裁がこのような考え方を是認するのか否かが議論となっている。

　私法上の法律構成による否認論に対しては、明文規定によらない租税回避否認の法理であると批判があるが、私法上の法律構成による否認論は、あくまでも課税要件の前提となっている私法上の契約の認定・解釈として問題にしているものであり、租税法上の明文規定があるか否かの問題ではない。岩瀬事件高裁判決は、明文規定によらない否認であるとしたが、第1章第4節の1(2)ウ(ア)で検討したとおり、私法上の契約認定・解釈についての事実上の証拠法則である処分証書の法理についてのドグマ的な考え方に基づくものであり[注184]、このようなドグマ的な考え方は、現在の裁判実務では採られていないものであり、問題がある。

　しかしながら、最高裁が上記岩瀬事件高裁判決を不受理としたことや上記フィルムリース事件最高裁判決が、契約の法的性質決定の問題ではなく、減価償却資産の「事業の用に供する」との要件該当性の問題として判断したた

（注181）　三越事件・東京高判昭47・4・25行集23・4・238、岩瀬事件高裁判決（判例5）、
　　　　　金子・租税法第22版130頁
（注182）　拙著・濫用法理57,58頁
（注183）　拙著・濫用法理21頁以下
（注184）　拙著・濫用法理54頁以下

め、このような考え方を否定はしていないものの、積極的に肯定もしておらず、裁判官で意見が分かれている問題と考えられる。

　この問題については、第１章第４節で、再度、契約解釈の意義に立ち返って考察し直したところである。詳細は、同節を参照されたい。

　　イ　一方、外税事件最高裁判決（判例１）の事案では、課税減免規定の立法趣旨による限定解釈論が提唱された。これは、米国のGregory事件連邦最高裁判決（判例23）やこれに対する金子教授の見解[注185]に依拠して提唱された考え方である。これについては、上記最高裁判決は、「…本件取引に基づいて生じた所得に対する外国法人税を法人税法69条の定める外国税額控除の対象とすることは、外国税額控除制度を濫用するものであり、さらには、税負担の公平を著しく害するものとして許されないというべきである。」（下線筆者）と「濫用」との用語を用いたため、やはり明文規定によらない租税回避の否認法理ではないかが問題とされている。

　この最高裁判決は、原審の大阪高裁平成15年5月14日判決（民集59・10・3165）が、「本件取引が外国税額控除の制度を濫用したということはできない。」（民集59・10・3178）と判示したことに対し、「外国税額控除制度を濫用するものであ」ると判示したものであり、原審との対比で検討すべきである。この原審での判断は、原審の控訴審段階で国が初めてした主張に対応するものであるが、1審の訴訟経過から見ても、国の主張は、明文規定によらない租税回避の否認の法理を主張するものではなく、法人税法69条の「納付」を「正当な事業活動による納付に限る」との限定解釈をしても、納税者の予測可能性を害することはないとの趣旨の主張と考えられる。そうすると、この最高裁判決は、明文規定によらない租税回避否認の法理を認めるものではなく、あくまでも限定解釈の法理であると考える。

　以上検討したとおり、新たな判例法理の発展はみられるものの、一方で、これらの判例法理は、まだその根拠や適用の範囲については、議論も多く、確立した判例法理とまでは言い難い。

(2)　判例法理の限界

　一方、我が国のこれまでの判例法理では、どうしても解決がつかない問題がある。タックス・シェルターとトリーティ・ショッピングの問題である。

（注185）　金子・前掲租税法研究6号（注79既出）21頁以下

まず、タックス・シェルターの問題から検討する。

　　ア　タックス・シェルター

　タックス・シェルターとは、「投資による利益（return）が、投資に係る所得以外の他の所得に対する税負担を避けることが重要な部分を占める投資」である[(注186)]。

　我が国でも、フィルムリース事件最高裁判決（判例6）を皮切りに、これまで航空機リースについての名古屋地裁平成16年10月28日判決（判タ1204・224）[(注187)]など多数の事件があり、また、米国デラウェア州のリミティッド・パートナーシップの我が国租税法上の「法人」該当性が問題となった最高裁平成27年7月17日判決（民集69・5・1253）も、タックス・シェルターの事案である[(注188)]。このようなタックス・シェルターについては、例えば、平成17年の租税特別措置法の改正で、一定の組合事業から生ずる不動産所得に係る損失の金額を有する場合には、不動産所得の計算上の必要経費算入、損益通算その他の所得税関係の法令の適用については、生じなかったものとみなすとされたり（措法41の4の2）、それぞれの事件が問題となった後にこのようなスキームによる損益通算を認めないこととする立法がなされてはいるが、ほとんどいつも後手に回り、結局、最初の事案については、損益通算を否定するのは非常に困難である。これに対し、航空機リース事件などでは、被告国側は、いわゆる「私法上の法律構成による否認」の考え方に基づき、当該スキームにおける契約が組合契約ではなく、投資契約にすぎないと争ったりしたが、組合契約の性質上多様な契約が可能であり、民法上の法的性質が組合契約でないとするのは困難な面があり、また、損益通算を認めている所得税法69条を限定解釈するのも困難である。

　我が国の判例理論では、タックス・シェルターに対しては、限界があると言わざるを得ない。

　　イ　トリーティ・ショッピング

　次に、トリーティ・ショッピングについて検討する。トリーティ・ショッ

（注186）　拙著・濫用法理15頁。なお、谷口教授も、タックス・シェルターも、課税要件法の適用によって、その租税利益が否認されない場合には、租税回避に該当するとする（谷口・基本講義第5版68頁）。

（注187）　事案の詳細は、拙著・要件事実論改訂版158頁以下を参照されたい。

（注188）　拙稿・前掲税大ジャーナル24号（注77既出）4頁

ピングとは、「租税条約締結国以外の第三国の居住者がこの条約の特定を享受するため、その条約の締結国に子会社を設立するなどして、税負担の軽減を図ること」である(注189)。このようなトリーティ・ショッピングは、まず、「ガイダント事件」と呼ばれている東京高裁平成19年6月28日判決 (判時1985・23) で、日蘭租税条約の濫用ではないかということで問題となった。この事件では、他にも多数の論点があり、日蘭租税条約の濫用については正面から争点にはならずに、国側の上告が不受理で確定している。

　次に、バミューダLPS事件の東京高裁平成26年2月5日判決 (判時2235・3) で、我が国で稼得した不動産回収益を匿名組合員の持分譲渡ということで、アイルランドの法人に譲渡した後、さらにトータル・リターン・スワップ契約を介して、バミューダLPSに移転したとの事案でも問題となった。この事件では、上記匿名組合契約が、組合員が10人未満であり、平成13年改正前の法人税法138条1号、同法施行令117条1項4号により、外国法人である組合員については、国内に支店等（PE）を有しない場合であっても、法人税の申告による総合課税の対象とされていたため、税務署長は、バミューダLPSを納税義務者として課税したため、バミューダLPSの「法人」該当性が主たる論点となったが、平成27年7月17日付けで国側上告が不受理で確定している(注190)。

　しかし、平成13年改正後は、組合員が10人未満であっても、営業者に源泉徴収義務が課され、源泉所得税の対象とされた。そこで、平成13年の上記改正後の上記匿名組合からの分配金について、税務署長は、Xに対する匿名組合契約に基づく利益分配であるとして、匿名組合の営業者に源泉所得税の納付告知処分をし、これについても取消訴訟が提起され、1審の東京地裁平成25年11月1日判決 (税資263順号12327) で上記告知処分が取り消され、控訴審の東京高裁平成26年10月29日判決 (判例7) でも国の控訴が棄却され、平成28年6月10日付けで国側上告が不受理で確定している。

　これらの事件は、日愛租税条約の濫用でないかも問題となる事案である。これらの事件のうち東京高裁平成26年10月29日判決で条約の濫用が争点となっていることから、こちらの判決を検討することとする。

　　（ア）　バミューダLPS事件高裁判決
　「バミューダLPS事件」と呼ばれている東京高裁平成26年10月29日判決 (税

（注189）　拙著・濫用法理278, 279頁
（注190）　事案の詳細は、拙稿「バミューダLPSの租税法上『法人』該当性」税研2015年5月号16頁

資264順号12555、判例7）は、非常に複雑な事案であり、正にBEPSといってもいい事案である。

　（ⅰ）　事案の概要

　X社らは、ケイマン法人や日本法人であり、我が国に居住する債務者に対する不良債権の回収を業とする匿名組合の営業者であるが、当初の匿名組合員A社（米国法人）からその地位を譲り受けたB社（アイルランド法人）に対して当該匿名組合契約に基づき利益の分配（以下「本件利益」という。）として支払をしたが、日愛租税条約23条の規定が適用されてX社らは所得税法212条1項に基づく源泉所得税を徴収して国に納付すべき義務がないとして源泉徴収をしなかった。

　これに対し、Y税務署長は、下図のとおり、本件利益のうち99%については、英国領バミューダ諸島の法律に基づいて組成されたバミューダ・リミティッド・パートナーシップCにトータル・リターン・スワップで移転されていることなどから、この部分については、日愛租税条約が適用されないとして源泉所得税の告知処分をした。

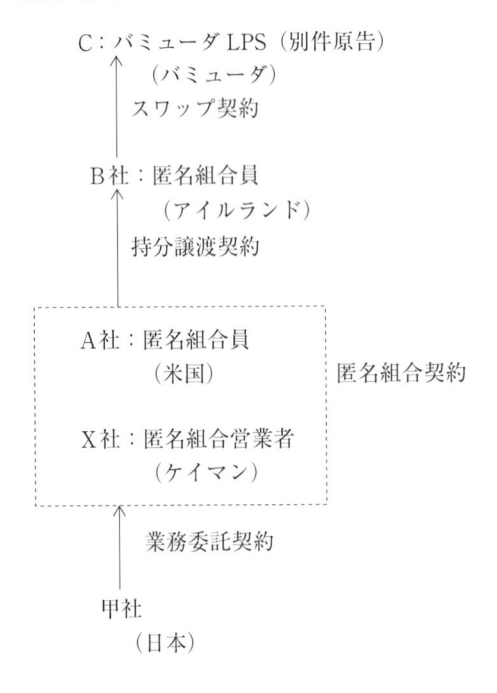

　X社らは、上記告知処分等の取消訴訟を提起した。なお、Cは、前記東京高裁平成26年2月5日判決の原告である。

　　（ⅱ）　判　旨

　1審の前記東京地裁平成25年11月1日判決は、「所得税法212条1項は、外国法人に対し国内において同法161条12号等に掲げる国内源泉所得の支払をする者は、その支払の際、これらの国内源泉所得について所得税を徴収し、その徴収の日の属する月の翌月10日までに、これを国に納付しなければならない旨を規定し、同条12号は、『国内において事業を行う者に対する出資につき、匿名組合契約（これに準ずる契約として政令で定めるものを含む。）に基づいて受ける利益の分配』を掲げているところ、その文理に照らし、同号の『利益の分配』については、同号の匿名組合契約に定められた債務の履行として支払がされるものをいうものと解するのが相当である。」（下線筆者）とした上、B社がCに対して本件各匿名組合契約における匿名組合員としての地位又はそれを根拠として生ずる債権の全部又は一部を譲渡するものとする定めは見当たらないとして、「以上に述べたところによれば、……実際にはB社からCに対する契約上の地位又は債権の一部の譲渡があったことを前提としてCに対して本件各分配金の支払をしたものであると認めることは、困難であるというべきものと考えられ、本件各分配金に関してXらが源泉所得税の徴収の義務を負っていたものとは認め難いというべきである。」として、本件告知処分を違法とした。

　控訴審の東京高裁平成26年10月29日判決は、1審の判断を是認したが、さらに、Yは、OECDモデル条約のコメンタリーのパラ9.4や21.4を引用して、租税条約の特典を利用した租税回避を目的とするようなものについては、租税条約の趣旨・目的に反するとして、租税条約の適用が否定されるなどと主張したが、同判決は、パラ9.4については、「上記のパラグラフには、租税条約の規定の濫用を構成する取引が行われた場合に租税条約の特典を与えないようにするための方法等について一般的な説明が行われているものと認められるが、具体的な租税条約の規定が設けられていない場合にコメンタリーの記載を根拠として租税条約の適用を排除することができる旨が定めているものとは認められない。」とし、また、「……21.4パラグラフは、同パラグラフ第2段落のような規定が設けられている場合に源泉課税を制限する租税条約の特典を否定する効果を有することを定めてはいるが、そのような具体的な規

定が租税条約に定められていない場合に同様の効果を生ずることは示していない。」とし、さらに、B社が行った取引は、コメンタリーのパラ21.4に示された「特定の種類の所得の源泉課税を扱う濫用防止準則」に抵触する取引であり、B社がXらから支払を受けた本件各分配金について日愛租税条約23条の適用を受けることは、同条約の趣旨・目的に反する態様で条約を濫用して税負担を不当に免れるものであるから、許されないとのYの主張については、「しかし、<u>日愛租税条約には、21.4パラグラフの第2段落に挙げられたような規定又はその他の規定によって、源泉課税を制限する日愛租税条約23条の適用を否定する具体的な条項は定められていないから、同条の適用を否定することはできない。</u>」（下線筆者）とした。

　これに対し、国が上告受理申立てをしたが、第二小法廷は、平成28年6月10日に不受理としている。

　　（ⅲ）　検　討

　本件は、①匿名組合契約及び日愛租税条約によるトリーティ・ショッピング、②トータル・リターン・スワップ、③バミューダLPSと3つの方法が用いられ、典型的なBEPSといえる事案である。バミューダLPSについては、前記東京高裁平成26年2月5日判決で「法人」該当性を否定されたが、このLPSのジェネラル・パートナーは、デラウエア州のLPSであり、さらに、これらのパートナーのパートナーは、バミューダLPSなどと、いわゆる「マトリョーシカ構造」となっていて、真の受益者（beneficial owner）が誰かが容易に分からないようになっている。最終的には、米国のローンスター・グループに帰属すると考えられるが、このように何重にも租税を免れる方法を用いているものである。

　驚くべきことに、本件と類似の事件が韓国の最高裁でも問題となっている。2012年のLone Star事件最高裁判決[注191]であり、究極の投資家を構成員とする最初の事業体が、Lone Starファンドが設立した米国デラウエア州のLPS、バミューダLPS及びバミューダ会社であり、導管法人がベルギーの株式合資

（注191）　KR:SC, 27 January 2012, Case 2010 du 5950, KR:SC, 27 January 2012, Case 2010 du 19393, KR:SC, 27 January 2012, Case 2010 du 3951. これらは、原告がそれぞれ違ってはいるが、同じスキームについての事案である。なお、Lone Star事件を初めとする外国ファンドによるトリーティ・ショッピングの事案についての韓国最高裁判例の流れについては、ソウル大学のJi-Hyun Yoon准教授の論文を紹介した拙稿「海外論文紹介」租税研究2015年5月号396頁以下を参照されたい。

会社（société en commandite par actions 、以下「SCA」という。）であり、韓国のソウルにあるスター・タワーを保有する韓国の株式会社の株式を保有し、これを売却して多額のキャピタル・ゲインを得たとの事案である。このスキームでベルギーのSCAを介在させていたのは、韓国とベルギーの租税条約では、キャピタル・ゲイン非課税であることを利用するためであり、いわゆるトリーティ・ショッピングと考えられる。韓国の国税当局は、最初の事業体の米国デラウエア州のLPS及びバミューダLPSに所得税を課税し、バミューダ会社に法人税を課したが、このうち両LPSに対する課税において、両LPSが韓国の税法上の「外国法人」に当たるかが問題となった。両LPSが「外国法人」に当たらないとすると、究極の投資家が所得税の納税義務者となることから、両LPSの「法人」該当性が問題となったのである。

　この事案において、導管法人であるベルギーのSCAについては、韓国においては、国税基本法14条3項や国際租税調整に関する法律2条2項で、「もし納税義務者が、第三者を通じ又は2つあるいはそれ以上の行為あるいは取引を通じるとの間接的な方法を使って租税上の便益を得たときには、租税法は経済的実質に基づいて適用されるべきである。」との段階的取引否認型の一般否認規定（第3章第1節の2参照）があり、韓国国税庁は、このような規定に基づいて、ベルギーのSCAによる導管取引を否認したものである。

　これに対し、韓国の最高裁は、上記一般否認規定の適用を前提に、「一般的にいって、外国事業体が<u>韓国私法の観点からみて</u>、構成員から離れた別の人格として、権利を得又は義務を負うと性格付けられるときは、外国事業体は、法人税に服する。一方、当該事業体の構成員が所得税に服するか法人税に服するかは、当該構成員の性格は法的地位による。」（下線筆者）と判示して、両LPSは、法人税法上、「外国法人」であるとした。これが「Lonestar doctrine」といわれている韓国の判例法理である。しかし、韓国最高裁は、結論として、この事案では、韓国の国税当局は、上記のとおり、両LPSに対し、所得税を課税したことから課税処分は無効であるとした。

　なお、日愛租税条約の濫用である旨のYの主張は、上記のとおり排斥されたが、同様の問題は、オランダでもfraus tractatusということで論じられているが、1994年と1995年の最高裁で否定されている[注192]。したがって、明文

（注192）　Sigrid Hemels, "Netherlands", Lang ed., GAARs, at 449

規定によらないで、条約の濫用であるとして、トリーティ・ショッピングを否定することは難しいといわざるを得ない。

　　（イ）　立法論

　トリーティ・ショッピングについては、租税条約に主要目的テスト（Principal Purpose Test、以下「PPT」という。）や特典制限条項（LOB条項）を規定することで締約国との租税条約を濫用することは阻止できるものの、それ以外の国の租税条約を利用することで容易に租税回避が可能である。韓国は、このような問題について、上記のとおり、段階的取引否認型の一般否認規定で対応し、韓国の最高裁判例でも、上記のとおり、同条項の適用が認められている。

　BEPSプロジェクトの行動6の最終報告書で、トリーティ・ショッピングに対抗するために、OECDモデル租税条約に新たに10条を追加し、また、それに関する新たなコメンタリーも提案している。行動6では、PPTについては、①条約の特典を得ることが主要目的であり、②その特典を享受することが条約規定の趣旨・目的に反する場合であるとした上、PPTはこの点の確認規定であり、PPTがなくても特典供与は否認できるとしている（注193）。しかし、我が国でこのような考え方が直ちに受け容れられるかは、不明である。

　また、LOB条項については、我が国は、現在、米国や欧州諸国等との6つの租税条約で締結しているが、同条項の中核的な基準である適格者基準において、日米租税条約では、支配・課税ベース浸食基準が規定されている（同条約22条1(f)(ⅱ)）。この支配・課税ベース浸食基準は、「いずれの締約国の居住者にも該当しない者に対し、直接又は間接に支払われた、又は支払われるべきものの額の占める割合が、50パーセント未満であること」との基準であるが、ここでは直接支払のほかに間接支払も対象とされている。この間接支払は、中間会社が間に入っていても、最終的に第三国の居住者に支払われるということであるが、このような支払を経済実質で判断するものであり、我が国でこのような認定ができるかは難しいといわざるを得ない（注194）。

（注193）　緒方・前掲フィナンシャル・レビュー平成28年1号（注142既出）204,205頁、OECD "Preventing the Granting of Treaty Benefits in Inappropriate Circumstances", (2015), para 13, at81

（注194）　拙著・濫用法理291〜293頁

　このようなトリーティ・ショッピングについては、G7各国のうち米国は、SAARを有し(注195)、また、GAARを持っている国は、GAARの適用で対抗している。BEPSでも問題となっているが、我が国においても、少なくともこのようなトリーティ・ショッピングに対抗する国内法上の否認規定が必要と考える。

第2節　同族会社等の行為計算否認規定

1　同族会社の意義

　同族会社の行為計算否認規定は、法人税法132条のほか、所得税法157条、相続税法64条、地価税法32条、地方税法72条の43に規定されている。本書では、これらのうち法人税法132条、所得税法157条及び相続税法64条について論じることとする。

　同族会社とは、平成18年度改正までは、株主等の3人以下及びこれらと特殊の関係を有する個人・法人の有する株式の総数又は出資の金額の合計額が、その会社の発行済株式総数又は出資金額の50%を超える会社であるとされてきた（法法2十）。すなわち、ここでの同族会社とは、株主1人とその同族関係者を合わせて1つのグループとし、それらの上位3グループで50%を超える株式が所有されている会社のことである（法法2十）。

　しかし、平成18年度の法人税法の改正により、同族会社は、①上記従来の同族会社、②特殊支配同族会社（会社のオーナーとその同族関係者が発行済株式の総数の90%以上を所有している会社）、③特定同族会社（1人の株主及びその同族関係者が発行済株式の総数の90%以上を所有している会社）の3種類とされた。上記②及び③は、留保金課税の対象法人とするということで

（注195）　米国は、導管否認規定として、内国歳入法典7701条1項が、「財務省長官は、この法典によって課されるすべての税の回避を避けるために取引の再構成（recharacterization）が適当と決定したときには、多数当事者間金融取引（multiple-party finacing transaction）を2又はそれ以上の当事者間の直接の取引として再構成する規則（regulation）を制定してもよい。」と規定し、これに基づく詳細な規則（§1.881-3）が制定されている。

新たに規定されたものである。なお、②の特殊支配同族会社は、中小企業の強い反対により、平成22年度改正で廃止された。しかし、本書では、行為計算否認に着目し、従来の同族会社に焦点を合わせて論じることとする。

　なお、我が国の法人の大部分は同族会社であり、平成26年現在、我が国の活動中の法人の数は、連結法人を除き260万4281社を超えているが、そのうち約5094社（約0.2%）が特定同族会社であり、約249万4878社（約95.8%）が従来の同族会社である(注196)。

　ところで、同族会社行為計算否認規定においては、本来の同族会社に加えて、これに準じるものとして、一定の要件を備える企業組合の行為計算も対象としている（法法132①二）。そこで、本稿では、本来の同族会社と上記企業組合を併せていう場合には、「同族会社等」ということとする。

2　同族会社等の行為計算否認規定の意義

(1)　立法の沿革

ア　同族会社行為計算否認規定の創設

　同族会社の行為計算否認規定は、大正12年の所得税法の改正で創設された。具体的には、所得税法73条ノ3で、「前条ノ法人ト其ノ株主又ハ社員及其ノ親族、使用人其ノ他特殊ノ関係アリト認ムル者トノ間ニ於ケル行為ニ付所得税逋脱ノ目的アリト認メラレルモノアル場合ニ於テハ政府ハ其ノ行為ニ拘ラス其ノ認ムル所ニ依リ所得金額ヲ計算スルコトヲ得」（下線筆者）と規定されていた。当時の所得税法は、法人所得を第1種所得、公社債の利子所得を第2種所得、個人所得を第3種所得とし、個人及び法人の両方の所得を課税対象とするものであり、現行の法人税を含むものであった。このような規定が創設されたのは、大正9年の所得税法改正により、それまで非課税とされていた配当所得が個人の段階で総合課税の対象とされることに伴い、これを回避するために、同族関係者からなる家族的な会社（当時「財産保全会社」と呼ばれていた。）に利益を留保したり、当時譲渡所得が非課税であったことを利用して、株式を保有する個人が、配当期日前に同族会社に保有株式を配当込みの価格

(注196)　国税庁長官官房企画課『会社標本調査—調査報告　税務統計から見た法人企業の実態（平成26年度分）』168頁

で譲渡し、配当期日後に配当落ちの価格で買い戻して、配当所得に対する課税を免れるなどの行為を否認するためであった。

その後、大正15年の所得税法改正で、「同族会社ノ行為又ハ計算ニシテ其ノ所得又ハ株主社員若ハ之ト親族、使用人等特殊ノ関係アリト認ムル者ノ所得ニ付所得税逋脱ノ目的アリト認メラレルモノアル場合ニ於テハ其ノ行為又ハ計算ニ拘ラス政府ハ其ノ認ムル所ニ依リ此等ノ者ノ所得金額ヲ計算スルコトヲ得」（下線筆者）（所法73ノ2）と行為と計算が規定された。

昭和15年の改正では、所得税法と法人税法が別建てとなったが、規定の内容は、大正15年法と同じである。

昭和22年の改正で、平仮名化され、「政府は、同族会社の行為又は計算で法人税を免れる目的があると認められるものがある場合においては、その行為又は計算にかかわらず、政府の認めるところにより、課税標準を計算することができる。」（下線筆者）（法法34①）と改正され、昭和25年の改正で、「政府は前3条の規定により課税標準若しくは欠損金額又は法人税額の更正又は決定をなす場合において、同族会社の行為又は計算でこれを容認した場合においては法人税の負担を不当に減少させる結果となると認められるものがあるときは、その行為又は計算にかかわらず、政府の認めるところにより、当該法人の課税標準又は欠損金額を計算することができる。」（下線筆者）（法法31の2）と改正された。

　イ　昭和25年の改正の趣旨

上記の改正において問題は、昭和25年の改正で、「法人税を免れる目的があると認められるものがある場合」から、「法人税の負担を不当に減少させる結果となると認められるものがあるとき」と改正された趣旨である。この点、清永教授は、「〔旧法人税法による〕否認事例を検討した際に必ずしも納税者の逋脱の意思が問題とされなかったことからもある程度うかがえるように、行政実務の見解もまたおそらく行政裁判所の見解も否定的であったといってよいであろう。……〔旧法人税法が〕問題にしているのは納税者の負担軽減の意思ではなくて、負担軽減という結果であり、結果として生じた負担の不均衡の是正という点にある」(注197)としている。

（注197）　清永・租税回避の研究337頁

　大正12年の所得税法73条ノ3は、「逋脱ノ目的アリト認メラレルモノアル場合」と「逋脱の目的」を問題としている。この当時は、租税回避と脱税との明確な区別がなかったため「逋脱」と規定されていると考えられるが[注198]、刑事事件への適用は想定されておらず、現在でいうところの「租税回避」の意味と考えられる。

　また、清永教授も指摘されているとおり、大正12年の所得税法73条ノ3の立法に当たり、特定の外国法を参考に考案されたとは考えられない[注199]。しかし、「逋脱ノ目的」を問題とするというのは、逆からいうと、事業目的が欠如ないしは僅少であることを意味していると考えられ、これは、オーストラリアやニュージランドなどの古典的な一般否認規定[注200]に例があるように、租税回避目的の有無を基準とする目的基準の租税回避否認規定と考えられる。

　さらに、この大正12年の立法当時から「目的アリト認メラレルモノアル場合」と客観的な事実からそのような目的があると認定できることが読み取れ、主観的な意思や意図でなかったことは明らかである。この点、大蔵省の担当者による戦前の解説書でいずれも同様の解説がなされているが、それらの中で代表的なものは、片岡政一氏によるもので、昭和8年に公刊された雑誌で、大正15年の所得税法73条ノ2の要件について、「主観的に逋脱意思の有りや否やを問わず、客観的に之ありと認められれば足りる。……如何なる場合を以て客観的に所得税回避の目的とありと認むべきやは、行政上一定の限界あるべきも、要するに課税當局の認定に委ねられる問題であって、ただその自由裁量が法規裁量に屬してゐるだけである。……此の故に課税當局は、その行為計算に付逋脱の意思あることの立證責任を有せないと同時に、同族會社及其の首腦者を中心とする特殊關係者は、その逋脱意思に基かざることを立證するも、反證力がないと解すべきである。……何となれば現實に脱税の意思

（注198）　清永・租税回避の研究325頁
（注199）　清永・租税回避の研究342頁
（注200）　ニュージーランドの1900年土地・所得税法82条、オーストラリアの1915年所得税法54条及び1936年所得税法260条などである（これらの規定については、拙著・濫用法理383～385頁を参照されたい。）。

あることの立證せらる々場合に於いて、その行為計算の相手方たる同屬會社と通謀して虚偽表示（民法第94条）を為すが如きは一般法律行為の観念よりするもその行為の成立を否認し得べきであり所得税法に依るも詐欺其の他不正の行為による所得税の逋脱（法74条）として否認し得るが故に本條の適用を俟たないからである。」[注201] としているところである。

　そのようなことから、同族会社等の行為計算否認規定は、現在の目で見ると、元々は、客観的に認められる「目的」という意味での目的基準の租税回避否認規定であり、昭和25年の改正は、「目的」といっても主観的認識・意図とは異なることを明らかにした規定であり、改正によって目的基準であるとの性格は変更されていないと考えられる。

　　ウ　現行法の立法趣旨

　同族会社等においては、所有と経営が結合しているため、少数の株主のお手盛りによる取引や経理が行われやすく、その結果として、税負担が減少することが少なくない。それで、法人税法132条、所得税法157条及び相続税法64条は、それぞれ、同族会社の行為又は計算でなされたもので、これを容認した場合にはその同族会社の法人税を不当に減少させる結果となると認められるとき、これを容認した場合にはその株主等の所得税の負担を不当に減少させる結果となると認められるとき、さらに、その株主等の相続税・贈与税の負担を不当に減少させる結果となると認められるときに、税務署長は、その認めるところにより課税することができるとしている。

　このような同族会社の行為計算否認規定は、他には韓国にその例があるが、世界では例の少ない規定である。

　これらの規定は、同族会社等が少数の株主等によって支配されているため、当該会社又はその関係者の税負担を不当に減少させるような行為や計算が行われやすいことにかんがみ、税負担の公平を維持するため、そのような行為や計算が行われた場合に、それを正常な行為や計算に引き直して更正又は決

（注201）　片岡政一「租税回避と其の否認権（中）」税11巻10号（帝國地方行政學會、昭和8年）40,41頁。なお、この論文は、清永教授が同族会社の行為計算否認規定について租税回避を防止する規定と初めてとらえたとして紹介している論文である（清永・租税回避の研究325頁）。

定を行う権限を税務署長に認めるものである。したがって、あくまでも税負
担の公平を図るのが目的であって、租税負担を回避しようとした者に通常以
上の税を負担させるといったような制裁的な目的はないと考えられる（福岡
地判平4・5・14訟月41・6・1545）。

(2)　同族会社等の行為計算否認規定の論点

同族会社等の行為計算否認規定については、多くの論点があるが、ここで
いくつか重要なものを挙げ、以下の同族会社の行為計算否認規定について検
討することとする[注202]。

① 　行為と計算の意義

② 　「不当」の判断基準

③ 　「不当」の判断方法

④ 　対応的調整の要否

⑤ 　理由の差替え

以下、法人税法132条、所得税法157条及び相続税法64条の順に論じること
とする。さらに、これらの同族会社行為計算否認規定に共通の論点について
検討することとする。

3　法人税法132条関係

(1)　法人税法132条の要件

法人税法132条1項は、下記のとおり規定している。

「税務署長は、次に掲げる法人に係る法人税につき更正又は決定をする場合
において、その法人の行為又は計算で、これを容認した場合には法人税の
負担を<u>不当に減少させる結果となると認められるもの</u>があるときは、その
行為又は計算にかかわらず、税務署長の認めるところにより、その法人に
係る法人税の課税標準若しくは欠損金額又は法人税の額を計算することが
できる。

1号　内国法人である同族会社

2号　（省略）」（下線筆者）

[注202]　本節及び次節は、日本税法学会第107回大会・総会での報告に当たって執筆した
拙稿・前掲税法学577号（注7既出）271頁における記述を基に、同総会での議論を踏まえ
て、発展させたものである。

　法人税法132条1項の上記下線部分は、いわゆる不確定概念であるが、規範的要件であり、当該法人の法人税の負担を減少させることと、その減少が不当と認められることに分解されると考える[注203]。

　そうすると、法人税法132条1項の要件は、下記のとおりに整理される。

① 　同族会社等であること

② 　上記法人等の行為又は計算であること

③ 　上記法人等の法人税の負担を減少させること

④ 　上記減少が不当と認められること

　法人税法132条の適用が問題となった裁判例としては、①合併の際の株式買収資金が問題となった「明治物産事件」と呼ばれている最高裁昭和33年5月29日判決（判例8）、②同族会社の債務引き受けなどが問題となった最高裁昭和52年7月12日判決（判例9）、③土地及び建物の同族会社に対する一括譲渡に当たっての借地権の対価が問題となった最高裁昭和53年4月21日判決（判例10）、④同族会社に対する商品の低額譲渡が問題となった最高裁昭和59年10月25日判決（裁集民143・75）、⑤欠損金のある法人が黒字の法人を合併するところのいわゆる「逆さ合併」が問題となった広島地裁平成2年1月25日判決（判例11、確定）、⑥子会社の発行する増資新株式を額面額に比べて高額で引き受けた行為が問題となった「スリーエス事件」と呼ばれている東京地裁平成12年11月30日判決（判例12）[注204]、⑦法人が取引先の法人の代表者（支出法人の代表者の配偶者）に対して支出した交際費が問題となった横浜地裁平成22年3月24日判決（税資260順号11401）[注205]、⑧法人がその代表者の妻から不動産を高額で購入し1年後に購入額をはるかに下回る価格で代表者に売却した行為が問題となった福岡地裁平成22年9月6日判決（税資260順号11501）[注206]、⑨自己株式取引による譲渡損の計上が問題となった「IBM事件」と呼ばれている東京高裁平成27年3月25日判決（判例13、不受理）などがあ

（注203）　拙著・要件事実論改訂版67頁参照

（注204）　控訴審の東京高判平13・7・5税資251順号8942（確定）も、法人税法132条の適用を認めている。

（注205）　控訴審の東京高判平22・8・26税資260順号11497（上告棄却・不受理）も、法人税法132条の適用を認めている。

（注206）　控訴審の福岡高判平23・3・11税資261順号11638（確定）も、法人税法132条の適用を認めている。

る(注207)。

　これらのうち①、②、③、⑤、⑥及び⑨の事案を検討することとする。

(2)　明治物産事件最高裁判決

　まず、「明治物産事件」と呼ばれている最高裁昭和33年5月29日判決(民集12・8・1254、判例8)を検討することとする。これは、昭和15年改正前の法人税法28条が問題となった古い事件ではあるが、この最高裁判決で、法人税法132条の前身の旧法人税法28条について、課税庁が主張した同族会社・非同族会社対比基準が排斥され、実務上、経済合理性基準が確立したと考えられる。そのようなことから、この判決は現在でも重要な意味をもっている。

　ア　事案の概要

　X社及びA社ともに甲(個人)が株主であったが、昭和16年6月20日、X社は、甲及びその特殊関係者からA社の全株式9960株を448万2000円で買収し(下図①)、同年8月1日の合併契約を締結し、同月16日、X社は資本金を200万円から350万円に増資をして、甲が同年10月31日に新株3万株のうち2万4000株を引き受けて払い込んだ(下図②)。その後、X社は、上記合併契約に基づき、同年11月26日にA社を吸収合併した(下図③)。

　この事件当時、下図の対照表のとおり、合併に当たり、消滅会社の株主に対する新株の割当てと合併交付金を交付するので、吸収会社に合併交付金分について清算所得として課税されることとなっていた(旧法法6②)。これに対し、税務署長Yは、上記株式買収、吸収合併及び増資の一連の行為は、吸収会社が事前に消滅会社の株主になっておくことによって、清算所得課税を免れるためのものであるとして、法人税法132条の前身の旧法人税法28条を適用して、X社から甲に対する株式購入代金を、合併交付金であるとみなして、A社の払込資本金額50万円及び利益積立金額17万円を差し引いた381万円を清算所得であるとして、X社に課税した。

　X社の甲に対する株式買収代金を合併交付金とみなすことができるかが問題となった。

(注207)　これらの判決の事案については、関根英恵「法人税法132条1項と同法132条の2における『法人税の負担を不当に減少させる結果となると認められるものがあるとき』の解釈及び両規定における『不当』性判断枠組みの異同について」訟月61巻1号別冊188頁以下で分析されているのが参考となる。

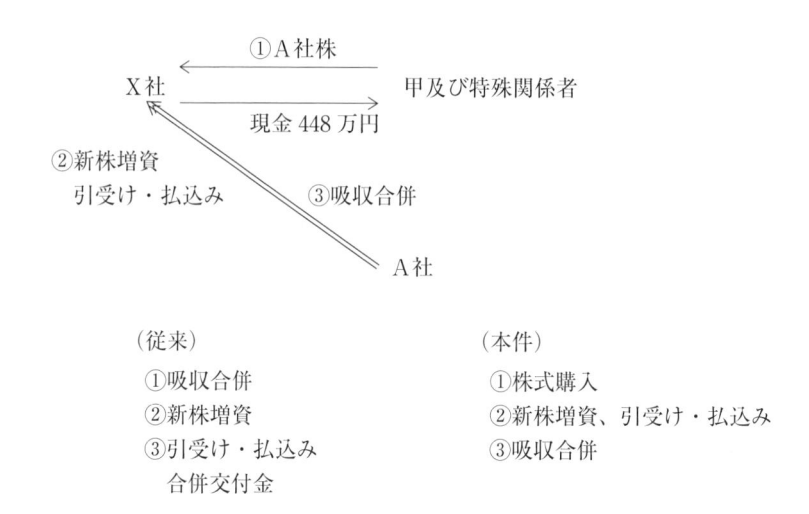

(従来)
①吸収合併
②新株増資
③引受け・払込み
合併交付金

(本件)
①株式購入
②新株増資、引受け・払込み
③吸収合併

イ　判　旨

（ア）　1審判決

1審の東京地裁昭和26年4月23日判決（民集12・8・1266）は、「Yらは、X社は税金逋脱の目的でA社の全株式を買収した上、これを吸収合併したものであって、右行為は旧法人税法第28條に該当するから、Yは右株式買収行為を否認し、右株式買収代金を合併交付金と見なしたものである旨主張するけれども、右同族会社の行為計算否認の規定は勿論同族会社を非同族会社よりも不利益に取扱うためのものではなく、<u>同族会社は税金逋脱の目的で非同族会社では通常なし得ないような行為計算、たとえば株主が社員に会社の資産を廉価で売却するようなことをする虞があるので、かかる場合にその行為計算を否認して、非同族会社が通常なすであろうような行為計算に引直して課税するためのものであるが、吸収合併前に被合併会社の全株式を買収することは必ずしも同族会社にして始めてなしうるような行為、すなわち、純経済上より見て不合理な行為ではなくかかる行為を選択する可能性は同族会社であると否とにより少しも差異のないことは明白であるから、かかる行為は旧法人税法第28條の対象たり得ないものと解するのが相当である。</u>」（下線筆者）として、課税処分を違法とした。

（イ）　控訴審判決

控訴審の東京高裁昭和26年12月20日判決（民集12・8・1271）は、「本件株式買

収、合併、増資（……）なる一連の行為は、その当時の法制上何等禁ずるところのものでなく、いずれもこれを適法になし得た行為形態であることは論なきところである。而して徴税官庁が行為計算否認の規定を発動し得る場合は、同族会社の行為計算にして法人税逋脱の目的ありと認められるものある場合でなければならぬが、本件一連の行為からして法人税逋脱の目的ありと認められるためには、若し税金逋脱の目的を抜きにして見た場合、純経済人の選ぶ行為形態として不合理なものであると認められる場合でなければならない。しかるに同族会社の場合であると否とにかかわらず純経済人としては概して損得の打算に深慮を払い、努めて課税の対象とならない行為形態を選ぶことは当然のことであって敢えて、これを不合理と目することはできないから、本件一連の行為を以て直ちに税金逋脱の目的ありと認められる場合であるとは断定し難い。この点に関するY等の当審における主張は採用し難い。」（下線筆者）と判示して、控訴を棄却した。これに対し、Yが上告したものである。

　　（ウ）　最高裁判決

　上記最高裁判決は、「本件において当事者間に争のない本件株式の買収、会社の合併、及び増資なる一連行為からしては直ちに所論税金逋脱の目的があるものと認め難いのみならず、本件買収代金を以て合併交付金と認定すべき証拠上の根拠も認められないから、本件株式の買収は所論法条に基づくいわゆる否認の対象となるべき行為ではなかったと判断した上、更に本件買収代金を所論課税の対象とするが如きは昭和19年2月法律7号による臨時租税措置法1条の33の如き特別な規定の施行されていなかった当時としては税体系上許されないところであるとしているのであって、以上の原判示は、原判文に掲げられている当事者双方の主張及び原判決が事実認定に供した証拠に照し、当裁判所もこれを正当として是認する。」（下線筆者）と判示し、控訴審判決を是認して、上告を棄却した。

　　ウ　検　討

　1審判決は、昭和15年改正前の法人税法28条についてのものではあるが、同族会社行為計算否認規定について、後記6 (2)の同族・非同族対比基準説の立場を採ったと考えられるのに対し、控訴審判決は、上記のとおり、「若し税金逋脱の目的を抜きにして見た場合、純経済人の選ぶ行為形態として不合理なものであると認められる場合でなければならない。」と判示し、経済合理性基

準説の立場を採ったものと考えられ、上記最高裁判決は、原審の立場を是認したものと考えられる。

　当時、吸収合併をする場合、通常は、①合併、②増資、③消滅会社の株主への新株発行と合併交付金の交付の手順をとると考えられていたが、本件は、①消滅会社の株主からの買収、②合併、③増資、④消滅会社の株主の引受けとの手順でなされ、合併交付金の交付がなかった事案である。通常の場合と比べると、消滅会社の株主への新株の発行が実質的になされているのに、本来行われるべき存続会社の合併交付金に対する清算所得課税を免れていることから、旧法人税法28条の適用が問題となったのである。

　本件の場合、Yは、同族会社・非同族会社対比基準で主張したが、経済合理性基準で考えた場合、A社は、当時純資産は72万円しかなく（国側の上告理由書参照）、株式の買収代金が高額であり、経済不合理であると考える(注208)。

(3)　最高裁昭和52年7月12日判決

　最高裁昭和52年7月12日判決（訟月23・8・1523、判例9）は、行為と計算が事業年度をまたがる場合についての法人税法132条の適用の可否についての判例である。

ア　事案の概要

　X社とA社は、共に甲の支配する同族会社であるが、X社は、多数回にわたり、事実上倒産状態にあるA社に対し、金銭の貸付け及び債務引受けを行い、これをいずれもA社に対する仮払金として計上するとともに、上記仮払金に対する利息を未収金として計上した。X社は、後続事業年度において、上記仮払金と未収金の合計額を債務免除し、同事業年度末にこれを貸倒損失として処理した。この貸倒損失を否認できるかが問題となった。

イ　判　旨

　上記最高裁判決は、「ある会社と他の会社とがいずれも同一の個人の支配する同族会社であって、一方が他方に対し、無利息ないし通常の金融取引におけるより著しく低率の利息で金銭を貸付けた場合には、特段の事情がない

(注208)　金子教授もこの事件について、「税負担の減少以外になんらかの正当な理由があったかどうかを審理すべきであると思われる。」としている（金子・租税法第22版502頁**）。

限り、その貸付が無利息ないし著しく低率の利息である点を同族会社の行為又は計算の否認の規定（本件の場合、法人税法（昭和40年法律第34号による改正前のもの）第30条）に基づいて否認することができるものと解されるのであるから、右貸付をした会社が、実際には同族会社であるために無利息ないし著しく低率の利息で貸付けたものであるのにかかわらず、会社の損益計算上は、税務実務上行われているいわゆる認定利息の取扱いに準じて、通常の金融取引と同程度の利息を未収利息として益金に計上し、その後の事業年度においてこれを貸倒損失として損金に計上した場合には、右貸倒処理は、同族会社であるためにされた不自然、不合理な租税負担の不当回避行為として、同族会社の行為又は計算の否認の規定に基づき、これを否認することができるものと解するのが、相当である。」（下線筆者）と判示した。

　　ウ　検　討

　大正15年の所得税法改正で、「行為」と区別して「計算」が規定されたが、この趣旨について、行為の結果の計算が別な事業年度にわたる場合にも適用対象を拡大するためであるとする見解(注209)もある。本判決は、このような見解に沿う判例である。詳細は、後記6(1)で論じることとする。

　(4)　最高裁昭和53年4月21日判決

　最高裁昭和53年4月21日判決（訟月24・8・1694、判例10）は、法人税法132条の「不当」が憲法84条に反しないとした判例であり、また、原審の経済合理性基準を是認した判例である。

　　ア　事案の概要

　X社は、その代表取締役等から賃借した土地上に建物を所有していたところ、同代表取締役等とともに、上記土地・建物をA社に一括譲渡したが、建物譲渡に係る収入を申告していなかった。借地権譲渡対価が無償ではないかが問題となった。

　　イ　判　旨

　　（ア）　控訴審判決

　原審の札幌高裁判決は、「法人税法第132条は『法人税の負担を不当に減少させる結果になると認められるとき』同族会社等の行為計算を否認しうる権限を税務署長に付与しているのであるが、右行為計算否認の規定が、納税者

（注209）　志達定太郎『会社所得税及営業収益税』（第一書房、昭和14年）240頁

の選択した行為計算が実在し私法上有効なものであっても、いわゆる租税負担公平の原則の見地からこれを否定し、通常あるべき姿を想定し、その想定された別の法律関係に税法を適用しようとするものであることにかんがみれば、右の『法人税の負担を不当に減少させる結果になると認められる』か否かは、もっぱら経済的、実質的見地において当該行為計算が純粋経済人の行為として不合理、不自然なものと認められるか否かを基準として判定すべきものと解される。」（下線筆者）と判示している。

　　（イ）　最高裁判決

　上記最高裁判決は、「法人税法132条の規定の趣旨、目的に照らせば、右規定は、原審が判示するような客観的、合理的基準に従って同族会社の行為計算を否認すべき権限を税務署長に与えているものと解することができるのであるから、右規定が税務署長に包括的、一般的、白地的に課税処分権限を与えたものであることを前提とする所論違憲の主張は、その前提を欠く。」（下線筆者）と判示した。

　　ウ　検　討

　前記(2)の明治物産事件最高裁判決（判例8）は、法人税法132条の前身の旧法人税法28条についての判例であったが、本最高裁判決は、法人税法132条について経済合理性基準を採った原審を是認した判決であり、法人税法132条についての最高裁判例と考えられる。

　　(5)　広島地裁平成2年1月25日判決

　広島地裁平成2年1月25日判決（行集41・1・42、判例11）は、いわゆる「逆さ合併」が問題となった事案である。

　　ア　事案の概要

　X社もA社も甲一族が支配する同族会社であるが、昭和55年10月1日に、下図のとおり、X社を存続会社、A社を被合併法人として合併した。

$$\text{X社} \Longleftarrow \text{A社}$$
吸収合併

　X社は、青色法人で過去5年間に欠損金があったが、合併後、この欠損金を損金に算入して申告した。なお、X社は、合併前には事業を廃止し、従業員も全員解雇して、資産等のない休眠会社であり、他方、A社は、業績が極めて好調で毎年多額の利益を出している会社であった。X社に対し、法人税法132条が適用されて、上記欠損金の損金算入が否認されるかが問題となった。

　　イ　判　旨

　上記広島地裁判決は、「本件合併において、逆さ合併の方式を採用したのは、前記認定のとおり、専ら本件繰越欠損金を損金に算入する意図に出たものであって、右のような租税負担の回避以外の、例えば、上場会社としての株式の額面を500円から50円に変更するためとか、欠損会社に資産的価値のある商号やのれんがある場合にこれを引き継ぐためなどの合理的な理由があったものではない。営業活動や経営上問題のない黒字優良会社であるA社が、債務整理をして清算するほかない赤字欠損会社であるX社に吸収合併されるがごときは、前記のような合理的な理由が認められるなどの特段の事情のない限り、経済人の行為としては不合理、不自然なものであり、まして、前認定のように合併後A社の事業のみを継続し、合併直後に合併法人たるX社の商号、事業目的及び本店所在地を被合併法人たるA社のそれに一致するように変更しているなどの事実に照らせば、その不合理、不自然であることが一層明白であるといわなければならない。そうすると、本件合併の法律上の形式に従って本件繰越欠損金の損金算入を容認した場合、実質的には、法〔筆者注・法人税法〕57条の趣旨・目的に反して被合併法人であるA社が本来負担することとなる法人税額を不当に減少させる結果となると認められるから、右は、法132条にいう租税回避行為に該当するものというべきである。」（下線筆者）として、繰越欠損金の損金算入は認められないとした。

　　ウ　検　討

　これは、組織再編成の事案であるが、合併自体にX社の欠損金を計上して、A社の利益を相殺して、法人税を減少させる以外に理由がない合併であり、合併自体に経済合理性がなく、法人税法132条でも否認できた事案である。

(6)　スリーエス事件地裁判決

　「スリーエス事件」と呼ばれている東京地裁平成12年11月30日判決（訟月48・11・2785、判例12）は、擬似的なDES（Debt Equity Swap）が問題となった事案である。

　　ア　事案の概要

　X社は、子会社A社及びB社に対する貸付債権が不良債権化していたところ、平成5年4月1日から同6年3月31日までの事業年度において4億2000万円のコンサルティング収入を期待できることとなったことから、これを機会に不良債権を処理しようと考え、下図のとおり、A社に発行価額（額面金額）5万

円の新株を160株発行させ、これを1株当たり144万円で引き受け（合計約2億3000万円、下図①）、B社に発行額（額面金額）500円の株式を1万株発行させて、これを1株当たり5万円で引き受け（合計5億円、下図②）、その後、A社株及びB社株を1株100円で、関連会社C社に売却し（下図③）、有価証券売却損を計上して申告した。

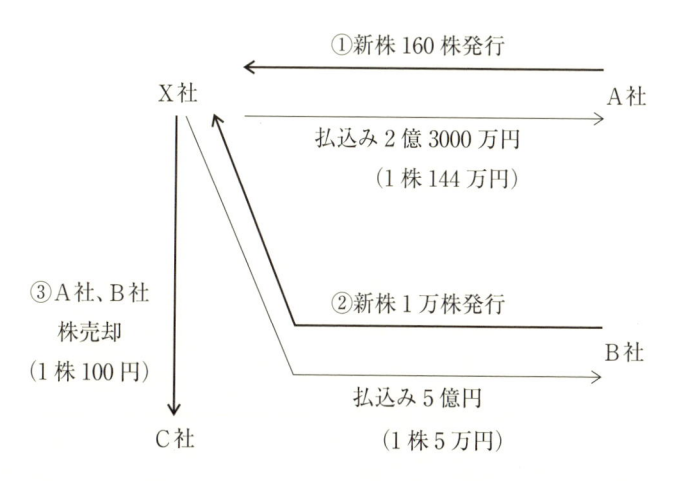

なお、X社からA社及びB社に払い込まれた増資払込金は、X社に対する債務の弁済に充てられることによりX社に貫流している。X社の有価証券売却損が法人税法132条の適用により否認されるかが問題となった。

　イ　判　旨

　上記東京地裁判決は、「右のとおり、X社の本件子会社に対する貸付金はいずれも回収不能とはいえず、損金に算入することはできないものであった。すなわち、X社は、本来損金に算入することができないものについて、本件一連の行為を行い、有価証券売却損という形を取ることによって、実質的に、本件子会社に対する貸付金を損金に算入する形で処理したものであるということになる。」とした上、「そして、A社は、本件一連の行為を行った平成5年度において債務超過状態であり、B社についても、平成5年12月31日現在の財務内容をみれば、本件一連の行為を行った平成5年12月の時点において債務超過状態であったことは明らかである。このように、債務超過状態である本件子会社の新株発行に際して、X社は、A社について額面金額である発行価額が1株5万円であるにもかかわらず、その約29倍にものぼる1株当たり約144

万円、合計2億3000万円の払込みをし、B社についても額面金額である発行価額が1株500円であるにもかかわらず、その100倍にものぼる1株当たり5万円、合計5億円の払込みをしている。<u>債務超過状態にあり、将来成長が確実に望めるというような特別の事情が認められるわけではない株式会社の新株発行に際して、額面金額である発行価額を大幅に超える払込みを行うのは、通常の経済人を基準とすれば合理性はなく、不自然・不合理な経済行為である。</u>X社は子会社を救済する必要性、妥当性を指摘して右行為の合理性を主張するが、株式を取得する際にはそのような背景事情を捨象した株式自体の価値に着目して対価を決定するのが、税法の想定する通常の経済人を基準とした合理性のある行為と考えるべきである。そして、本件子会社が、X社が全株式を保有する同族会社であり、かつ、本件一連の行為によって、本来であれば損金に計上することのできない本件子会社に対する貸付金を有価証券売却損という形を取ることによって、損金に計上するという目的があったからこそ、右のような払込みが行われたものであるというべきである。」として、「そうすると、本件子会社の新株の発行に際して、X社が、その対価として、A社について1株当たり約144万円、合計2億3000万円の払込みをした行為、及び、B社について1株当たり5万円、合計5億円の払込みをした行為は、いずれも、これを容認した場合には法人税の負担を不当に減少させる結果となると認められ、税務署長は、法132条によって右の行為を否認することができるものというべきである。」（下線筆者）とした。

　ウ　検　討

　上記東京地裁判決は、①A社及びB社への増資払込みと②C社への売却という一連の行為を判断の対象として、その経済合理性を検討している。

　これに対し、岩﨑教授は、「もし本判決が、単体としては行為計算の否認の対象とはならない『租税回避意図』を接着剤として、法132条の適用対象に取り込む手法を編み出したとするならば、そのような手法は、従来の判例・通説に反する結果をもたらすと思われる。そして、法132条の適用要件に『租税回避意図』を含めれば、その認定には租税行政庁の裁量を許す結果となりかねず、そうなれば、租税法律主義の観点からも極めて疑問といわなければならない。」と批判する^(注210)。

（注210）　岩﨑政明「租税回避の否認と法の解釈適用の限界」金子宏編『租税法の基本問題』
　　　　（有斐閣、平成19年）80頁

しかし、そもそも法人税法132条の適用に当たり、一連の行為を問題とするのは、上記東京地裁が初めてではなく、明治物産事件最高裁判決（判例8）の原審の前記東京高裁昭和26年12月20日判決でも判示しているところであり、以前の裁判例から取られていた考え方であった。

また、①の増資払込みは、単体としてみても経済不合理な行為であり、また、なぜこのような経済不合理な行為をするかと考えると、最終的には、②のC社への売却をすることによって、有価証券売却損を計上するためであると考えられる。単体としてみると経済不合理な行為とまではいえない行為を「租税回避意図」を接着剤として、一連の行為としてみて経済不合理であるとしているのではない。

なお、類似の事件として、赤字子会社に対する増資払込みが寄附金となるかが問題となった福井地裁平成13年1月17日判決（訟月48・6・1560）があり、「本件増資払込みは、後に原告が京都相互林業に上場株式を売却することによって生ずる有価証券売却益に見合う株式譲渡損を発生させ、右有価証券売却益に対する法人税の課税を回避することを目的としたものであることは明らかであり、本件株式を額面金額かつ発行価額である1株当たり50円を超える額で引き受けて払い込んだことに、経済取引として十分に首肯し得る合理性は認められないというべきである。」（下線筆者）として、1株当たり50円を超える部分の払込みを寄附金であるとしている[注211]。

(7)　IBM事件高裁判決

最後に、「IBM事件」と呼ばれている東京高裁平成27年3月25日判決（判時2267・24、判例13）を検討することとする。これは、自己株式の譲渡による譲渡損とその後の連結決算が問題となった事案である。

ア　事案の概要

X社は、平成11年に設立された有限会社であり、同14年2月に外国法人である米国I社の100％子会社である米国W社の100％子会社となった。

X社は、下図のとおり、平成14年4月、米国W社から約1300億円規模の増資（本件増資）及び約1兆8000億円規模の融資（以下「本件融資」という。）を受け、同年4月、その資金により米国W社からA社の発行済株式全部を購入（図

（注211）　この判決の事案の概要については、拙稿「赤字子会社に対する著しく過大な増資払込みの寄附金該当性」税理2002年11月号224頁を参照されたい。

①、以下「本件株式購入」という。）した上、同年12月、同15年12月及び同17年12月の3回にわたり、同株式の一部を1株当たりの購入価額と同額でA社に譲渡した（図②、以下「本件各譲渡」という。）。

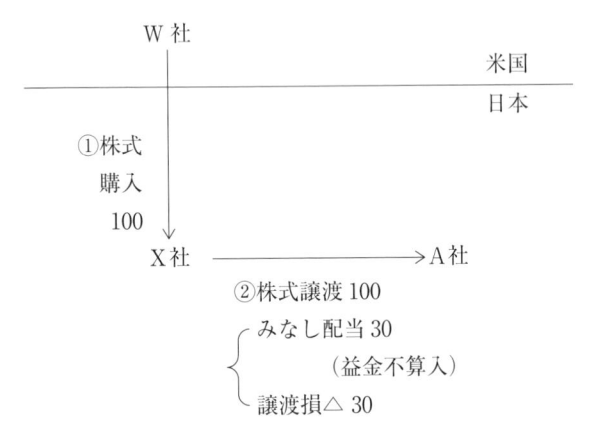

I 社

W 社

　　　　　　　　　　　　　　　　　　　　米国
　　　　　　　　　　　　　　　　　　　　日本

①株式
　購入
　100

X 社 ──────→ A社

②株式譲渡 100

みなし配当 30
　　（益金不算入）
譲渡損△ 30

（法人税法 24 条 1 項）
・帳簿価額基準　　　　X 社　譲渡損 0
　　　　　　　　　　　（譲渡収入 100、△取得費 100）
・平成 13 年改正後　　X 社　譲渡損 30
　　　　　　　　　　　（譲渡収入 70、× みなし配当 30、△取得費 100）

　X社は、平成14、15及び17事業年度において、A社から受領した譲渡代金額からみなし配当の額を控除した額を譲渡対価の額として、譲渡原価との差額を本件各譲渡にかかる譲渡損失額（約3995億円）として各事業年度の所得の金額の計算上損金の額に算入して欠損金額による申告をし、また、同20年1月1日、連結納税のみなし承認を受けて、A社の利益を連結欠損金額として申告をした。なお、上図の対照表のとおり、平成13年の改正前の法人税法24条1項は、帳簿価額基準を採っており、譲渡原価で譲渡すると譲渡損は生じないが、同改正により、帳簿価格基準が外されたことから譲渡損が生じることとなったのである。

　これに対し、Y税務署長は、法人税法132条1項の規定により本件各譲渡に係る譲渡損失額を損金算入することを否認する更正処分等をした。

イ　判　旨

（ア）　1審判決

　1審の東京地裁平成26年5月9日判決（判タ1415・186）は、最高裁昭和53年4月21日判決（訟月24・8・1694）を引用して、「同項〔筆者注・法人税法132条1項〕は、その趣旨、目的に照らすと、上記の『法人税の負担を不当に減少させる結果になると認められる』か否かを、専ら経済的、実質的見地において当該行為又は計算が純粋経済人の行為として不合理、不自然なものと認められるか否かを基準として判定し、このような客観的、合理的基準に従って同族会社の行為又は計算を否認する権限を税務署長に与えているものと解するのが相当である」（下線筆者）と判示した上で、被告国が「不当」に当たると主張した評価根拠事実すなわち①X社をあえてA社の中間持株会社としたことに正当理由ないし事業目的があったとは言い難いこと、②本件一連の行為（W社によるX社の持分取得、本件融資、本件株式購入及び各譲渡）を構成する本件融資は、独立当事者間の通常の取引とは異なるものであること、③本件一連の行為に租税回避の意図が認められたことの3つの評価根拠事実をいずれも認められないとして、本件一連の行為は、同法132条1項の「不当」には当たらないとした。

（イ）　控訴審判決

　これに対し、控訴審の東京高裁判決では、被告である国が上記評価根拠事実のうち①及び③を撤回し、本件一連の行為（W社によるX社の持分取得、本件融資、本件株式購入及び各譲渡）は、Ｉ社グループが日本の源泉税を圧縮するために一体的に行ったものであり、独立当事者間の通常の取引とは異なるなどとして主張したのに対し、同高裁判決は、「……同項〔筆者注・法人税法132条1項〕が同族会社と非同族会社の間の税負担の公平を維持する趣旨であることに鑑みれば、当該行為又は計算が、純粋経済人として不合理、不自然なもの、すなわち、経済的合理性を欠く場合には、独立かつ対等で相互に特殊関係のない当事者間で通常行われる取引（独立当事者間の通常の取引）と異なっている場合を含むものと解するのが相当であり、このような取引に当たるかどうかについては、個別具体的な事案に即した検討を要するものというべきである。」（下線筆者）と判示したものの、本件一連の行為のうち、X社の中間持株会社化までの行為（W社によるX社の持分取得、本件融資、本件株式購入）は、Ｉ社グループが負担する日本の源泉所得税の圧縮の実現

のために一体的に行われたと認められるが、本件各譲渡は、本件税源圧縮の実現のために一体的に行われたとは認められないから、本件各譲渡が経済合理性を欠くか否かは、本件各譲渡それ自体により判断されるべきとした上、本件各譲渡それ自体は、独立当事者間の通常の取引と異なるとは認められないなどとして、法人税法132条1項の「不当」には当たらないとした。

　これに対し、国（Y税務署長）が上告受理申立てをしたが、最高裁第一小法廷は、平成28年2月18日に不受理とする決定をした。

　　ウ　検　討

　　（ア）　経済合理性基準の意義

　ここでまず、1審判決の判示している経済合理性基準と控訴審判決の判示している経済合理性基準が異なるか否かが問題となる。この1審判決の判示している経済合理性基準は、前記明治物産事件最高裁判決（判例8）の原審の東京高裁昭和26年12月20日判決が、初めて判示し、同最高裁判決によって是認された基準である(注212)。このような経済合理性基準が採られるようになったのは、当時主張されていた同族・非同族会社基準では、その適用が曖昧であり、経済合理性基準の方が客観性に優れているからと考えられる。その後、1審判決の引用している最高裁昭和53年4月21日判決（判例10）も、この基準を踏襲したと考えられる。

　一方、控訴審の判示している経済合理性基準は、金子教授のかつての見解に依拠するものであり(注213)、法人税法132条の「不当」の判断に当たり、米国の内国歳入法典482条で採られている独立当事者間原則の考え方を取り入れようとするものと考えられる。

　また、法人税法132条の適用に当たり、租税回避の目的又は意図が必要かが

（注212）　拙著・濫用法理240〜242頁
（注213）　金子教授は、『租税法〔初版〕』（弘文堂、昭和51年）では、「ある行為または計算が経済的合理性を欠いている場合、すなわち独立・対等で相互に特殊関係のない当事者間の行為または計算（……）と異なる場合に否認が認められると解すべきであろう。」としていたが（同書238頁）、『租税法〔第2版〕』（昭和63年）において、「行為・計算が経済的合理性を欠いている場合とは、それが異常ないし変則的で租税回避以外に正当な理由ないし事業目的が存在しないと認められる場合のみでなく、独立・対等で相互に特殊関係のない当事者間で通常行われる取引（……）とは異なっている場合も含む、と解するのが妥当であろう。」（下線筆者）とした（同書273頁）以降、第16版まで同様に記述している。

問題となる。X社は、高裁において、法人税法132条の「不当」というためには、「専ら租税回避目的と認められること」を要すると主張したが、高裁判決は、「専ら租税回避目的と認められることを常に要求し、当該目的がなければ同項の適用対象とならないと解することは、同項の文理だけでなく上記の改正の経緯にも合致しない。」として、租税回避の目的は不要であると判示した。

　これらの問題は、「不当」の判断基準という一般的な論点（前記2(2)の論点②）であるので、詳細は、後記6(2)を参照されたい。

　　（イ）　本件取引における経済合理性の有無

　　（ⅰ）　本件一連の行為の経済合理性

　本件取引における経済合理性を考えるに当たっては、本件一連の行為の目的を検討する必要がある。この点、被告国は、W社の負担する源泉所得税の圧縮目的であるとし、具体的には、X社を介在させる前は、W社が直接A社から配当を受けて、A社で源泉徴収をしていたが、W社が米国で源泉所得税を外税控除するに当たり金額の制限があり、上記源泉所得税額の全額を控除しきれない状態にあったが、X社を介在させた後は、A社がX社への支払に対し源泉徴収をするに当たり、X社には収入がなく、W社からの借入利息や譲渡損を計上して課税所得がなかったことから、上記源泉所得税の全額還付を受けることとなった旨主張する。

　これに対し、高裁判決は、前記のとおり、本件一連の行為のうち中間持株会社化までの行為は、A社からI社への利益還元に係る日本の源泉所得税の負担を圧縮することの実現も重要な目的として、I社が決定した計画に従って実施されたものであるとしたものの、源泉所得税圧縮のためには、配当という方法も可能であり、必ずしも、本件各譲渡をする必要がなかったとしている。

　そのようなことから、高裁判決は、X社の中間持株会社化と本件各譲渡とが一体に行われたとは認められないとし、「本件各譲渡とそれ以外の本件一連の行為とは、その主体（……）、時期（……）及び内容が異なる上、上記……のとおり、本件税額圧縮という共通目的の実現のために一体的に行われたという控訴人の主張事実も認められない以上、本件一連の行為について、全体として経済的合理性を欠くかどうかを判断することが相当であるということはできない。」とした。

　確かに、X社の中間持株会社化の目的は、A社の納付する源泉所得税の圧

縮目的であるとしても、高裁判決の上記判示のとおり、本件各譲渡がそれと
どのような関係にあるのかが明確でなく、本件各譲渡自体の経済合理性は明
らかではないといわざるを得ない。

　　（ⅱ）　本件譲渡の経済合理性

　そこで、本件各譲渡自体の経済合理性あるいは独立当事者間取引と異なる
かが問題となるが、IBM事件高裁判決は、1株当たりの取得価額と同一の譲渡
価額でＡ社による自己株式の取得に応じた本件各譲渡それ自体について、「取
得価額と同一の譲渡価額でＡ社による自己株式の取得に応じても、Ａ社から
交付を受けた金銭のうちみなし配当の額（法人税法24条1項）は、同法23条1
項（受取配当等の益金不算入）に基づき所得の計算上益金の額に算入されな
いこととなる一方、Ａ社の株式の譲渡に係る譲渡損益の計算においては譲渡
対価の額から控除されることになるため（同法61条の2第1項1号）、益金に算
入されないみなし配当の額がそのまま譲渡に係る譲渡損失額となって所得の
金額の計算上損金の額に算入され（……）、課税所得を打ち消すことになるか
ら、被控訴人のようにＡ社の親会社であるという関係にない独立当事者の内
国法人であっても、取得価額と同一の譲渡価額でＡ社の自己株式の取得に応
じる取引をすることは、十分あり得たということができる。（……）」と判示
し、独立当事者間取引とは異なるとは認められないとしている。

　平成22年の法律第6号による改正後の法人税法23条3項の意義は問題とはな
るものの、独立当事者間であっても、1株当たりの取得価額と同一の譲渡価額
での譲渡がなされ得るとすると、この譲渡自体をもって、経済不合理である
とか、独立当事者間取引と異なるとするのは困難であろう。

　1審の判示した純粋な経済合理性基準にしろ、控訴審の独立当時基準を含
む経済合理性基準にしろ、経済合理性基準には、限界があり、本件各譲渡自
体の経済不合理性は認めるのは困難であると考えられる。最高裁の第一小法
廷が、IBM事件高裁判決についての上告受理申立てを不受理としたのもその
ためであると考えられ、事実認定の問題にすぎないと判断したものと考えら
れる。

　本件で問題とされるべきは、Ｘ社からＡ社への本件各譲渡による「損失」
が真の意味での損失か見せかけの損失ではないかということである。このよ
うな観点での検討は、経済合理性基準では無理であり、濫用基準での検討が
必要となろう。そこで、法人税法24条1項において平成13年度の改正で帳簿

価額基準が外された趣旨及び本件の各譲渡がこの趣旨・目的に反するのではないかを検討すべきであろう。この改正の趣旨については、立法担当者の説明では、法人がその活動により稼得した利益を還元したと考えられる部分の金額や有無は、本来、株主等の株式の帳簿価額とは関係がないからと説明されている[注214]。しかし、上記説明だけでは改正の趣旨としては不十分であり、この改正の趣旨を合理的に考えると、自己株式取得をめぐる株式譲渡におけるキャピタル・ゲイン課税の調整と考えられる[注215]。ところが、IBM事件においては、W社とX社との間の取引が米国のチェック・ザ・ボックス制度の選択により、内部取引とされ、W社に対するキャピタル・ゲイン課税がなされていないのである。そうすると、IBM事件において、自己株式譲渡により生じた損失を是認するのは、上記改正の趣旨に反しているといわざるを得ない。また、前記（ⅰ）のとおり、本件中間持株会社化の目的は、我が国における源泉所得税の圧縮を図ったものであって、税負担減少の目的があると認められる。

　そうすると、これは、筆者のいう意味での租税回避（第1章第3節の3(1)ア参照）に当たると考える。

4　所得税法157条関係
(1)　所得税法157条の要件

　所得税法157条1項は、「税務署長は、次に掲げる法人の行為又は計算で、これを容認した場合にはその株主等である居住者又はこれと政令で定める特殊の関係のある居住者（……）の所得税の負担を<u>不当に減少させる結果となると認められるものがあるときは</u>、その居住者の所得税に係る更正又は決定に際し、その行為又は計算にかかわらず、税務署長の認めるところにより、その居住者の各年分の第120条第1項第1号若しくは第3号から第8号まで（……）又は第123条第2項第1号、第3号、第5号若しくは第7号（……）に掲げる金額を計算することができる。」（下線筆者）と規定している。

　法人税法132条1項の上記下線部分は、いわゆる不確定概念であるが、規範

（注214）　『改正税法のすべて　平成13年版』（大蔵財務協会、平成13年）162頁
（注215）　拙稿「ヤフー事件及びIBM事件最高裁判断から見えてきたもの（下）」税務弘報 2016年8月号51頁

的要件であり、当該法人の株主等の所得税の負担を減少させることと、その減少が不当と認められることに分解されると考える。

　そうすると、所得税法157条1項の要件は下記のとおりである。

①　同族会社であること

②　上記同族会社の行為又は計算であること

③　これを容認した場合にはその株主等の所得税の負担を減少させる結果となること

④　上記所得税の減少は不当と評価されるものであること

　所得税法157条の適用が問題となった裁判例としては、①貸しビルの管理を同族会社に委託して高額の管理料を支払ったのが問題となった東京地裁平成元年4月17日判決（判例14、確定）、②又貸し方式により同族会社に賃貸した不動産の賃貸料が過少ではないかが問題となった福岡地裁平成4年5月14日判決（訟月41・6・1545）^(注216)、③同族会社に対する無利息貸付が問題となったパチンコ平和事件地裁判決（判例15）^(注217)、④司法書士が業務の一部を同族会社に委託した手数料が問題となった広島地裁平成13年10月11日判決（税資251順号9000）^(注218)、⑤賃貸建物の管理を同族会社に委託して高額の管理料を支払ったのが問題となった札幌地裁平成16年10月28日判決（税資254順号9799）^(注219)、⑥又貸し方式により同族会社に賃貸した不動産の賃貸料が過少ではないかが問題となった高松地裁平成24年11月7日判決（税資262順号12089、確定）などがある。

　これらのうち①及び③の事案を検討することとする。

(2)　東京地裁平成元年4月17日判決

　東京地裁平成元年4月17日判決（訟月35・10・2004、判例14）は、不動産所得の圧縮を図る事案であり、いわゆる「管理委託方式」といわれている事件である。

（注216）　控訴審の福岡高判平5・2・10税資194・314、上告審の最判平6・6・21訟月41・6・1539も、所得税法157条の適用を認めている。

（注217）　控訴審の東京高判平11・5・31税資243・127、上告審の最判平16・7・20判時1873・123も、所得税法157条の適用を認めている。

（注218）　1審は、所得税法157条の適用を認めたが、控訴審の広島高判平16・1・22税資254・9525は、比準業者の類似性がないとして、同条の適用を否定し、上告審の最判平16・11・26税資254順号9836も、これを是認している。

（注219）　控訴審の札幌高判平17・6・16税資255順号10056（確定）も、所得税法157条の適用を認めている。

ア　事案の概要

　Xは、下図のとおり、その所有する貸しビルをA社らに賃貸して、1年間で6000万円の不動産収入を得ていた。一方、Xは、その貸しビルの管理をS社に委託し、その委託料として、Xが賃料として受領すべき額の50％とする契約を結び、1年間で3000万円の委託料をS社に支払った。

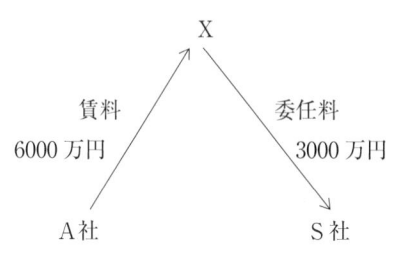

$$Xの不動産所得＝賃料収入－必要経費$$
$$6000 \quad 3000 \ or \ 400$$

　S社は、X及びその母の2人で全株式を所有する同族会社であり、XがS社の代表取締役、ほかに役員が3人で、従業員はいなかった。Xは、所得税の計算に当たり、S社に支払った管理料3000万円を不動産所得の必要経費として、控除することができるか。なお、同規模の貸しビルの平均的な管理料は、約400万円である。

イ　判　旨

　上記東京地裁判決は、本件管理料の支払金額は、「標準的な管理料の金額と比較して、著しく過大であって、純経済人の行為としては極めて不合理であり、S社が、原告を株主とし、かつ、代表取締役とする同族会社であるからこそ、かかる行為計算を行い得たものと言わざるを得ない。」として、標準的管理料額である427万円しか必要経費として控除することが許されないとした。

　さらに、Xは、管理料の支払が不当に減少させるものであるか否かを判断するについては、S社からXに支払われる役員報酬がXの給与所得になり、S社の留保額相当分はS社の法人所得にそれぞれ転換されて課税の対象となる所得を構成するに至ることも斟酌すべきである旨主張する。これに対し、上記東京地裁判決は、「Xの給与所得はS社に対する代表取締役としての役務の対価として支給される役員報酬に係るものであって、……行為計算の否

認及び適正管理料の計算の対象であるXのS社に対する管理料の支払ないし
はこれに係るXの不動産所得とは、所得の発生の根拠を異にするものである
から、右の支払管理料がXの役員報酬の原資に充てられる関係があるとして
も、所得税法157条の規定の適用に当たり、右の給与所得を斟酌すべきもので
はない。」とし、「また、所得税法157条に基づく法人の行為計算の否認及び計
算を行うためには、当該行為計算を容認すれば、株主その他右の法人と所定
の関係にある者の所得税の負担を不当に減少させる結果となることを必要と
するけれども、右の所得税の負担に加えて当該法人の法人税の負担を総合し、
ないしはこれを斟酌したものを不当に減少させる結果となることまでをも必
要としていないことは、同条の規定上明らかであるから、Xの所得税につい
て同条の規定を適用するに当たり、S社の法人所得を斟酌する必要性も存在
しない。」とした。

　　ウ　検　討
　上記東京地裁判決は、本件管理料の支払金額は、「標準的な管理料の金額と
比較して、著しく過大であって、純経済人の行為としては極めて不合理であ
り、S社が、原告を株主とし、かつ、代表取締役とする同族会社であるから
こそ、かかる行為計算を行い得たものと言わざるを得ない。」として、標準的
管理料額である427万円しか必要経費として控除することが許されないとし
た。
　これは、Xが事業としての不動産貸付けを行っており、経済合理性基準で
判断した判決である。

　(3)　パチンコ平和事件地裁判決
　次に、「パチンコ平和事件」と呼ばれている東京地裁平成9年4月25日判決（判
時1625・23、判例15）を検討することとする。これは、納税者が100％株式を保
有している同族会社に自己が所有している株式を購入させるため巨額の資金
を無利息で貸し付けた事案であり、利息相当額を認定できるかが問題となっ
た事件である。

　　ア　事案の概要
　Xは、下図のとおり、平成元年3月10日、その所有する甲社の株式のうち同
社の発行済株式総数の51％に相当する3000万株を、証券会社C社ほか4社を
介して、同族会社であるA社に3450億円で譲渡したが、その代金決済日であ
る同月15日に、B銀行ほか3行から、利息3.375％の約定で約3455億円を借り

入れて（①貸付）、無利息かつ返済期限を定めないで、A社に同額を貸し付けたものである（②貸付）。

そして、同日、A社は、株購入代金及び手数料として、C社等に約3455億円を支払い（③支払）、C社等は、本件株式をA社に引き渡し、株購入代金から手数料と有価証券取引税を控除した後の約3425億円をXに支払った（④支払）。同日、Xは、借入金約3455億円及びこれに対する利息約3000万円をB行等に返済した（⑤返済）。

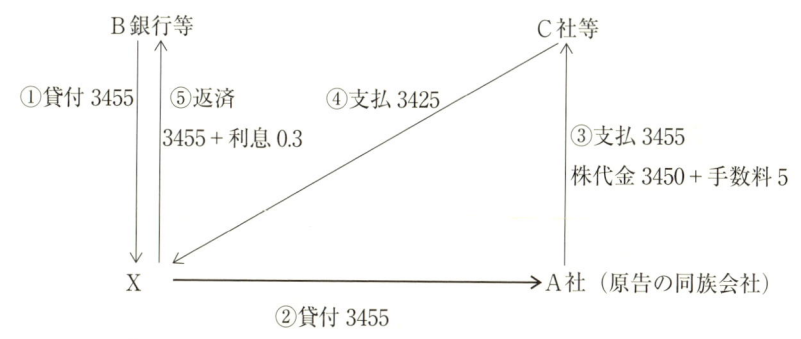

＊④の支払は、株代金 3450 − 手数料 5 − 有価証券取引税 19

（単位　億円）

この一連の取引の結果、本件株式は、XからA社に譲渡されたが、本件貸付けは引き続き無利息・無期限のままの状態で残存することとなった。この場合に、Xに利息相当額の収入があったとして課税することができるかが問題となった。

これに対し、税務署長Yは、Xに対し、所得税法157条を適用して、利息相当額の雑所得があるとして更正処分をした。

なお、本件当時、店頭銘柄株式について、発行済株式総数の25％以上に相当する株式を有する者の証券会社の媒介等による譲渡をした場合、その譲渡所得は非課税であった（昭63法109改正前所法9①十一イ・ホ、昭63政362改正前所令26③四・27の3）。

　イ　判　旨

上記東京地裁判決は、「ある個人と独立かつ対等で相互に特殊関係のない法人との間で、当該個人が当該法人に金銭を貸し付ける旨の消費貸借契約がされた場合において、右取引行為が無利息で行われることは、原則として通

常人として経済的合理性を欠くものといわざるを得ない。そして、当該個人には、かかる不自然、不合理な取引行為によって、独立当事者間で通常行われるであろう利息付き消費貸借契約によれば当然収受できたであろう受取利息相当額の収入が発生しないことになるから、結果的に、当該個人の所得税負担が減少することとなる。そして、右の消費貸借が株主等の所得税を減少させる結果となるときは、同族会社が当該融資金を第三者に対する再融資の用に供する場合でなくとも、不当に株主等の所得税を減少させる結果となるものというべきである。したがって、株主等が同族会社に無利息で金銭を貸し付けた場合には、その金額、期間等の融資条件が同族会社に対する経営責任若しくは経営努力又は社会通念上許容される好意的援助と評価できる範囲に止まり、あるいは当該法人が倒産すれば当該株主等が多額の貸し倒れや信用の失墜により多額の損失を被るから、無利息貸付けに合理性があると推認できる等の特段の事情のない限り、当該無利息消費貸借は本件規定〔筆者注・所得税法157条〕の適用対象になるものというべきである。」（下線筆者）とした。

　　ウ　検　討

　この東京地裁判決は、所得税法157条で初めて独立当事者基準を採った判決で、重要である。なお、上告審の最高裁平成16年7月20日判決（判時1873・123）でも、所得税法157条の適用が認められている。

　本件無利息貸付けは、甲社の株式をXからA社に移転させるためのものであるが、Xは、甲社の支配権を失うことなく、Xが死亡したときに、相続税を圧縮できるという無形の利益を得ているものである。Xが非同族会社に貸し付けるのであれば、利息を取るのが通常であり、Xが無利息で貸し付けたのは、A社が同族会社であって、上記無形の利益を得ることができるからである。

　なお、Xが銀行や証券会社を取引に介在させたのは、本件株式譲渡を贈与であると認定されるおそれがあったからであり、そうすると、所得税法59条で、Xに対しみなし譲渡課税がなされることとなるからであると考えられる。

　法人税法22条2項でも問題となるが、XがA社に無利息で貸し付けたことにより、そもそも所得の発生を観念できず、経済的利益の移転を認識することもできない。しかし、一般に、ある個人が独立かつ対等で相互に特殊関係のない法人との間で、消費貸借契約をした場合において、無利息で行われる

ことは、原則として通常人として経済的合理性を欠くものである(注220)。そうすると、株主等が同族会社に無利息で貸し付けた場合には、それが同族会社に対する経営努力又は社会通念上許容される好意的援助と評価できる範囲にとどまり、あるいは同族会社が倒産すると当該株主等が多額の貸倒れや信用失墜により多額の損失を被るなど無利息貸付けに合理性があると推認できる等の特段の事情がない限り、所得税法157条が適用になると考えるべきであろう。

この点、上記東京地裁判決は、「本件規定は、同族会社の行為又は計算の実体法的効力を否定するものではないから、同族会社の行為又は計算によって株主等に収入が発生せず、又は経費が発生していること等を前提にして、株主等の所得税の計算という場面において、通常の取引で認められる収入の発生又は経費の不発生等の擬制するものである。また、同族会社が正当な対価を負担することなく株主等の支配する財産、経済的価値の移転を受けることは、その財産、経済的価値が同族会社の利益発生の直接的な原因とはなっていない場合であっても、株主等の収入ひいては所得税の発生を抑制することとなり、株主等の所得税の負担を減少させる結果となる同族会社の行為ということができるから、株主等の所得税の負担減少の有無を検討するにつき原告の主張する外部からの経済的価値の流入と目される事実を要するものではないというべきである。すなわち、株主等がその有する財貨を無償若しくは低廉な対価で、又は不相当に高額の委託料を支払って同族会社に貸与又は管理委託をし、同族会社においてこれを転貸又は管理して通常の対価を取得する場合には、外部からの経済的価値の流入が想定され、株主等の所得が同族会社の介在により分散されることになるが、この場合の外部からの経済的価値の流入を株主等の所得と観念することは、結局、同族会社への収入を株主等に対する収入と同視し、いわば本件規定を同族会社の法人格を否認する規定と解するに等しく、『同族会社の行為又は計算』を否認対象とする本件規定の文言と著しく乖離する結果となるから、このように観念し得ないことも明

(注220)　これは、相手が営利を目的とする法人であるからいえることであり、相手が個人の場合には当てはまらない。個人が個人に対し無利息で貸し付けた場合には、貸主には何ら課税されないが、借主には、支払免除による受贈益贈与とみなして贈与税が課税されることになる（相法9、相基通9－10）。

らかである。」（下線筆者）とし、更に続けて、「また、株主等から不動産の無償貸与を受け、これを事業の用に供する等、株主等から移転を受けた財貨を同族会社が事業に利用する場合でも、当該財貨を直接の原因とする外部からの経済的価値の流入はないものの、当該財貨の通常の利用によって私人が取得すべき収入の発生は抑制され、他方で営利法人である会社は利用し得る財貨を合理的に運用することが期待されるから、結局、株主等から移転を受けた財貨は同族会社による利益の原因となり、株主等が得べかりし所得を減少させる結果となるのであって、右事例を転貸等の場合と区別する理由はない。」とし、利息相当額の収入が発生しているとした更正処分を適法と認めた。

　上記東京地裁判決は、東京地裁平成元年4月17日判決（判例14）で問題となったいわゆる不動産の又貸しの場合を例に出して検討しているが、この点、金銭の貸付けで検討すると次のとおりとなる。

　　（ア）　Xが独立当事者A社に金銭を貸し付けて、利息100を収受できる場合に、同族会社S社を間に入れた場合

```
┌─────────────────────────────────────────┐
│          貸付            貸付             │
│   X  ──────→ S社  ──────→ A社          │
│       利息 0         利息 100            │
└─────────────────────────────────────────┘
```

　上記の場合は、Xに所得が発生せず、外部からの経済的価値の流入もないが、本来Xが得られる経済的利益をS社に帰属させることにより、Xの所得税を減少させているのである。この場合には、所得税法157条の適用対象というべきである。

　　（イ）　Xが同族会社S社に株式を保有させるため無利息で貸し付けた場合

```
┌─────────────────────────────────────────┐
│             貸付                         │
│      X  ──────→ S社                     │
│          利息 0                          │
└─────────────────────────────────────────┘
```

　本件は、上記の場合であるが、Xは、S社に自己が所有していた株式を保有させるために、無利息で貸し付けているのであるが、S社は、株式を保有

することにより、配当を受けることができたり、キャピタル・ゲインも生じるのであり、本来Ｘが得られる経済的利益をＳ社に帰属させることにより、Ｘの所得税を減少させているのであり、前記(ア)の場合と異なるところはないと考えられる。

　このように考えると、実質的にも本件のような無利息貸付けに所得税法157条を適用すべきと考える。

5　相続税法64条関係

(1)　相続税法64条の要件

　相続税法64条1項は、下記のとおり規定している。

「同族会社等の行為又は計算で、これを容認した場合においてはその株主若しくは社員又はその親族その他これらの者と政令で定める特別の関係がある者の相続税又は贈与税の負担を<u>不当に減少させる結果となると認められるものがあるとき</u>は、税務署長は、相続税又は贈与税についての更正又は決定に際し、その行為又は計算にかかわらず、その認めるところにより、課税価格を計算することができる。」(下線筆者)

　相続税法64条1項の上記下線部分も不確定概念であり、規範的要件であり、法人税法132条1項と同様に、当該法人の株主等の相続税等を減少させることと、その減少が不当であることに分解される。

　そうすると、相続税法64条1項の要件は、下記のとおりに整理される。

①　同族会社であること
②　上記法人の行為又は計算であること
③　上記法人の株主等の相続税の負担を減少させること
④　上記減少が不当と認められること

　相続税法64条1項の適用に当たっては、上記②のとおり、同族会社の行為が必要であり、株主の単独行為は否認の対象とならない。したがって、同族会社の株主である被相続人が生前になした債務免除(単独行為)は、否認の対象とはならない(後記浦和地判昭56・2・25(判例16))。

　相続税法64条の適用が問題となった裁判例としては、①同族会社の株主である被相続人が生前になした債務免除(単独行為)が問題となった浦和地裁昭和56年2月25日判決(判例16)、②被相続人が所有する土地について被相続人が支配する同族会社との間で高額の地上権設定を締結した契約が問題とな

った大阪地裁平成12年5月12日判決（判例17）（注221）、③被相続人と同族会社間の時価の13倍を超える売買契約が問題となった大阪地裁平成18年10月25日判決（税資256順号10552）（注222）などがある。

　これらのうち①及び②の事案を検討することとする。

(2)　浦和地裁昭和56年2月25日判決

　まず、上記①の浦和地裁昭和56年2月25日判決（訟月27・5・1005、判例16）（注223）を検討する。これは、被相続人Aが昭和50年2月1日、同族会社B社に対して有していた貸金合計2200万円余りを免除したが、Aが同年7月31日に死亡後、相続人Xが上記債務免除額を相続財産に含めず申告したのに対し、Y税務署長が、相続税法64条を適用して、上記債務免除を否認し、上記貸付金等を相続財産であるとして課税した事案である。

　上記浦和地裁判決は、「同条〔筆者注・相続税法64条〕は、一定の要件のもとにおいて税務署長に同族会社の行為又は計算を否認できる旨を定めた規定であるが、同条1項にいう「同族会社の行為」とは、その文理上、自己あるいは第三者に対する関係において法律的効果を伴うところのその同族会社が行なう行為を指すものと解するのが当然である。そうだとすると、同族会社以外の者が行なう単独行為は、その第三者が同族会社との間に行なう契約や合同行為とは異って、同族会社の法律行為が介在する余地のないものである以上、「同族会社の行為」とは相容れない概念であるといわざるをえない。」とした。

　Yは、同族会社の行為、計算の否認規定が創設された沿革等を根拠として、「同族会社の行為」を「同族会社とかかわりのある行為」と解すべきであると主張したが、上記浦和地裁判決は、前記2(1)アで述べた大正12年法や同15年の改正法でも、「行為」を単独行為まで拡張したとは認められないとして、排斥した。

　債権の免除は、債権者と債務者との契約で行うことも可能ではあるものの、民法上は債権者の行う単独行為とされており（民法519）、被相続人Aの単独行

（注221）　大阪高判平14・6・13税資252順号9132（上告棄却・不受理）も、相続税法64条の適用を認めている。

（注222）　控訴審の大阪高判平19・4・17税資257順号10691（上告棄却・不受理）も、相続税法64条の適用を認めている。

（注223）　本論点とは別な論点で控訴や上告がされているが、省略する。

為とすると、同族会社の行為が存在しないこととなるから、上記浦和地裁判決は相当と考える。

(3)　大阪地裁平成12年5月12日判決

大阪地裁平成12年5月12日判決（訟月47・10・3106、判例17）は、高額の地上権設定が問題となった事案である。

ア　事案の概要

Xは、平成3年6月14日、同族会社A社を設立し、それと同時に、下図のとおり、Xの父B（当時83歳）がその所有する土地をA社に対し、駐車場事業の用に供する目的で地代年3684万円、存続期間60年として地上権を設定した。

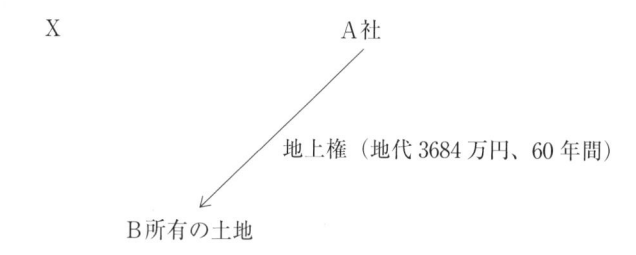

平成3年6月20日、父Bが死亡し、Xが上記土地を相続した。なお、被相続人Bの相続税は、いわゆる「A社B社方式」[注224] によりほとんど負担しないで済むようにされていた。

上記土地の更地価格での時価は、6億円であるが、この土地の評価額は、地上権割合（更地価額の90％）を控除した金額（6000万円）かが問題となった。

イ　判　旨

上記大阪地裁判決は、「駐車場経営という利用目的に照らすと、本件宅地等の使用権原を賃借権ではなく、極めて強固な利用権である地上権が設定されたことは極めて不自然であることや、本件地上権の内容も、営業収益と比較

(注224)　A社B社方式とは、被相続人が、相続開始直前に多額の財産を出資して第1同族会社であるA社を設立し、次に、A社の出資（株式）の全部を著しく低い受入価額で現物出資して第2同族会社であるB社を設立し、これによって被相続人が取得したB社の出資（株式）の価額の評価には、評価通達に定める純資産価額方式が適用され、同方式における評価差額（含み益）に対する法人税額等相当額の控除によりその評価額が減額されることによって、租税負担の回避を図るものである。なお、A社B社方式に係る出資の評価につき法人税額等相当額の控除を否定した裁判例として、大津地判平9・6・23訟月44・9・1678がある。

して余りにも高額に設定された地代の支払のためにＡ社が大幅な営業損失を生じている点及びＢの年齢を考えると、経済合理性をまったく無視したものであるといわざるを得ないことに徴するならば、本件地上権設定契約は、通常の経済人であれば到底採らないであろうと考えられるような不自然、不合理な取引であるということができ、また、評価通達25項、86項及び相続税法23条の規定によれば、本件地上権の存在を前提とした場合、本件宅地等は、自用地の価額からその90パーセント相当額を控除したものとして評価されることになるため、Ｘらの相続税の負担を大幅に減少させる結果となることが明らかである。」として、相続税法64条1項を適用して、本件地上権設定契約を否認し、賃借権の設定された土地として評価（更地価額の20％、約5億円）することができるとした。

　なお、上記大阪地裁判決は、控訴審の大阪高裁平成14年6月13日判決（税資252順号9132）で控訴が棄却され、平成15年4月8日に上告が不受理となっている。

　　ウ　検　討

　Ａ社の駐車場収入は、年間で1629万円で、3684万円の地代を支払うと大幅な赤字となるものであり、不合理であることは明らかで、上記大阪地裁判決は相当と考える。

　これに対し、田中教授は、「不当」というのは、同族会社にとって不当ということであり、Ａ社が、堅固な立体駐車場を長期にわたって安定的に営むために、60年間の期間に及ぶ地上権を設定したというのであれば、当然のことであり、不自然・不合理とはいえないとする[注225]。

　しかし、相続税法64条の「不当」は、必ずしも同族会社側だけからみて経済不合理を意味するのではなく、取引の全体が経済不合理な場合という意味である。この場合、株主側の観点も問題となることから、純粋な経済合理性基準では判定が困難であり、所得税法157条と同様の問題が生じる。パチンコ平和事件地裁判決（判例15）と同様に、補完的に独立当事者基準で判断せざるを得ない。そのように考えると、駐車場を経営するのであれば、通常は賃貸借で済み、地上権の設定までする必要がないこと、地上権の地代が上記

（注225）　田中治「相続税の評価と租税回避行為」北野弘久先生古稀記念論文集刊行会編『納税者権利論の展開』（勁草書房、平成13年）389頁

のとおり通常よりもはるかに高額であることからみて、独立当事者間であれば、あり得ない地上権設定と考えられる。

6　同族会社の行為計算否認規定における論点の検討

(1)　行為と計算の意義

　同族会社等の行為計算否認規定において、「行為」と区別して「計算」が規定されたのは、前記のとおり、大正15年の改正法が最初である。「行為」に加えて「計算」も規定した趣旨について、大正15年の第51回貴族院特別委員会における主税局長答弁では、行為・計算にとどまらず、計算だけによる場合にも対象を拡大するためであるとして、例えば、計算だけによる場合として、過大出資による減価償却費の計上を例に挙げている。また、大蔵省の関係者であった志達定太郎は、行為の結果の計算が別な事業年度にわたる場合にも適用対象を拡大するためであると説明している(注226)。

　しかし、過大出資による減価償却費の計上の場合、過大出資という「行為」も前提でなされているのであり、この場合が「計算」だけの否認の場合であるのか疑問であるなど、「計算」を加え得る立法趣旨は明確ではない(注227)。

　さりながら、上記改正の趣旨が、少なくとも、行為計算否認規定の適用対象を広げることにあったことは間違いがなく、上記の主税局長答弁や志達氏の著書からうかがえることは、「行為」とは、同族会社とその他の者との間の取引等の外部的行為であるのに対し、「計算」とは同族会社の内部計算であり、これらを区別する意味は、行為計算否認規定の適用の仕方の違いにあるのであり、税務署長が行為計算否認規定を適用してその認めたところより計算するに当たり、「行為」を否認して「計算」をも変更する場合と、「行為」は否認せずに「計算」のみを否認する場合とがあり、税務署長がそれらを選択できるということにあると考えられる。

　このように考えると、結論としては、「行為」とは、同族会社とその他の者との間の取引等の外部的行為であるのに対し、「計算」とは同族会社の内部計算であると考える。

（注226）　志達・前掲会社所得税及営業収益税240頁
（注227）　清永・租税回避の研究320〜324頁

(2)　「不当」の判断基準

　ア　従来の見解

　「不当」の判断基準については、裁判例は、大きく分けると、〈A説〉同族・非同族対比基準：同族会社なるがゆえに容易になし得る行為・計算がこれに当たるとするもの（明治物産事件最高裁判決（判例8）の1審の東京地裁昭和26年4月23日判決（民集12・8・1266）等）、〈B説〉経済合理性基準：純経済人の行為として不合理・不自然な行為・計算がこれに当たるとするもの（上記明治物産事件最高裁判決の控訴審の東京高裁昭和26年12月20日判決（民集12・8・1271）、最高裁昭和53年4月21日判決（判例10）等）、〈C説〉経済合理性基準に独立当事者基準を含むとする見解：経済合理性基準を補完するものとして、独立当事者基準に照らしこれと異なる場合も含むとするもの（IBM事件高裁判決（判例13））がある。

　C説は、経済合理性基準を補完する基準として独立当事者基準を用いているとすると、B説に含まれると考えることもできるが、純粋な経済合理性基準の考え方と区別するため、C説とする。

　イ　金子教授の見解

　金子教授は、『租税法〔第16版〕』では、「行為・計算が経済的合理性を欠いている場合とは、それが異常ないし変則的で租税回避以外に正当な理由ないし事業目的が存在しないと認められる場合のみではなく、独立・対等で相互に特殊関係のない当事者間で通常行われる取引（アメリカ租税法でarm's length transaction（独立当事者間取引）と呼ばれるもの）とは異なっている場合をも含む、と解するのが妥当であろう。」として、「したがって、否認の要件としては、経済合理性を欠いた行為または計算の結果として税負担が減少すれば十分であって、租税回避の意図ないし税負担を減少させる意図が存在することは必要でないと解される。」としていたが（下線筆者）(注228)、『租税法〔第17版〕』では、「行為・計算が経済的合理性を欠いている場合とは、それが異常ないし変則的で租税回避以外に正当な理由ないし事業目的が存在しないと認められる場合のことであり、独立・対等で相互に特殊関係のない当事者間で行われる取引（アメリカ租税法でarm's length transaction（独立当事者間取引）と呼ばれるもの）と異なっている取引にはそれにあたる場合と解すべき場合が少なくないであろう。」とし、「この規定の解釈・適用上問題となる主要な論点は、当該の具体的な行為計算が異常ないし変則的である

といえるか否か、その行為・計算を行ったことにつき正当な理由ないし事業目的があったか否か、および租税回避の意図があったと認められるか否か、である。」（下線筆者）[注229]と修正している。第16版と第17版との記述の違いは、微妙ではあるが、第16版では、下線のとおり、経済合理性欠如＝租税回避以外に理由がない場合＋独立当事者間と異なる取引としていたのに対し、第17版では、経済合理性欠如＝租税回避以外に理由がない場合（独立当事者間と異なる取引を含む。）とし、また、上記のとおり、第16版では、租税回避の意図は不要であるとしていたのに対し、第17版では、「不当」の判断基準の1つとしている。もっとも、金子教授は、『租税法〔第21版〕』では、この第3の基準〔租税回避の意図があったと認められるか否か〕は、「上記②の基準〔筆者注・その行為・計算を行ったことにつき正当な理由ないし事業目的があったか否か〕の主観的側面であり、繰り返しであるので削除する。」とし[注230]、さらに第22版では、第3の基準を削除することを前提とした上で、「ただし、②の基準の適用において問題となることが多い」と修正している[注231]。金子教授の第16版の記述は、上記C説と考えられるが、第17版の記述も、一応上記C説の1つと考えられよう。

　金子教授が経済合理性基準に補完的な基準として独立当事者基準を追加するのは、第1に、米国の内国歳入法典482条が関連者間取引の否認規定であり、我が国の同族会社行為計算否認規定と類似していることから参考になること、第2に、純粋な経済合理性基準だと、取引社会では、税効果も考慮して取引をするのが通例であるとして、税効果も含めて経済合理性を判断すべきであるとする反論がなされることから、税効果を考慮しない独立当事者基準を補完的な基準として用いることを提唱されていると考えられる。

　このような独立当事者間基準に基づく考え方は、裁判例においては、パチンコ平和事件地裁判決（判例15）で採用されたが、IBM事件高裁判決（判例13）でも採用されている。

　　ウ　筆者の見解
　　　（ア）　独立当事者基準の意義
　筆者は、上記C説も魅力的であると考えるが、一方で、経済合理性の欠如

（注229）　金子宏『租税法〔第17版〕』（弘文堂、平成24年）431頁
（注230）　金子・前掲租税法第21版（注68既出）478頁
（注231）　金子・租税法第22版499頁

になぜ独立当事者原則が含まれるのかの疑問も生じる。独立当事者原則は、移転価格税制でも用いられているが、租税法の様々な領域で用いられる広汎な判断基準である。独立当事者基準は、経済合理性基準よりもむしろ上位基準ではないかとも考えられる。また、パチンコ平和事件地裁判決（判例15）では、当該株主が貸金業を営んでいないことから経済合理性基準がなじむかが問題となり、独立当事者基準が採用されたと考えられるが、IBM事件高裁判決（判例13）のような法人間の取引の場合には、非同族対比基準とどのように違うのかが問題となり、また、非同族対比基準と同様にその判断は容易ではない。

　それにもかかわらず、金子教授が、独立当事者基準を用いるのは、前記イのとおり、純粋な経済合理性基準だと、税効果も含めて経済合理性を判断すべきとの反論があるからと考えられる。確かに、経済界の人達からこのような疑問が示されることが多いが、経済合理性基準にしろ、事業目的基準にしろ、比較すべきは、租税上の便益を得る目的と税引き前の経済合理性ないし事業目的と考えるべきである。経済合理性基準や事業目的基準は、あくまでも租税法上の判断基準で、租税上の便益を得る目的が主であるか否かを判定するためのものであり、その判定に当たり、税引き後の経済合理性ないし事業目的と比較すると、そのような判定の考え方に矛盾し、無意味となるからである。この点は、オーストラリアの1996年のSpotless事件高等法院判決（判例29）でも検討された問題であり、高等法院は、税引き前の事業目的と比較すべきであるとしているところである（同事件の「検討」参照）。

　　（イ）　租税回避の意図の要否
　他方で、「不当」の判断に当たり、租税回避の意図の有無も判断基準となるかが問題となる。金子教授は、前記イのとおり、第16版では不要としていたが、第17版では、判断基準の1つであるとしている。

　IBM事件高裁判決（判例13）において、X社は、前記イの金子教授の第17版における見解を一歩進めて、法人税法132条の「不当」というためには、「専ら租税回避目的と認められること」を要すると主張した。しかし、IBM事件高裁判決は、「……法人税法132条1項の『不当』か否かを判断する上で、同族会社の行為又は計算の目的ないし意図も考慮される場合があることを否定する理由はないものの、他方で、X社が主張するように、当該行為又は計算が経済的合理性を欠くというためには、租税回避以外に正当な理由ないし事業

目的が存在しないと認められること、すなわち、<u>専ら租税回避目的と認められることを常に要求し、当該目的がなければ同項の適用対象とならないと解することは、同項の文理だけでなく上記の改正の経緯にも合致しない。</u>」（下線筆者）とし、さらに「しかも、法人の諸活動は、様々な目的や理由によって行われ得るのであって、必ずしも単一の目的や理由によって行われるとは限らないから、同族会社の行為又は計算が、租税回避以外に正当な理由ないし事業目的が存在しないと認められるという要件の存否の判断は、極めて複雑で決め手に乏しいものとなり、X社主張のような解釈を採用すれば、税務署長が法人税法132条1項所定の権限を行使することは事実上困難になるものと考えられる。そのような解釈は、同族会社が少数の株主又は社員によって支配されているため、当該会社の法人税の税負担を不当に減少させる行為や計算が行われやすいことに鑑み、同族会社と非同族会社の税負担の公平を図るために設けられた同項の趣旨を損ないかねないものというべきである。」としている。

　前記2（1）イの立法経緯のとおり、昭和25年の改正で「法人税を免れる目的があると認められるものがある場合」との規定が、現行法の「法人税の負担を不当に減少させる結果となると認められるものがあるとき」と改正された趣旨が、主観的な意思や意図が必要でないことを明らかにすることであったのである。このような立法趣旨や文言からみて、同族会社の計算否認規定には、租税回避の意図は必要ではないと考える。

　　（ウ）　小　括

　しかし、翻って、同族会社等の行為計算否認規定の立法経緯を考えてみると、前記2（1）イのとおり、元々は、客観的な意味での目的基準であったと考えられる。そうすると、経済合理性基準というのは、経済合理性テストを満たす場合には、客観的にみて、税負担減少目的が主であるということを意味しており、その意味で、主観的な認識や意図は、それが認められるのであれば、考慮事情にはなり得るが、必ずしも必要ではないということと考えられる。

　このような租税回避目的といった要件の租税回避否認規定の場合、文言が抽象的で広汎であることから、裁判所が、これを合理的に制限することは、オーストラリアやニュージーランドでもみられたことであり（第3章第2節の2（1）ア及び3（1）参照）、我が国の経済合理性テストもそのように「租税回

避目的」といった要件を制限するテストとみるべきであろう。

　また、独立当事者基準も、同族会社等の計算否認規定が目的基準と考えると、租税回避の目的が客観的に認められるための補完的なテストであると考えることができる(注232)。すなわち、筆者の考えを図式的にいうと、租税回避目的＝（not経済合理性）or（not独立当事者間取引）ということになる。筆者の見解は、上記B説やC説の1つではあるが、「不当」が、元々は客観的な意味での租税回避目的であることを明らかにするため、「目的基準としての経済合理性テスト」ということとする。

　このような考えは、明治物産事件最高裁判決（判例8）の控訴審の東京高裁昭和26年12月20日判決（民集12・8・1271）でも、「法人税逋脱の目的ありと認められるためには、若し税金逋脱の目的を抜きにして見た場合、純経済人の選ぶ行為形態として不合理なものであると認められる場合でなければならない」と既に示されていたところである。

　筆者のいう「目的基準としての経済合理性テスト」の意味を図示すると、下図のとおりとなる。

　　昭和25年法人税法の改正
　　　「法人税を免れる目的があると認められるものがある場合」
　　　　　　　　　　　　　　↓
　　「法人税の負担を不当に減少させる結果となると認められるものがある
　　　とき」

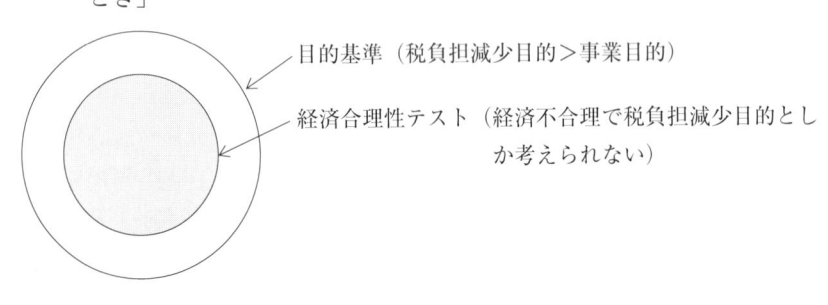

　　　　　　　　　　　　目的基準（税負担減少目的＞事業目的）

　　　　　　　　　　　　経済合理性テスト（経済不合理で税負担減少目的とし
　　　　　　　　　　　　　　　　　　　　　　か考えられない）

<hr />

（注232）　関根検事は、同族会社の行為計算否認規定が、立法の沿革から見て、講学上の租税回避の観念（第1章第3節の1(1)で述べたかつての通説の採っていた狭い定義）とは異なることを根拠に、C説を採るのが相当とする（関根・前掲訟月61巻1号別冊198,230頁）。しかし、同族会社の行為計算否認規定が、講学上の租税回避の観念と異なることは確かであるが、C説を採る根拠としては、それだけでは不十分で、本文で書いたとおり、目的基準においてこれを限定する基準として合理性を有するからと考える。

　すなわち、目的基準は、税負担減少目的と事業目的とを比較して前者が主である場合を租税回避として捉える考え方であるが、経済合理性テストは、このような目的を問題とするのではなく、客観的にみて経済不合理で税負担減少目的としか考えられないこと、言い換えると、「経済不合理」とは、事業目的が欠如しているか又は事業目的が少ない場合を意味するのであるから、①事業目的が欠如していて税負担減少目的以外全く考えられない場合、あるいは、②事業目的が存在しているものの税負担減少目的がこれを上回ることが明らかな場合を意味していると考えられる。そうすると、少なくとも経済合理性テストで不合理と判断される場合には、目的基準を満たすという意味で、我が国では、同族会社等の行為計算否認規定の「不当」の判断に当たり、経済合理性テストが用いられていると考える。もっとも、ここで経済合理性テストといっても、「経済不合理であれば、税負担減少目的以外考えられない」とする素朴なテストであり、その内容は、米国の経済実質原則（第3章第2節の1⑹参照）と比べてもかなり素朴なものである。

　同族会社等の行為計算否認の「不当」のこのような捉え方と、第1章第3節の3⑴アの筆者の租税回避の定義との関係は、目的基準は、筆者の定義の②の主観的要件に対応するものであるが、目的基準は、このような主観的要件を満たせば、租税法規の趣旨にも反するとする考えに基づくものであると考えられる。しかし、目的基準は、広くなりすぎるため、経済合理性テストで限定していると考えられるのである。

⑶　「不当」の判断方法

ア　反対事実のテスト

　「不当」であるとの判断に当たり、課税庁が、納税者の選択した法形式とは異なる「反対事実」を示さなければならないのかが問題となる。オーストラリアのGAARの2013年の改正の契機となった問題である（第3章第2節の2⑸参照）。

　これについては、経済合理性が全くない場合には、そのような取引をしなければよいということになり、反対事実を観念できない。したがって、この場合には、反対事実を示すことは不要である。例えば、広島地裁平成2年1月25日判決（判例11）がその例である。

　一方、経済合理性が一部でも考えられる場合には、課税庁において反対事実を示すことが必要と考える。

　イ　一連の行為としての把握

　次に、同族会社等の行為計算否認規定を適用するに当たり、個々の取引を一連の取引としては把握することが許されるかが問題となる。この点は、スリーエス事件地裁判決（判例12）でも論じたところであるが、明治物産事件最高裁判決（判例8）以来、裁判例は、同族会社行為計算否認規定の適用に当たり、「一連の行為」を問題としており、これは、「不当」という規範的要件の当てはめに当たっての事実認定の在り方である。租税回避の意図があることにより、これを接着剤として、個々の取引を一連の取引としてみているのではない(注233)。

　また、このような一連の取引を個々的な契約に分解するのではなく、全体としてどのような効果や意味をもっているかを分析する方法は、外税事件最高裁判決（判例1）やフィルムリース事件最高裁判決（判例6）でも採られているところである。

　さらには、英国の判例で採用されているラムゼイ・アプローチは、「究極の問題は、関係する制定法の規定が、目的的に解釈したとき、現実的にみて（viewed realistically）、当該取引に適用されることを意図したものかどうかである。」とのアローダウン・テストに要約されるが、これは、租税法規の要件の目的的解釈とその当てはめの問題であり、当該要件が現実の効果を問題とするのであれば、その要件に則した事実の当てはめをすべきであり、そのような当てはめにおいて個々的な契約ではなく、一連の取引としてみたときの現実的な効果をみることとされているが(注234)、そのような考え方とも軌を一にするものである。

　(4)　対応的調整の要否

　平成18年度改正で、同族会社等の行為・計算の否認規定の適用により法人税、所得税、相続税、贈与税又は地価税のいずれかにつき増額更正が行われた場合には、それに連動して他の租税の更正・決定を行うことができる旨明

（注233）　規範的要件の意義や「不当」という要件の意義については、拙稿「不確定概念に係る要件事実論」伊藤滋夫＝岩﨑政明編『租税訴訟における要件事実論の展開』（青林書院、平成28年）225頁を参照されたい。

（注234）　拙稿・前掲租税研究2017年2月号（注180既出）240頁以下

文化された（法法132条3項、所法157条3項、相法64条2項、地価税法32条3項）。これら
の規定は、文言上は、増額更正を想定していて、対応的調整としての減額更
正は認められていないと考えられる。

　上記改正前から、対応的調整の要否が裁判例で争われている。東京地裁平
成元年4月17日判決（判例14）は、「所得税法157条に基づく法人の行為計算の
否認及び計算を行うためには、当該行為計算を容認すれば、株主その他右の
法人と所定の関係にある者の所得税の負担を不当に減少させる結果となるこ
とを必要とするけれども、右の所得税の負担に加えて当該法人の法人税の負
担を総合し、ないしはこれを斟酌したものを不当に減少させる結果となるこ
とまでをも必要としていないことは、同条の規定上明らかである」として不
要であるとし、これを支持するのが多数説である[注235]。

　一方、東京高裁平成10年6月23日判決（税資232・755）は、「……同族会社の行
為・計算の否認は、適正所得の把握のために行われるものであって、現実の
行為の結果に影響させようとするものではない。しかしながら、行為・計算
の否認は、実質的に公平な課税を行うために所得を適正に把握しようとする
制度であり、かつ、現実になされた相互に関連し一応整合性を有する一連の
行為・計算を否認して、別の行為・計算に引き直すものであるから、現実に
なされた行為・計算の一部のみを取上げて否認するのは必ずしも妥当ではな
く、これと必然的に関連する他の部分をも否認して計算をし直すことが妥当
な場合が多いと考えられる（被控訴人は、右のような関連する事項にわたる
否認を行うことは、所得税法157条1項の文理が予定している否認対象の範囲
を逸脱するというが、必ずしもそのようには断定できない。）。したがって、
行為・計算を否認することにより、全体として所得の正確かつ実質的把握に
資するようにすべきであって、一部の行為・計算のみの否認が全体として正
確かつ実質的把握を損なう場合には、問題があるとしなければならない。」と
して、必要であるとした。

　しかし、同族会社の行為計算否認規定は、あくまでも問題となっている行

為を税法上擬制するものにすぎず、解釈論としては、不要と考える。

(5)　理由の差替え

同族会社等の行為計算否認規定は、法人税法132条を始め、「更正及び決定」の章に規定されている。そのようなことなどを根拠に、裁決段階で、同族会社の行為計算否認規定を主張することは許されないとする見解がある(注236)。この理は、訴訟段階にも当てはまるものと考えられる(注237)。これに対し、東京高裁昭和48年3月14日判決（行集24・3・115）は、昭和25年の法人税法31条の3についてのものではあるが、「<u>同族会社についての課税標準および税額等を計算する規定にほかならず</u>、右規定を適用して行為計算を否認して計算した標準および税額に基づき、前記更正、決定もしくは再更正の規定によりこれらの処分をなしてはじめて前記の如く課税標準および税額が確定し、租税債務が確定するのであつて、同族会社の行為計算の規定を適用して、課税標準および税額を計算した過程だけで租税債務が確定されたものとはいい難い。」（下線筆者）として、同族会社の行為計算否認規定は、課税標準や税額を確定する独自の処分とはいえないとしている。

法人税法132条が「更正及び決定」の章に規定されているのは、納税者の申告調整事項ではなく、税務署長が更正処分をする場合の計算規定にすぎないからである。総額主義の下、同族会社行為計算否認規定もそのような計算規定の1つとして、裁決段階及び訴訟段階での主張も許されると考える。

法人税法132条は、単なる確認規定ではなく、創設的規定であるが、その意味は事実認定を理由とする納税者の主張する事実を否定するとの意味での「否認」ではなく、納税者の主張する事実をあくまでも擬制として引き直しを認めるとの意味での「否認」を認める趣旨であり、更正処分としてでなければ適用できないとの意味ではない。

このように訴訟段階での同族会社の行為計算否認規定の新たな主張は、訴訟実務においても認められている(注238)。

（注236）　金子・租税法第22版501頁
（注237）　訴訟段階での主張が許されないとする見解としては、田中治「同族会社の行為計算否認規定の発動要件と課税処分取消訴訟」税法学546号194頁がある。
（注238）　東京地判平8・11・29判時1602・56

第3節　その他の行為計算否認規定

1　組織再編成に係る行為計算否認規定

（1）　組織再編成の意義と行為計算否認規定の意義

ア　組織再編税制の意義

組織再編税制については、組織再編成税制編で詳細に論じられるところであるが、ここでは必要な範囲内で簡潔に述べることとする。

我が国の組織再編税制は、平成13年度の法人税法の改正で導入された制度であり、合併・分割等に伴う資産又は負債の移転について、原則として時価による譲渡があったものとして資産等を移転した法人の各事業年度の所得の計算を行うことを明定した上（法法62①）、合併、分割、現物出資及び事後設立の4種類の組織再編成のうち一定の要件を満たすもの（いわゆる「適格組織再編成）については、帳簿価額の引継ぎによる課税の繰延べを認めるものである（法法62の2①）。

この組織再編税制の立法趣旨については、平成13年度の法人税法改正に当たっての税制調査会の法人課税小委員会が、平成12年10月3日付で公表した「会社分割・合併等の企業組織再編成に係る税制の基本的考え方」（以下「基本的考え方」という。）（注239）で立法に当たっての基本方針が述べられているところである。

この「基本的考え方」によると、移転資産に対する支配の継続と株主の投資の継続を根拠として、課税の繰延べを認めるとしている。ここで注目すべき点は、米国の組織再編成税制においては、投資利益の継続性（continuity of interest）が譲渡損益の繰延べの根拠とされているが、「基本的考え方」は、株主については、投資利益の継続性の考え方に基づいているものの、法人については、移転資産に対する支配の継続を譲渡損益の繰延べの根拠としていることである。これは、米国の場合には、組織再編成税制が問題となるのが主に小規模会社であり、その場合には、会社を株主のものとみることになじむことから、投資利益の継続性の考え方で説明が可能であるのに対し、我が国

（注239）　http://www.cao.go.jp/zeicho/tosin/zeichog4.html（平成29年8月22日最終確認）

の組織再編成税制は、立法当時の経済界のニーズ^(注240)からみても、上場企業等の大会社を主に念頭に置いており、そのような大規模会社の場合には、企業グループを形成していることが多く、企業グループ内の移転の場合には、移転資産に対する支配がまだ継続しており、移転資産の譲渡損益を認識すべきでないとの考え方に基づくものと考えられる^(注241)。

　　イ　組織再編成に係る行為計算否認規定の意義

　組織再編成に係る行為計算否認規定は、上記平成13年度の法人税法改正で組織再編成税制が導入されたことに伴い導入された制度である。前記「基本的考え方」によると、「組織再編成の形態や方法は、複雑かつ多様であり、資産の売買取引を組織再編成による資産の移転とするなど、租税回避の手段として濫用されるおそれがあるため、組織再編成に係る包括的な租税回避防止規定を設ける必要がある。」（下線筆者）とされている。

　具体的には、「改正税法のすべて」^(注242)によると、「組織再編成を利用した租税回避行為の例として、①繰越欠損金や含み損のある会社を買収し、その繰越欠損金や含み益を利用するために組織再編成を行う、②複数の組織再編成を段階的に組み合わせることなどにより、課税を受けることなく、実質的な法人の資産譲渡や株主の株式譲渡を行う、③相手先法人の税額控除枠や各種実績率を利用する目的で、組織再編成を行う、④株式の譲渡損を計上したり、株式の評価を下げるために、分割等を行うなどの方法が考えられるところ、このうち、繰越欠損金や含み損を利用した租税回避行為に対しては、個別に防止規定（法法57③・62の7）を設けるが、これらの組織再編成を利用した租税回避行為は、上記のようなものにとどまらず、その行為の形態や方法が相当に多様なものとなると考えられることから、これに適正な課税を行うことができるよう包括的な組織再編成に係る租税回避防止規定が設けられた。」とされている。

　なお、平成13年度の改正で、このような組織再編成を利用した相続税や贈

（注240）　立法当時、長期信用銀行であった日本興業銀行と都市銀行であった第一勧業銀行及び富士銀行の合併によるみずほ銀行の設立などが問題となっていた。
（注241）　朝長英樹「企業組織再編成に係る税制について」『企業組織再編成に係る税制についての講演録集』（日本租税研究協会、平成13年）25頁
（注242）　前掲改正税法のすべて　平成13年版244頁

与税の回避がなされるおそれがあることから、相続税法64条4項において、相続税や贈与税における組織再編成に係る行為計算否認規定が設けられた。このような立法経緯からみて、相続税法64条4項の「不当」は、法人税法132条の2の「不当」と同義と考えられる。

(2)　組織再編成に係る行為計算否認規定の要件

法人税法132条の2は、次のとおり規定している。

「税務署長は、合併、分割、現物出資若しくは現物分配（……）又は株式交換若しくは株式移転（以下この条において「合併等」という。）に係る次に掲げる法人の法人税につき更正又は決定をする場合において、その法人の行為又は計算で、これを容認した場合には、合併等により移転する資産及び負債の譲渡に係る利益の額の減少又は損失の額の増加、法人税の額から控除する金額の増加、第1号又は第2号に掲げる法人の株式（……）の譲渡に係る利益の額の減少又は損失の額の増加、みなし配当金額（……）の減少その他の事由により法人税の負担を<u>不当に減少させる結果となると認められるものがあるとき</u>は、その行為又は計算にかかわらず、税務署長の認めるところにより、その法人に係る法人税の課税標準若しくは欠損金額又は法人税の額を計算することができる。

1号　合併等をした法人又は合併等により資産及び負債の移転を受けた法人

2号　合併等により交付された株式を発行した法人（前号に掲げる法人を除く。）

3号　前2号に掲げる法人の株主等である法人（前2号に掲げる法人を除く。）」（下線筆者）

法人税法132条の2の要件は、次のとおりである。

① 合併等に関係する法人

ⓐ 合併等をした法人又は合併等により資産及び負債の移転を受けた法人

or

ⓑ 合併等により交付された株式を発行した法人

or

ⓒ ⓐ及びⓑの法人の株主等である法人

② 上記法人の行為又は計算であること

③ 上記法人の法人税の負担を減少させること

④ 上記減少が不当と認められること

ここで④の要件は、「不当と認められること」という評価であり、いわゆる規範的要件であって、評価根拠事実と評価障害事実との総合判断で最終的に判断される要件である。

法人税法132条の2の適用が問題となった裁判例としては、①「ヤフー事件」と呼ばれている最高裁平成28年2月29日第一小法廷判決（判例18）、②「IDCF事件」と呼ばれている最高裁平成28年2月29日第二小法廷判決（民集70・2・470）がある。なお、このヤフー事件やIDCF事件で問題となったのは、平成22年改正前の規定であり、1号が「合併等をした一方の法人又は他方の法人」と規定されていた。

(3) ヤフー事件最高裁判決

「ヤフー事件」と呼ばれている最高裁平成28年2月29日判決（民集70・2・242、判例18）は、被合併法人の繰越欠損金を控除できるかが問題となった事件である。

ア 事案の概要

X社（資本金74億円、年商2207億円、従業員2647人）は、インターネットにおける情報提供サービス業等を営む一部上場会社である。X社の代表取締役甲は、平成20年11月21日、X社の筆頭株主（42%保有）であるコンピュータ等の会社の事業活動を支配する持株会社であるA社（資本金1876億円）の代表取締役乙から、A社が100%の株式を保有するデータセンター事業を営むB社（資本金1億円、年商98億円、従業員115人）を分割の上、傘下に収めることを提案した。

この提案に基づき、X社は、下図のとおり、平成21年2月24日、A社からB社の全株式を450億円で買収し（図③、以下「本件買収」という。）、グループ法人にした後、同年3月30日、B社を吸収合併しており（図④、以下「本件合併」という。）、適格合併（法法2十二のハイ）に該当する。しかし、X社がB社と資本関係が生じたのは、本件買収の時からであり、いまだ5年を経過しておらず、資本金、年商及び従業員数等が格段に違うことから、共同事業であるとの要件を満たさず、原則として、X社においてB社の欠損金542億円（欠損金②）を引き継ぐことはできない（法法57条3項）。

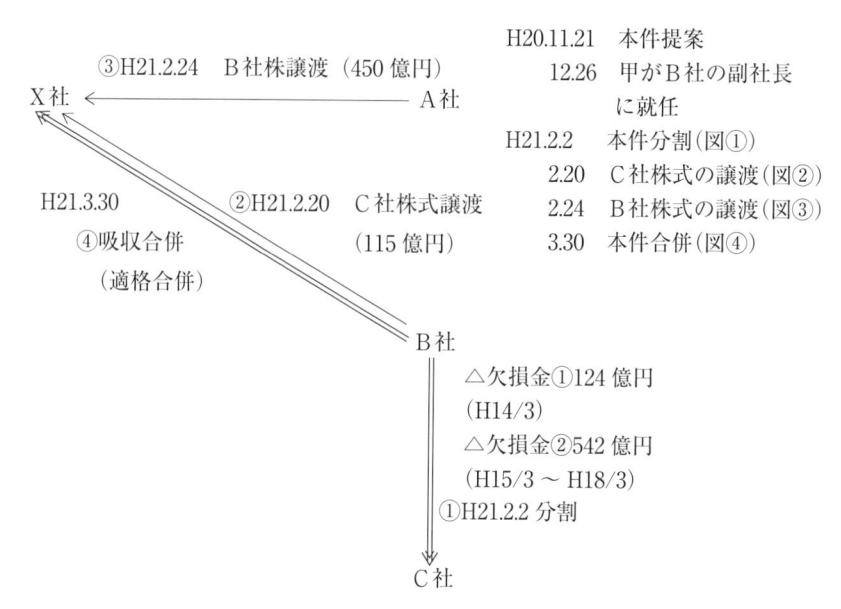

ところが、Ｘ社は、本件合併前の平成20年12月26日にＸ社の代表取締役甲がＢ社の取締役副社長に就任していることから（以下「本件副社長就任」という。）、特定役員引継要件（平22政51改正前法令112⑦五、現行：法令112③五）を満たしており、法人税法57条3項で規定している例外の場合に当たるとして、Ｂ社の欠損金542億円を引き継げると主張している。これに対し、Ｙ税務署長は、本件副社長就任が、特定役員引継要件に形式的に当たるとしても、法人税法132条の2が適用されるとして、Ｘ社によるＢ社の欠損金542億円の引継ぎを否認した[注243]。

なお、Ｃ社は、本件買収前の平成21年2月2日にＢ社からの分割（図①）により生じた会社であり、Ｃ社は、Ｂ社が同年2月20日に分割により取得したＣ社の株式をＸ社に115億円で譲渡していることから（図②）、分割後にＢ社による完全支配関係の継続が見込まれていなかったので（法令4の2⑥）、非適格分割であるとして、Ｂ社の欠損金124億円（欠損金①）が実質的に転嫁したと考えられる資本調整勘定100億円が計上できるとして主張し、これに対し、Ｙ税務署長が、法人税法132条の2を適用して、資本調整勘定の計上を否認した。

（注243）　IDCF事件を含め事案の詳細は、拙著・濫用法理202頁以下を参照されたい。

このC社に対する課税処分が問題となったのが、「IDCF」事件である。

　　イ　判　旨

　　　（ア）　1審及び控訴審判決

　1審の東京地裁平成26年3月18日判決（訟月60・9・1857）は、「同条〔筆者注・法人税法132条の2〕が定める『法人税の負担を不当に減少させる結果となると認められるもの』とは、（ⅰ）法132条と同様に、取引が経済的取引として不合理・不自然である場合（……）のほか、（ⅱ）組織再編成に係る行為の一部が、組織再編成に係る個別規定の要件を形式的には充足し、当該行為を含む一連の組織再編成に係る税負担を減少させる効果を有するものの、当該効果を容認することが組織再編成の趣旨・目的又は当該個別規定の趣旨・目的に反することが明らかであるものも含むと解することが相当である。」（下線筆者）とし、「不当」に当たると判示し、本件副社長就任は、当時の法人税法施行令112条7項5号（現行：3項5号）等の趣旨・目的に反するとして、X社によるB社の欠損金の引継ぎは認められないとした。

　控訴審の東京高裁平成26年11月5日判決（訟月60・9・1967）も、1審の上記判断を是認した。

　　　（イ）　最高裁判決

　これに対し、最高裁平成28年2月29日判決は、「同条〔筆者注・法人税法132条の2〕の趣旨及び目的からすれば、同条にいう『法人税の負担を不当に減少させる結果となると認められるもの』とは、法人の行為又は計算が組織再編成に関する税制（以下「組織再編税制」という。）に係る各規定を租税回避の手段として濫用することにより法人税の負担を減少させるものであることをいうと解すべきであり、その濫用の有無の判断に当たっては、①当該法人の行為又は計算が、通常は想定されない組織再編成の手順や方法に基づいたり、実態とは乖離した形式を作出したりするなど、不自然なものであるかどうか、②税負担の減少以外にそのような行為又は計算を行うことの合理的な理由となる事業目的その他の事由が存在するかどうか等の事情を考慮した上で、当該行為又は計算が、組織再編成を利用して税負担を減少させることを意図したものであって、組織再編税制に係る各規定の本来の趣旨及び目的から逸脱する態様でその適用を受けるもの又は免れるものと認められるか否かという観点から判断するのが相当である。」（下線筆者）と判示し、上記東京高裁平成26年11月5日判決の判断が上記趣旨をいうものとして是認した。

　ウ　検　討
　（ア）　法人税法132条の2の「不当」の意義
　上記最高裁判決は、組織再編成の形態や方法が複雑かつ多様であるため、これを利用する巧妙な租税回避が行われやすく、租税回避の手段として濫用されるおそれがあることから、税負担の公平を維持するため設けられたとの法人税法132条の2の趣旨・目的から、前記イ（イ）のとおり、同条の「不当」とは、組織再編成の各規定の濫用であると判示したのである。

　これは、前記「基本的考え方」で、法人税法132条の2の趣旨目的について、「組織再編成の形態や方法は、複雑かつ多様であり、資産の売買取引を組織再編成による資産の移転とするなど、<u>租税回避の手段として濫用されるおそれがあるため、組織再編成に係る包括的な租税回避防止規定を設ける必要がある。</u>」（下線筆者）との考えに依拠するものである。

　一方、X社は、法人税法132条の2の「不当」とは、経済不合理性を意味し、法人税法132条における金子教授の見解（注244）に依拠して、「私的経済取引として異常又は変則的で、かつ、租税回避以外に正当な理由ないし事業目的が存在しない場合」に限られると主張した。しかし、法人税法132条の2の立法経緯から見て、経済不合理の場合にだけ限定するのであれば、あえて同規定を立法する必要はなく、X社の主張は相当でない。そこで、前記イ（ア）のとおり、1審や控訴審判決は、経済不合理性の場合だけでなく、組織再編成や個別規定の趣旨・目的に反する場合も含むとしたものである。

　これに対し、上記最高裁判決は、法人税法132条の2の趣旨・目的により忠実に即し、端的に、組織再編成の各規定の濫用であると判示したものである。これは、租税回避をどのようにとらえるかの議論にも関係しているが、租税回避を租税法規の趣旨・目的に反する濫用の場合ととらえる考え方につながる考え方であり、第1章第3節3（1）で述べた租税回避の本質に即した考え方であり、相当と考える。

　（イ）　「不当」の具体的な判断基準
　法人税法132条の2の適用に当たっては、「不当」に当たるか否かの判断が最も重要である。そこで、ヤフー事件最高裁判決に基づいて、「不当」についての具体的な判断基準を検討することとする。

（注244）　金子・前掲租税法第20版（注68既出）471頁

　　（ｉ）　ヤフー事件最高裁判決の分析

　前記イ（イ）のとおり、上記最高裁判決は、法人税法132条の「不当」を組織
再編成の各規定の濫用であるとし、具体的は、①当該法人の行為又は計算が、
通常は想定されない組織再編成の手順や方法に基づいたり、実態とは乖離し
た形式を作出したりするなど、不自然なものであるかどうか（以下「態様の
不自然性」という。）、②税負担の減少以外にそのような行為又は計算を行う
ことの合理的な理由となる事業目的その他の事由が存在するかどうか（以下
「事業目的等の有無」という。）等の事情を考慮した上で、「組織再編成を利
用して税負担を減少させる意図」（以下「税負担減少意図基準」という。）と
「組織再編成の各規定の本来の趣旨・目的から逸脱する態様」（以下「態様逸
脱基準」という。）の2つの観点から判断するとしている（注245）。ここで上記最
高裁判決は判示している「観点」というのは、最高裁が用いる独特の表現で
あるが、「基準」よりもルールとしての拘束が少し弱いとのニュアンスで用い
ており、最高裁が下級審に判断基準として強い拘束を与えることを避け、下
級審に解釈の余地を残すための表現と考えられる。しかし、このような用語
の使い方を前提にすると、ほぼ「基準」との意味であり、これを「判断基準」
ということができる。

　そして、上記最高裁判決は、このような基準をヤフー事件における副社長
就任行為について、具体的事実関係に基づいて、その意図や事業目的につい
て判断し、「本件副社長就任は、組織再編成を利用して税負担を減少させるこ
とを意図したものであって、適格合併における未処理欠損金額の引継ぎを定
める法57条2項、みなし共同事業要件に該当しない適格合併につき同項の例
外を定める同条3項及び特定役員引継要件を定める施行令112条7項5号の本来
の趣旨及び目的を逸脱する態様でその適用を受けるもの又は免れるものと認
められるというべきである。」として、法人税法132条の2の「不当」に当たる
としている（注246）。

　この最高裁判決は、原審である前記東京高裁平成26年11月5日判決が、1審

（注245）　これらの基準の意義については、拙稿「ヤフー事件及びIBM事件最高裁判断から
　　　見えてきたもの（上）－IBM事件は租税回避か？」税務弘報2016年7月号54頁を参照され
　　　たい。
（注246）　ヤフー事件最高裁判決による本文掲記の判断基準の当てはめなどこの最高裁判
　　　決の詳細な分析については、拙稿・前掲税務弘報2016年7月号54頁を参照されたい。

判決を引用して、「同条〔筆者注・法人税法132条の2〕が定める『法人税の負担を不当に減少させる結果となると認められるもの』とは、（i）法132条と同様に、取引が経済的取引として不合理・不自然である場合（……）のほか、（ii）組織再編成に係る行為の一部が、組織再編成に係る個別規定の要件を形式的には充足し、当該行為を含む一連の組織再編成に係る税負担を減少させる効果を有するものの、<u>当該効果を容認することが組織再編成の趣旨・目的又は当該個別規定の趣旨・目的に反することが明らかであるものも含む</u>と解することが相当である。」（下線筆者）（原判決：訟月60・9・1972、1審判決：訟月60・9・1894）と、法人税法132条の2の「不当」に、（i）の経済合理性基準と（ii）の趣旨・目的違反基準の2つが含まれているとしたのに対し、（i）の経済合理性基準は含まれないとして、上記濫用基準を判示したものである。

　また、この最高裁判決がその基準として用いている「組織再編成を利用して税負担を減少させることを意図したもの」の意義が問題となる。これは、納税者やその関係者の主観的意思ではなく、それも含み得るものの、最終的には間接事実等で認定される客観的な意図の意味と考えられる（注247）。そうすると、このような「意図」は、税負担減少目的と事業目的から認められる目的のことである。

　このように分析すると、この最高裁判決は、結局、法人税法132条の2の「不当」とは、「組織再編税制に係る各規定を租税回避の手段として濫用すること」であるとし、要件事実論でいうところのいわゆる規範的要件であるとした上（注248）、①通常は想定されない組織再編成の手順や方法に基づいているか、又は、実態とは乖離した形式を作出したりするなど、不自然なものであるか

（注247）　ヤフー事件最高裁判決の担当調査官も、「『組織再編成を利用して税負担を減少させることを意図』（租税回避の意図）とは、客観的事情から租税回避の意図があると認められれば足りると考えられ（……）、前述の考慮事情の①及び②において、法人の行為・計算が不自然であり、かつ、租税回避以外のその合理的な理由となる事業目的等が存在しない場合には、法人の行為・計算が不自然であり、かつ、租税回避以外にその合理的な理由となる事業目的等が存在しない場合には、上記の租税回避の意図の存在を推認し得るのが通常であると解されよう。したがって、上記の意図を立証するに当たっては、必ずしも担当者の供述やメールなどといった上記目的を直接立証し得る証拠が必要となるわけではないと考えられる。」（德地淳＝林史高・法曹時報69巻5号301頁）としており、同旨である。
（注248）　規範的要件の意義については、拙著・要件事実論改訂版12～15頁を参照されたい。

といった態様の不自然性と、②税負担の減少以外にそのような行為又は計算を行うことの合理的な理由となる事業目的その他の事由が存在するかどうかといった事業目的等の有無を考慮事情として、（ⅰ）組織再編成を利用して税負担を減少させることを意図したもの（税負担減少意図基準）、（ⅱ）組織再編税制に係る各規定の本来の趣旨及び目的から逸脱する態様（態様逸脱基準）に当たるかの観点（基準）で判断するとしていると考えられる。要件事実論でいうと、上記①及び②の考慮事情に当たる事実は、「不当」という規範的要件における評価根拠事実や評価障害事実ということとなり、評価根拠事実として、税負担減少目的に該当する具体的事実及び趣旨・目的からの逸脱する態様に該当する具体的事実を挙げ、評価障害事実として、事業目的等に該当する具体的事実を想定していると考えられる(注249)。

　また、ヤフー事件最高裁判決の上記基準への当てはめをみると、上記（ⅰ）の税負担減少意図基準を満たすか否かについて、本件副社長就任に税負担減少意図があったか否かを認定した上、本件副社長就任が実態と乖離した不自然なものとし、税負担の減少以外に事業目的等があったとはいえないとし、「本件副社長就任は、組織再編成を利用して税負担を減少させることを意図したものであって、……法57条2項、……同項3項及び……施行令112条7項5号の本来の趣旨及び目的を逸脱する態様でその適用を受けるもの又は免れるものと認められるというべきである。」と判示しているところからみて、税負担減少意図は、税負担減少目的と事業目的のいずれが主であるかにより判定される基準と考えられる(注250)。

（注249）　谷口教授は、ヤフー事件最高裁判決の示す考慮事情が法人税法132条における経済合理性のない行為として挙げられていた事情と類似していることに着目し、同最高裁判決が示す濫用基準は、経済合理性基準の一場合であるとして、法人税法132条と同法132条の2の「不当」を統一的に解釈すべきであるとする（谷口勢津夫「同族会社税制の沿革及び現状と課題」税研2017年3月号42頁）。しかし、そもそも法人税法132条の「不当」についての経済合理性基準は、第2節の6(2)ウ(ウ)のとおり、目的基準における経済合理性テストであり、濫用基準とは異なっており、ヤフー事件最高裁判決の当てはめをみても、本件副社長就任の経済合理性を検討しているのではなく、あくまでも特定役員引継要件の趣旨である共同事業性に照らして、これに見合う実態があるかの観点で判断しており、経済合理性基準とは異なっており、法人税法132条と同法132条の2の「不当」は、別な基準と考える。
（注250）　拙稿・前掲税務弘報2016年7月号60頁。なお、徳地＝林・前掲法曹時報69巻5号298,299頁も同旨である。

（ⅱ）　適格外しの該当性

なお、IDCF事件の最高裁第二小法廷判決は、法人税法132条の2の意義については、ヤフー事件の第一小法廷判決と同様に判断した上、「本件計画を前提とする本件分割は、平成22年3月期以降は損金に算入することができなくなるB社の未処理欠損金額約100億円をC社の資産調整勘定の金額に転化させ、C社においてこれを以後60か月にわたり償却し得るものとするため、本来必要のない本件譲渡1を介在させることにより、実質的には適格分割というべきものを形式的に非適格分割とするべく企図されたものといわざるを得ず、本件計画を前提とする点において、通常は想定されない組織再編成の手順や方法に基づくものであるのみならず、これにより実態とは乖離した非適格分割の形式を作出するものであって、明らかに不自然なものであり、税負担の減少以外にその合理的な理由となる事業目的等を見いだすことはできない。」として、法人税法132条の2を適用して、本件分割を否認し、資本調整勘定の計上は認められないとした。

ヤフー事件は、B社の繰越欠損金を計上するため、適格合併であり、みなし共同事業要件を満たして課税減免規定に当たるか否かが争われた事件であるのに対し、IDCF事件は、適格分割の要件を満たすことが可能であるのに、意図的に非適格分割とすることにより、分割後の会社が資本調整勘定を計上できるとした事案であり、いわゆる「適格外し」の事案である。このような適格外しも法人税法132条の2の立法に当たり想定されていたものであり(注251)、IDCF事件の最高裁判決も相当と考える。

（ウ）　租税法律主義との関係

このように「不当」の意義について、その態様が租税法規の趣旨・目的から逸脱しているか否かを問う濫用基準を採ると、納税者からみたとき、当該租税法規の文言から読み取れないということで予測可能性を害し、租税法律主義（憲法84）に反するのではないかが問題となる。

そもそも租税法律主義は、租税の賦課・徴収が法律に基づき行われなければならないとする原則であるが、このことにより、納税者の予測可能性や法的安定性を保つとの機能をも果たすのである（最判平23・9・22民集65・6・2756参照）。本件においては、関係者は、当時の法人税法施行令112条7項5号（現行：

(注251)　朝長・前掲企業組織再編成に係る税制についての講演録集70頁

3項5号）の特定役員引継要件に当たるとして、Ｂ社の繰越欠損金を引き継げるとしたものであるが、この要件に当たらないとして、税務署から上記引継ぎを否認される可能性があることを認識して、あえて行っているのであり、法人税法132条の2が適用されたとしても、納税者の予測可能性を害しているとは考えられない(注252)。租税回避の事案では、このような状況はよくみられるところであり、一括支払システムについての最高裁平成15年12月19日判決（民集57・11・2292）や外税事件最高裁判決（判例1）でも同様に考えられている(注253)。

　　（エ）　行為計算の対象法人

　ヤフー事件最高裁判決は、「……同条〔筆者注・法人税法132条の2〕にいう『その法人の行為又は計算』とは、更正又は決定を受ける法人の行為又は計算に限られるものではなく、『次に掲げる法人』の行為又は計算、すなわち同条各号に掲げられている法人の行為又は計算を意味するものと解するのが相当である。」とした。

　これは、本件で問題となった平成22年改正前の法人税法132条の2では、「その法人の行為又は計算」と規定されていることから、文言上、更正処分を受ける法人の行為計算に限定されるのではないかとの疑義が生じたため問題となったのである。しかし、文言上、「その法人の行為又は計算」とは、その前の「次に掲げる法人」、すなわち同条同号に掲げられている法人の行為計算を指していると考えられること、また、平成19年法律第6号による改正前の法人税法132条の2は、税務署長において、合併等をした一方の法人若しくは他方の法人又はこれらの法人の株主等である法人の法人税につき更正又は決定をする場合において、「これらの法人」の行為又は計算を否認できる旨規定していたのであり、平成13年の立法当初からそのように考えられていたこと、さらに、多様な組織再編成に対応するために同条が設けられた趣旨を考えると、「その法人の行為又は計算」について、更正処分を受ける法人の行為又は計算に限定解釈される根拠はないというべきであり、ヤフー事件最高裁判決の上記判示は相当と考える。

（注252）　徳地＝林・前掲法曹時報69巻5号302頁も同旨である。
（注253）　髙世三郎『最高裁判所判例解説：民事篇平成15年度（下）』（法曹会、平成18年）826頁、杉原則彦『最高裁判所判例解説：民事篇平成17年度（下）』（法曹会、平成20年）998頁

　（オ）　法人税法57条3項及び施行令112条7項5号（現行：3項5号）との
　　　　関係

　法人税法132条の2は、組織再編成に係る租税回避全般を対象とするもので
あり、その意味で包括的な否認規定である。一方、法人税法57条3項は、グル
ープ内の適格合併の場合の欠損金の引継ぎを制限する個別否認規定である。
そこで、法人税法57条3項の除外要件を満たしている場合には、同法132条の
2を適用できないのではないかが問題となる。

　この点、ヤフー事件の前記東京地裁平成26年3月18日判決は、「みなし共同
事業要件に係る特定役員引継要件が、特定役員引継要件に形式的に該当する
事実さえあれば、組織再編成に係る他の具体的な事情を一切問わずに（……）、
未処理欠損金額の引継ぎを認めるべきものとして定められたとはいえず、特
定役員引継要件に形式的に該当する事実があるとしても包括否認規定を適用
することは排除されないと解することが相当である。以上の点と、上記……
で判示したところを総合すれば、施行令112条7項5号〔筆者注・現行3項5号〕
が定める特定役員引継要件については、それに形式的に該当する行為又は事
実がある場合であっても、それにより課税上の効果を生じさせることが明ら
かに不当であるという状況が生じる可能性があることを前提に規定されたも
のであるというべきであるから、組織再編成に係る他の具体的な事情（……）
を総合考慮すると、合併の前後を通じて移転資産に対する支配が継続してい
るとはいえ、同号の趣旨・目的に明らかに反すると認められるときは、法
132条の2の規定に基づき、特定役員への就任を否認することができると解す
べきである。」（下線筆者）とし、法人税法132条の2が適用できるとしている。

　これは、一般否認規定と個別否認規定との関係ということで、一般否認規
定を有している国々で問題となっている論点で類似の論点である。ドイツで
は、AO42条の2002年の改正で、個別否認規定がある場合には、同規定が優先
適用されると規定されたものの（現行：同条1項2文）、なお議論されている問題
である。これは、個別否認規定の趣旨の問題であり、個別否認規定が同規定
を満たさない場合には、租税回避にはならないとしている趣旨と考えるので
あれば、一般否認規定の適用が排除されるが、そうでない限りは、一般否認
規定は適用できると考えられる[注254]。このような観点でみたとき、法人税

────────────

（注254）　拙稿・（Klaus-Dieter Drüen執筆分）前掲租税研究2017年3月号（注2既出）349頁

法57条3項の委任を受けて規定された同法施行令112条7項（現行：3項5号）は、形式的な要件であり、これらの要件を形式的に満たしていない場合には、およそ繰越欠損金の控除が認められないとの趣旨にとどまり、形式的に満たしているときに、法人税法132条の2の適用が排除されるとの趣旨とまでは考えられない。上記東京地裁判決の判示は相当と考える。

2　連結法人に係る行為計算否認規定

(1)　連結制度の意義と行為計算否認規定の意義

ア　連結制度の意義

我が国の連結納税制度は、平成14年度の法人税法の改正で導入された制度であり、持株会社を通じて密接な関係のある複数の法人のグループを一体としてとらえて、各メンバーの所得を連結してグループ全体の所得を計算し、それを課税標準として課す制度である（法法81）。

この連結納税制度の立法趣旨については、平成14年度の法人税法改正に当たっての税制調査会の法人課税小委員会が、平成13年10月9日付けで公表した「連結納税制度の基本的考え方」[注255]で立法に当たっての基本方針が述べられているところである。

上記「連結納税制度の基本的考え方」に基づき、税制調査会は、平成13年12月付けの「平成14年度の税制改正に関する答申」で、「連結納税制度の狙いは、<u>一体経営がなされ実質的に一つの法人とみることができる企業グループについて、これを一つの納税単位として課税すること</u>にある。その結果、実態に即した適正な課税が実現されることになると考えられている。こうした観点から、連結納税制度の対象となる企業グループは、その実質において単一の法人とみなしうる一体性を持ったもの、すなわち、親会社とその100％子会社を対象とすることが適当である。また連結納税制度は、個々の法人を前提としたわが国法人税の課税体系の中に、企業グループを一つの納税単位とする新たな課税体系を創設するものである。」（下線筆者）としている。

イ　連結法人に係る行為計算否認規定の意義

連結法人に係る行為計算否認規定は、平成14年の法人税法の改正で、連結

（注255）　日本租税研究協会『日本型連結納税制度の基本的な考え方と法令等の概要』（日本租税研究協会、平成15年）14頁

納税制度が導入されたことに伴う改正である。

　この立法趣旨については、『改正税法のすべて』によると、「連結納税制度は、連結グループが一体となっているという実態があることを踏まえ、その実態に合った課税を行うべく創設されたものですが、連結納税制度の仕組みを利用したり、あるいは、単体納税制度と連結納税制度の違いを利用した租税回避行為が行われる可能性があります。」とし、含み損や繰越欠損金を利用するものについては、個別規定（法法61の11・61の12）により防止を図れるとした上、「しかしながら、連結納税制度の仕組みを利用したり、あるいは、連結納税制度と単体納税制度の違いを利用した租税回避行為については、これらに止まらず、その行為の形態や方法が相当に多様なものとなると考えられることから、これに適正な課税を行うことができるように包括的な租税回避防止規定が設けられました（法法132の3）。」としている[注256]。

　(2)　連結法人に係る行為計算否認規定の要件
① 　連結法人であること
② 　上記法人の行為又は計算であること
③ 　上記法人の法人税の負担を減少させること
④ 　上記減少が不当と認められること

　(3)　連結法人に係る行為計算否認規定の論点
　ア　「不当」の判断基準
　第2節3(7)で検討したIBM事件高裁判決（判例13）では、課税庁が法人税法132条の3の適用を主張していないので争点となっていないが、この事件では同条の適用も考え得る。この点、法人税法132条の3の適用上、「完全子会社の留保利益の反射像のような損失で全く経済的実体のないものを連結納税に落ち込み、連結子会社となった当該完全子会社の所得と通算することは、連結納税における損失と所得との通算の趣旨・目的を完全に逸脱し」ていて、不当であるとする見解[注257]もある。筆者も、法人税法132条の3は、制定の趣旨からみて、同法132条の2と同様、濫用基準で判断されるべきであり、IBM事件で問題となったような見せかけの損失を連結決算で通算するのは、濫用であり、法人税法132条の3で否認されるべきと考える。もっとも、IBM事件

（注256）　『改正税法のすべて　平成14年版』（大蔵財務協会、平成14年）370頁
（注257）　岡村忠生「BEPSと行為計算否認(3)」税研2015年7月号73頁

では、平成14年2月に中間持株会社としてX社を置いた時点では、連結納税制度に外国法人の子会社が連結親法人として認められるかどうか明確にはされておらず、連結法人制度を利用する意図があったといえるかが問題となる（IBM事件1審判決（第2節3(7)イ(ア)）参照）。

　イ　法人税法61条の11、61条の12との関係

　この問題は、前記1(3)ウ(オ)で論じた法人税法132条の2と同法57条3項との関係と基本的には同じ問題であり、そこで論じたのと同様、法人税法61条の11、61条の12が、同法132条の3を排除する趣旨か否かの問題であるが、法人税法61条の11、61条の12は形式的要件を規定しているだけであり、排除する趣旨とは考えられず、同法61条の11、61条の12を形式的に満たしていても、同法132条の3は適用され得ると考える。

3　恒久的施設帰属所得に係る行為計算否認規定

(1)　恒久的施設帰属所得と行為計算否認規定の意義

　ア　恒久的施設帰属所得の意義

　我が国は、長年、国内法においては、外国法人等の非居住者に対する課税については、恒久的施設（permanent establishment、以下「PE」という。）に当該所得が帰属するか否かを問わず、我が国に源泉があるか否かで課税する総合主義を採ってきていた。しかし、平成26年度の改正で、OECDモデル条約に倣い、国内法においても、帰属主義を採ることとした。

　また、これに伴いPEに帰属する所得の算定に当たり、いわゆるOECD承認アプローチ（Authorized OECD Approach、AOA）を導入した。これは、PEに帰属すべき所得について各国で足並みがそろっていないことから、二重課税・二重非課税が生じていたため、これを定式化しようとするものと考えられる[注258]。すなわち、外国法人の本店と我が国に所在する支店等のPEとの関係で、①内部取引の認識、②移転価格税制による関連者間取引及び内部取引に係る価格の修正をすることとしたのである。

　このような改正に際し、本来PEに帰属する所得を第三者を介在する取引にするなどして、恒久的施設帰属所得を回避する租税回避が懸念された。そ

（注258）　安河内誠＝山田博志「平成26年度の国際課税（含む政省令事項）に関する改正について」租税研究2014年8月号79頁

こで、法人税法147条の2、所得税法168条の2で、恒久的施設帰属所得に係る
行為計算否認規定が創設されたものである。

　　イ　恒久的施設帰属所得に係る行為計算否認規定の意義
　恒久的施設帰属所得に係る行為計算否認規定は、法人税法147条の2及び所
得税法168条の2に規定されている。これは、平成26年の改正で、恒久的施設
について帰属主義に変更されたことに伴う改正である。

　この立法趣旨については、『改正税法のすべて』によると、「外国法人の恒
久的施設帰属所得に係る所得に対する課税に関しては、恒久的施設と本店等
の同一法人内部で機能、資産、リスクの帰属を人為的に操作して恒久的施設
帰属所得やその税額を調整することが比較的容易であることから、同族会社
と同様に、潜在的に租税回避リスクが高いものであると考えられるため、同
族会社の行為計算否認規定に類似した租税回避防止規定が設けられました。」
とされている（注259）。

　さらに、立法担当者によると、具体例として、①外国法人のPEが外部の第
三者を介在させて本店に対して独立企業価格を超える支払を行うことにより
PE帰属所得を減少させる方法、②グローバルに資産運用を行う外国法人が
外国税額の負担の生ずる金融資産を集中的にPE帰属所得とすることにより
PEにおける外国税額控除を増加させる方法が挙げられている（注260）。

　なお、BEPSの行動7で、恒久的施設の人為的回避の防止が検討されている
が、これは、例えば、現行のOECDモデル条約における代理人PEの認定を回
避するために、コミッショネア契約とするなどの事例に対抗するため、代理
人PEの要件を拡張するなどの議論であり、PEが存在していることを前提と
している恒久的施設帰属所得に係る行為計算否認規定は、このBEPSの議論
とは異なるものである。

　(2)　恒久的施設帰属所得に係る行為計算否認規定の要件
①　外国法人の恒久的施設であること
②　上記施設に帰属する所得であること
③　外国法人の行為又は計算であること
④　上記恒久的施設帰属所得を減少させること
⑤　上記減少が不当と認められること

（注259）　『改正税法のすべて　平成26年版』（大蔵財務協会、平成26年）750頁
（注260）　安河内＝山田・前掲租税研究2014年8月号112,113頁

(3)　恒久的施設帰属所得に係る行為計算否認規定の論点

　　ア　「不当」の判断基準

　そもそも法人税法147条の2や所得税法168条の2の「不当」は、前記(1)イのとおり、「同一法人内部での機能、資産、リスクの帰属を人為的に操作」することが容易であるとしてこれを否認する規定として設けられたものであり、法人税法132条などで基準となっている素朴な経済合理性基準とはかなり違うものである。

　そこで具体例として、衆議院の財務金融委員会で問題となった事例[注261]で検討することとする。これは、下図のとおり、外国法人が我が国に所在するPEに帰属する所得の減少を企図し、当該外国法人の本店がいったんタックス・ヘイブンの外国銀行に19の利子で資金を預け、当該外国銀行を介してPEに20の利子で融資すると、内部利子20が外部利子として損金算入され、PEに帰属する所得が減少することとなる。

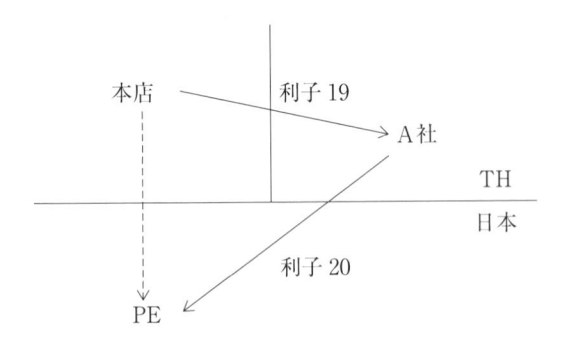

　このような事案の場合、内部取引で行うとPEに対する利子19相当の課税で済むところを、A社を介在させることにより、PEは、利子20を支払うこととなり、その意味では、PEが損をしているので一応経済不合理とはいえる。また、A社に対する20の利子の支払が独立当事者間における利率より高率であれば、一応独立当事者間取引とは異なる取引であるといえる。しかし、これは、内部取引で行うと、機能、資産及びリスク分析に照らすと、PEに対する利子19相当の課税が行われることを前提とするものであり、法人税法132条における素朴な経済合理性基準は馴染まない。また、単純に利子率の高低

(注261)　「第186回国会衆議院財務金融委員会会議録第3号」19,20頁

の問題ではないので独立当事者基準も馴染まない。これは、BEPSプロジェクトの行動10で議論されている移転価格税制における再構築の問題と類似した問題であり、同様の基準で判断するのが相当と考える。

　　イ　内部取引と否認

　恒久的施設帰属所得に係る行為計算否認規定について、内部取引が私法上の法律関係でないのに、私法上の法形式を否定して課税関係を考えるとの租税回避否認規定を適用することがおよそ考えられないとする批判がある[注262]。

　しかし、前記アの例でいうと、否定される私法形式は、外国会社と外国銀行との間の預入れと融資であり、これを内部取引に引き直すのであり、租税回避否認規定の一種といい得ると考える。

　　ウ　法人税法132条との関係

　法人税法132条は、外国法人に対して準用されている（同法147）。そうすると、法人税法147条の2とは、重畳適用されると考えられる。

第4節　タックス・ヘイブン対策税制

1　タックス・ヘイブン対策税制の意義と要件

（1）　タックス・ヘイブン対策税制の意義

　タックス・ヘイブン対策税制については、国際課税編で詳細が論じられるところであるが、ここでは租税回避否認規定の観点で論じることとする。特にタックス・ヘイブン対策税制が対象とすべき租税回避はどのようなものかについて検討することとする。

　　ア　タックス・ヘイブンの意義

　タックス・ヘイブン（軽課税国、tax haven）とは、本邦における法人の所得に対して課される税の負担に比して法人のすべての所得又は特定の所得に対して課される税の負担が著しく低い国又は地域のことである（措法66の6①参照）。

　なお、「著しく低い」とは、法人税がないか、又はその実効税率が20％以下であることをいう（措令25の19①・39の14①）。

　なお、平成4年の税制改正前は、軽課税国として、41の国や地域が大蔵大臣により指定されていた（ブラック・リスト方式）。しかし、指定されていない国や地域を利用した国際的租税回避が行われやすいとの弊害があった。そこで、平成4年の税制改正で、軽課税国の指定制度が廃止され、個々の外国関係会社の各事業年度ごとに、（各事業年度の所得に対して課される外国法人税額÷その本店所在地国の法令により算定した所得の金額に非課税とされた所得の金額を加算した額）を計算し、その数値が25％以下（現在は、20％）の場合には、当該外国関係会社は軽課税国に所在し、特定外国子会社等に当たるとされることとなったのである（措令39の14①二）。これを「トリガー方式」という。

　しかし、平成29年の税制改正では、従来のentityアプローチに、incomeアプローチを取り入れるとの改正がなされ、それに伴い、従来の「特定外国子会社等」の概念を廃止し、税負担率の割合にかかわらず、いったんは「外国関係会社」を本制度の対象とし、そこから合算課税の免除基準として20％未満とし、トリガー税率の意味が変更された。

　　イ　タックス・ヘイブン対策税制の立法趣旨

　我が国では、このようなタックス・ヘイブンを利用した租税回避に対処するため、昭和53年にタックス・ヘイブン・税制を導入した。この制度は、我が国の居住者及び内国法人が合わせて50％を超える株式を直接・間接に所有している外国法人を「外国関係会社」と呼び、さらに、外国関係会社のうち、タックス・ヘイブンに本店又は主たる事務所の所在するものを「特定外国子会社」と呼んだ上で、その留保所得のうち、我が国の居住者又は内国法人である株主の持ち株数に対応する部分をそれらの者の所得に合算して、我が国の所得税・法人税の課税対象とすることとしている（措法40の4①・66の6①）。

　このようなタックス・ヘイブン対策税制制定時の立法に当たり、米国で広く論じられている外国子会社による課税の繰延べを認めることになるから公平上認められないとする「課税の中立論」と、外国子会社を利用した租税回避であるとする「租税回避論」が検討され、後者の考え方が採用された[注263]。

（注263）　高橋元監修『タックス・ヘイブン対策税制の解説』（清文社、昭和54年）92頁

そして、後者の考え方について、立法担当者によると、「租税回避論に立つということは、①異常又は不自然な行為形式をとることにより、②通常の行為形式をとったときと同様の経済目的を達成しつつ、③我が国法人税等の負担を不当に軽減させるような場合においてその異常な行為形式を否認するということである。」とした上、子会社の留保金額を親会社の収益の額とみなすとの課税方式について、「これは、株主たる内国法人あるいは居住者に係る課税対象留保金額が、通常であれば当該内国法人あるいは居住者に係る課税対象留保金額が、通常であれば、当該内国法人あるいは居住者に対する利益の配当又は剰余金の分配として交付されるべき性質のものであり、株主は子会社等にそうさせるだけの支配力をもっているにもかかわらず、子会社等が配当を全くあるいはわずかしか行わず、留保所得を蓄積しているところに税の回避を推認し得る、という考え方の表れといえよう。」としている（下線筆者）(注264)。

　このようなタックス・ヘイブン対策税制の立法趣旨は、昭和53年の立法に関与した金子教授も、「タックス・ヘイブン・コーポレーションの課税対象金額相当額を株主である我が国の内国法人等の擬制収益ないし擬制配当として課税し、租税回避の手段としてのタックス・ヘイブン・コーポレーションの機能を減殺することにある。」としているところである(注265)。

　さらに、特定外国子会社の欠損が生じた場合に、内国法人の損金に算入することができるかが問題となった最高裁平成19年9月28日判決（民集61・6・2486）も、「同条〔筆者注・租税特別措置法66条の6〕1項の規定は、内国法人が、法人の所得等に対する租税の負担がないか又は極端に低い国又は地域に子会社を設立して経済活動を行い、当該子会社に所得を留保することによって、我が国における租税の負担を回避しようとする事例が生ずるようになったことから、課税要件を明確化して課税執行面における安定性を確保しつつ、このような事例に対処して税負担の実質的な公平を図ることを目的として、一定の要件を満たす外国会社を特定外国子会社等と規定し、これが適用対象留保金額を有する場合に、その内国法人の有する株式等に対応するものとして算出された一定の金額を内国法人の所得の計算上益金の額に算入することとしたものである。」（下線筆者）と判示して、同趣旨を認めている。

（注264）　高橋・前掲解説92,93頁
（注265）　金子・租税法第22版584頁

(2)　タックス・ヘイブン対策税制の要件

ア　適用要件

　タックス・ヘイブン対策税制の適用要件は、居住者については、租税特別措置法40条の4に、内国法人については、同法66条の6の規定するところであり、下記の要件をすべて満たすときに、特定外国子会社等の留保所得は、当該特定外国子会社等の各事業年度終了の日の翌日から2か月を経過する日の属する居住者の年分の雑所得に係る収入金額又は内国法人の事業年度の収益の額に算入されるとの効果が生ずることとなる。なお、この要件や後記イの適用除外要件は、いずれも平成29年改正前のものである。

---

①　内国法人又は居住者であること

②　当該外国法人が、我が国の居住者、内国法人及び特定信託の受託者たる法人が合わせて50％を超える株式を直接・間接に保有している外国法人であること（外国関係会社であること）

　　※この居住者には、特殊の関係のある非居住者も含む。

③　当該外国法人が、当該法人の所得に対して課される税の負担が本邦における法人の所得に対して課される税の負担に比して著しく低い国又は地域に本店又は主たる事務所を有すること（この要件を満たす外国関係会社を「特定外国子会社等」という。）

④　当該内国法人又は居住者が、当該外国法人の発行済株式の5％以上を直接・間接に保有すること又は全体として発行済株式の5％を直接・間接に保有する同族株主グループに属すること（関連者）

⑤　当該外国法人が課税対象金額を有すること

イ　適用除外要件

　このようなタックス・ヘイブン対策税制の課税要件を満たす子会社等であっても、租税特別措置法40条の4第3項・4項及び同法66条の6第3項・4項の適用除外要件を満たすと、適用されないこととなる。

　すなわち、特定外国子会社等が、①本店又は主たる事務所の所在する軽課税国において、「その主たる事業を行うに必要と認められる事務所、店舗その他の固定施設を有し」（実体基準、措法40の4③・66の6③）、かつ、②「その事業の管理、支配及び運営を自ら行っている」場合（管理支配基準、措法40の4③・66の6

③）で、③ⓐ特定外国会社の行う主たる事業が、卸売業、銀行業、信託業、証券業、保険業、水運業又は航空運送業（以下「卸売業等」という。）に該当する場合には、取引金額の50％を超える部分が、関連者以外の者と行っているとき（非関連者基準、措法40の4④一・66の6④一）、又は、③ⓑ特定外国子会社等の行う主たる事業が上記③ⓐ以外の事業の場合には、その事業を主として特定外国子会社等の本店所在地国で行っているとき（所在地国基準、措法40の4④二・66の6④二）には、タックス・ヘイブン対策税制が適用されない。

　ただし、特定外国子会社等の主たる事業が、株式の保有、工業所有権・著作権等の提供又は船舶・航空機の貸付け（以下「株式の保有業等」という。）の場合には、このような会社の設立は、いわゆる資産の管理会社であり、典型的なタックス・ヘイブン利用業種であって、通常、租税回避を抜きにしては考えられないため、これらの特定外国子会社等に対しては、実体基準や管理支配基準のチェックをするまでもなく、この例外は適用されない（事業基準、措法40の4③・66の6③）。もっとも、平成22年度の改正で、事業基準から統括会社については、統括的機能を果たすために子会社の株式を保有することには経済合理性を有していることから、除かれた。さらに、平成22年度の改正で、適用除外要件を満たす特定外国子会社であっても、株式等の資産性所得を生み出す財産を保有している場合には、租税回避のために保有していることが多いことから、資産性所得については、タックス・ヘイブン対策税制の適用対象となり、合算されることとなる。

　以上を図示すると、下図のとおりとなる。

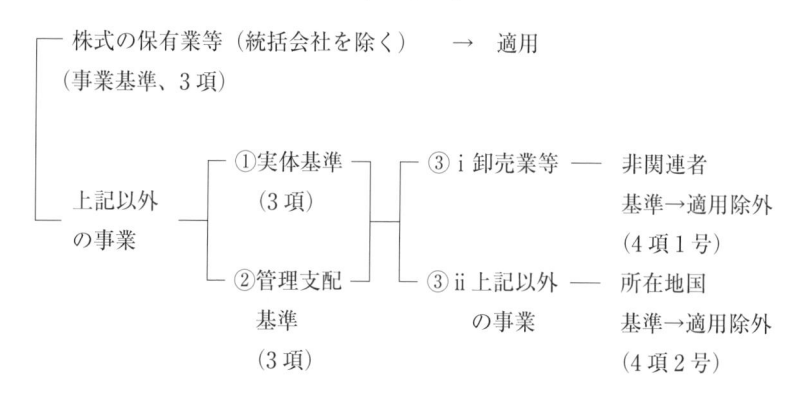

　※　図中に掲げた項号は、租税特別措置法40条の4及び66条の6に共通の項号であ

る。

　このような適用除外要件の趣旨であるが、立法担当者によると、「この適用
除外要件を設けた基本的な考え方は、資源の乏しい我が国経済の発展にとっ
て、民間企業の海外における正常な経済活動は正にその原動力をなしており、
また我が国は、先進資本運輸出国の一員として今後一層の積極的な海外投資
や経済協力を要請される立場にあり、ただ単に軽課税国に所在するという理
由だけで正常な事業活動を営むものまでも本税制の対象とするのは適当でな
い、と考えられた。」とし(注266)、さらに、「軽課税国に所在する子会社等であ
っても、その地に所在することに十分な経済合理性あれば課税対象とはされ
ない。この『十分な経済合理性』を業種に即して具体化したものが適用除外
の規定であり、本税制の一大特徴をなしている。」とした上、「所在地国で事
業を行っていなければならないという基準は製造業、小売業、サービス業等
について考えられており、主として所在地国において製造、小売、サービス
提供等の行為を行っているという意味でその事業にとって本質的な行為の行
われる物理的な場所がその所在地国内であれば、その地に所在する十分な経
済合理性があると考えられている。」とし、「これに対し、卸売業（商社）、銀
行業、水運業など『所在地国において事業活動を行っていること』という要
件が明確に定義し得ないような業種、換言すればその性格が本来的にインタ
ーナショナルで取引が必然的に国外に及ぶような業種があり（7業種が明定
されている）、これらの業種については、その取引が主として非関連者との間
で行われており、関連者間の仲介会社でなく主として独立の第三者と取引を
行っていればその地に所在することの経済合理性を認め得る、と考えられて
いる。」とし(注267)、さらに、「これらの業種は、その事業活動の範囲が必然的
に国際的にならざるを得ず、これらの事業を営む特定外国子会社等に対して、
地場経済との密着性を重視する前述の所在地国基準を適用することには無理
があり、それよりもその事業の大宗が関連者以外の者との取引から成ってい
るかどうかで判断するのが適当であろうと考えられたためである。」としてい
る(注268)。

（注266）　高橋・前掲解説129,130頁
（注267）　高橋・前掲解説95,96頁
（注268）　高橋・前掲解説134頁

ウ　小　括

　以上を整理すると、我が国のタックス・ヘイブン対策税制は、外国子会社を利用した租税回避の否認規定であり、ⓐ適用除外要件の実体基準や管理支配基準で表されているが、外国子会社の所得が親会社である内国法人の事業活動によるものであり、本来親会社に帰属する所得を外国子会社に帰属させて、我が国の課税を免れる場合、ⓑ適用除外要件である事業区分で表されているが、この場合には、所得は、外国子会社の事業活動によるものであり、外国子会社に帰属すると考えられることから、親会社への配当を抑制して、我が国の課税を免れるとの2つの態様があると考えられる。このⓑの態様については、前記(1)イの立法担当者の説明でもいわれていることであり、タックス・ヘイブン対策税制の対象としている租税回避の1つと考えられる。

　タックス・ヘイブン対策税制は、我が国と比べて税率の低いタックス・ヘイブン地に子会社を設立しあるいは子会社を通じて事業を行うことにより、外国で稼得した所得に対する我が国の租税を回避することを否認する規定である。適用除外要件は、このようなタックス・ヘイブン地に子会社を設立しあるいは子会社を通じて事業を行うことに経済合理性がある場合を類型化して規定している規定である。そうすると、逆にこのような適用除外要件を満たさない場合が、経済合理性がない場合であり、租税回避となるのである。タックス・ヘイブン対策税制を発動するための要件は、適用除外要件を満たさないことであり、課税根拠規定であり、適用除外要件を満たさないことについて課税庁に立証責任があると考える(注269)。もっとも、平成29年の改正で、推定規定が設けられるとされており、立証責任は、転換されることとなる予定である。

　また、タックス・ヘイブン対策税制の適用に当たり、納税者の側で、租税回避の意図がないことや経済合理性があることの立証により、適用を免れるかが問題となるが、タックス・ヘイブン対策税制は、適用除外要件を類型化するに当たり、同要件を広めに規定し、経済合理性のある場合を広くとらえている。すなわち、適用除外要件を満たさない場合は、租税回避の意図を問うまでもなく、租税回避であると考えられ、また、経済合理性もないと考え

(注269)　拙著・要件事実論改訂版174頁

られるのである。そうすると、租税回避の意図や経済合理性は、適用除外要件を通じて判断されるものであり、納税者の側で、租税回避の意図がないことや経済合理性があることの立証があることの立証をするのは無意味であり、そのような立証は許されないと考える^(注270)。

　適用除外要件が問題となった裁判例としては、①管理支配基準が問題となった東京地裁平成2年9月19日判決（訟月37・4・757）、②中国における来料加工が所在地国基準を満たすことが問題となった東京地裁平成21年5月28日判決（判例19）、③東京地裁平成26年6月27日判決（判例20）、④統括会社の適用除外に当たるかが問題となったデンソー事件高裁判決（判例21）などがある。これらのうち、②ないし④の裁判例について検討することとする。

2　東京地裁平成21年5月28日判決

　まず、東京地裁平成21年5月28日判決（訟月59・1・30、判例19）を検討することとする。これは、いわゆる来料加工における事業区分が問題となった事件である。

(1)　事案の概要

　X社は、精密金型・成形製品の製造・販売及びレンズを中心とした光学設計、光学機器の製造販売等を業とする内国法人（株式会社）であるが、平成7年に、香港在住の個人投資家らと、香港を本店所在地として、精密合成樹脂製品製造販売及び金型の製造販売を主目的とする子会社A社を設立した。

　A社は、下図のとおり、平成7年、中国広東省の東莞市に所在する集団所有制企業（生産手段が労働者集団によって所有される社会主義的経済組織）であるE公司との間で、同市に所在する甲工場における精密プラスチック用金型及び精密プラスチック材料射出成形の来料加工業務に係る契約（本件協議書）を締結し、そのころから甲工場で製造された精密金型等の製品を自己の名称での販売等を行っている。A社は、甲工場における製造に当たり、平成15年、集団所有制企業であるD合作社との間で、甲工場の工場、宿舎及び店舗を賃貸する旨の借用契約を締結するとともに、平成16年、D企業から甲工場の経営を請け負う旨の経営契約（本件経営契約書）をしている。

（注270）　東京地判平24・7・20訟月59・9・2536、岡山地判平26・7・16訟月61・3・702

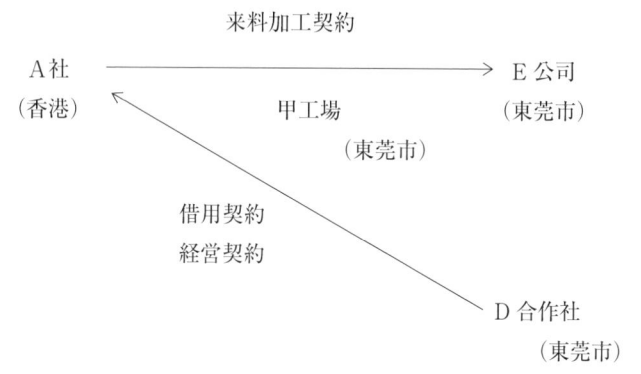

　X社は、平成15年3月期、同16年3月期及び同17年3月期の法人税の申告をしたところ、Y税務署長は、平成17年改正前の租税特別措置法66条の6に基づき、A社が甲工場において自ら製造を行っており、そうするとA社の所在する香港外で製造業を行っていることとなるので、同条4項2号の適用除外要件には当たらないとして、上記3事業年度について、A社の課税対象留保金額に相当する金額を益金の額に算入すべきであるとして、X社に対し更正処分及び過少申告加算税賦課決定処分をした。A社の営んでいる事業は、製造業か卸売業かが問題となる。

(2)　判　旨

　上記東京地裁平成21年5月28日判決は、「上記のとおりの適用除外制度の趣旨及び『その行う主たる事業』、『その事業を主として……行っている場合』等とする根拠条文の事実状態に即した文言・内容等にかんがみると、非関連者基準又は所在地国基準のいずれが適用されるかを決するための特定外国子会社等の『主たる事業』の判定（製造業又は卸売業のいずれであるか等の判定）は、現実の当該事業の経済活動としての実質・実体がどのようなものであるかという観点から、事業実態の具体的な事実関係に即した客観的な観察によって、当該事業の目的、内容、態様等の諸般の事情（関係当事者との間で作成されている契約書の記載内容を含む。）を社会通念に照らして総合的に考慮して個別具体的に行われるべきであり、関係当事者との間で作成され

ている契約書の記載内容のみから一般的・抽象的に行われるべきものではないと解するのが相当である。」（下線筆者）とした上、「これらの製造業の特質を踏まえ、前記……の『主たる事業』の判定に当たっての基本的な考え方に従って考えると、特定外国子会社等の主たる事業が製造業に当たるか卸売業に当たるか、すなわち、販売する製品の製造を自ら行っているか否かを判断するに当たっては、現実の当該事業の経済活動としての実質・実体がどのようなものであるかという観点から、（ア）製品製造のための①生産設備（工場建物、製造設備等）の整備、②人員（監督者、技術者、単純労働者等）の配置及び③原材料・補助材料等の調達等への当該特定外国子会社等の関与の状況を踏まえた上で、（イ）〈A〉当該特定外国子会社等の設立の目的、〈B〉製品製造のための(a)人員の組織化、(b)事業計画の策定、(c)生産管理（品質管理、納期管理を含む。）の策定・実施、(d)生産設備の投資計画の策定、(e)財務管理（損益管理、費用管理、原価管理、資産・資金管理等を含む。）の実施及び(f)人事・労務管理の実施等への当該特定外国子会社等の関与の状況等を総合的に考慮した上で、（ウ）製品の製造・販売を行うために関係当事者との間で作成されている契約書の記載内容も勘案しつつ、事業実態の具体的な事実関係に即した客観的な観察によって、社会通念に照らして個別具体的に判断すべきものと解される。」とし、本件事実関係から、上記観点をそれぞれ検討し、A社が実質的に甲工場において自ら販売製品の製造を行っていたものと認めるのが相当であるとして、A社が主として行っている事業は、製造業であると認定し、タックス・ヘイブン対策税制が適用されるとした。

　上記東京地裁判決は、控訴審の東京高裁平成23年8月30日判決（訟月59・1・1）でも是認されている。なお、平成25年12月11日に最高裁で不受理となり、確定している。

(3)　検　討

　立法当時の立法担当者の解説等から、我が国のタックス・ヘイブン対策税制は、アメリカやドイツの制度を参考としたものであるが、我が国の企業が海外での活動を行うのを阻害しないようにとすると執行面の簡便性から、タックス・ヘイブン地で事業を営んでいる場合には、その所得が汚い所得（tainted income）か否かを問わずに、経済合理性があるとして、タックス・

ヘイブン対策税制の適用を除外することとしたもので、これが所在地国基準であり、適用除外要件の根幹である(注271)。この所在地国基準は、このような考え方に基づくものであり、我が国独自のものである。

　一方、所在地国基準だけでは、判定することが困難な事業もあるとし、そのような場合にのみ、アメリカやドイツの関連者基準を参考にして、関連者との取引であるか否かで、タックス・ヘイブン地に子会社を設ける経済合理性があるか否かを判定することとし、非関連者基準が採用されたのである。したがって、我が国のタックス・ヘイブン対策税制において、所在地国基準が原則であり、非関連者基準は、あくまでも補完的なものである。

　本件で問題となっている来料加工は、販売と製造が分離されているとの態様である。販売については、A社が行っており、形式的には、非関連者基準を満たすこととなる。しかし、非関連者基準は、あくまでも卸業だけを行っている場合を想定しており、製造を委託したり、あるいは実質的に製造を行っている場合は含まれていない。非関連者基準の立法趣旨に反する態様である。また、製造と販売を分離して、製造をタックス・ヘイブン地に置くとの態様は、米国で問題とされ、外国基地会社販売所得（foreign base company sales income）の例外として、製造が被支配外国法人の所在地で行われている場合には、外国基地販売所得とはならないとされている（IRC954条d項1号A）。これは、逆から言うと、製造が被支配法人の所在地外でされている場合には、販売所得とされることを意味している。このような販売と製造の分離の態様については、我が国の昭和53年の立法時には意識されていないものの、少なくとも、非関連者基準に含めるとの考えはなく、本件のような来料加工の場合は、適用除外要件を満たさないと考えられる。

　ただ、平成29年の改正後は、このような製造による所得は、能動的所得と考えられ、タックス・ヘイブン対策税制の対象から外されることとなる見込みである。来料加工は、上記のとおり、製造と販売を分離していることから、タックス・ヘイブン対策税制の対象となるとされたが、同税制の本来の趣旨が、我が国の課税権を侵害することと考えると、受動的な所得に限定すべきであり、租税回避論の観点からも、上記改正は相当と考える。

（注271）　宮本英利「海外子会社課税について」租税研究1978年5月号19頁

　なお、本件では、所税地国基準における「事業」の判定に当たり、当事者の締結している契約を重視するか、経済的事実関係を重視するかの問題もある。この点、上記東京地裁判決は、「事業」という要件の性質上、経済的事実関係を重視すべきとしているものの、契約書の記載内容をも考慮すべきとして中間的な立場を採っていると考えられる[注272]。

3　東京地裁平成26年6月27日判決

　次に、東京地裁平成26年6月27日判決（訟月61・8・1660、判例20）を検討することとする。これは、特定外国子会社が日本国内に支店を有し我が国の法人課税を受ける場合でも、同所得がタックス・ヘイブン対策税制の対象となることを認めた裁判例である。

(1)　事案の概要

　合併法人であるX社は、被合併法人A社の法人税の確定申告に当たり、下図のとおり、A社の子会社で、いわゆる政策保有株式の一部を譲り受けるための法人として英国領ケイマン諸島（以下「ケイマン」という。）に本店を有するケイマン法人B社に係る課税対象留保金額について、B社は租税特別措置法66条の6に規定する特定外国子会社とに該当するものとして申告したが、後に該当しないとして更正の請求をした。これに対し、Y税務署長は、理由がない旨の通知処分をした。

　なお、B社は、その設立時点から東京にのみ支店を有しているところ、ケイマンに所在する同社の本店には実態はなく、上記の政策保有株式の管理は東京支店に帰属しており、また、我が国における法人税等につき、確定申告及び納付をしている。

　B社の課税対象留保金額が租税特別措置法66条の6の対象となるかが問題である。

(2)　判　旨

　上記東京地裁判決は、「一般に、『決算』とは、一定の期間における収入、支出、損益等の全ての実績を明らかにして予算と対比することをいい、決算

（注272）　詳細は、拙稿「来料加工に対するタックス・ヘイブン対策税制適用の有無——東京地判平成21・5・28」ジュリスト1411号157頁を参照されたい。

の際に作成される帳簿書類（総勘定元帳における各勘定）等には、当該企業に関わる全ての取引が記録されることからすれば、措置法66条の6第2項2号及び措置令39条の15第1項にいう『特定外国子会社等の各事業年度の決算に基づく所得の金額』とは、特定外国子会社等の各事業年度の全ての所得（いわゆる全世界所得）の金額を指すと解するのが、その文言上、最も素直である。」とし、「……外国子会社合算税制から生ずるいわゆる二重課税の調整をどのようにするかは、前記……に述べたような立法府の政策的、技術的な判断によって大きく左右される問題であり、そのことは、原告が強調するいわゆる所得の一回的課税の原則との関係が問題となる場面においても異なるものではないものというべきである（……）。そして、①措置法等の定める外国子会社合算税制（我が国のタックス・ヘイブン対策税制）は、特定外国子会社等に所得を留保して我が国における税の負担を免れることとなる内国法人に対しては当該所得に係る一定の金額を当該内国法人の所得の金額の計算上益金の額に算入して課税することによって税負担の実質的な公平性を追求しつつ、特定外国子会社等の事業活動が経済合理性を有すると認められる場合をその適用の対象から除外し、かつ、それが適用される場合であっても所定の方法による外国法人税の額の控除を認めるなど、全体として合理性のある制度ということができるものというべきこと（前掲最高裁平成21年10月29日第一小法廷判決〔筆者注・民集63・8・1881〕参照。なお、X社は、同判決の他の部分の判示も併せて引用するなどして、X社の主張する3種類の二重課税の問題が全て解消されない限り、同税制それ自体の合理性を肯定することができないかのように主張するが、同判決がそのような前提に立つものでないことは、同判決においていわゆる二重課税を調整するための規定として具体的に掲げられているのが措置法66条の7第1項のみであることなどに照らし、明らかというべきである。）、②第3の二重課税【国内源泉所得・合算利益間】の問題が生ずるのは、特定外国子会社等が国内源泉所得を有する場合のみであるところ、特定外国子会社等に該当する外国関係会社がある内国法人においては、特段の事情のない限り、多かれ少なかれ我が国における税の負担を回避することを考慮してそのような外国法人を置いているものと推認するのが相当であり、特定外国子会社等に国内源泉所得があるというのはまれなものと考えられ、そのような事態までを想定した規定が設けられていない

ことが一概に不合理であるとまではいい難く、また、そのような例外的な事態に対処するために、法令の規定についてその文理を離れて一般的に限定解釈をすべきともいい難いものというべきこと、③第3の二重課税【国内源泉所得・合算利益間】において問題となっているのは、特定外国子会社等に該当する外国法人と内国法人という別個の法人に対して課される税の関係であり、これらについて『同一の所得』に対する課税との評価をするか否かそれ自体も、立法政策に係る問題であるというべきことなどを併せて考慮すれば、前記……の点をもって、措置法66条の6第1項所定の『課税対象留保金額』に特定外国子会社等の国内源泉所得が含まれないとの限定解釈をしなければならないものとまではいい難く、本件において、他にそのような限定解釈を要することを基礎付けるべき事情は見当たらない。」（下線筆者）として、「措置法66条の6第1項所定の『課税対象留保金額』には、特定外国子会社等の国内源泉所得も含まれるものと解するのが相当である。」と判示した。

　控訴審の東京高裁平成27年2月25日判決（訟月61・8・1627）も、1審の判断を是認している。ケイマンに設立した特定外国子会社でケイマンにおいて何らかの経済活動を行おうと計画していたのではないかと窺われるが、その点は不明である。

　(3)　検　討

　本件は、租税特別措置法66条の6の文言だけからすると、課税対象留保金額に含めるべきと考えられるが、特定外国子会社が日本国内に支店を有し我が国の法人課税を受ける場合については、想定されていないと考えられる。この点、租税特別措置法関係通達66の6－20が規定しているとおり、タックス・ヘイブン対策税制上の課税対象留保金額とされても、その分は、外税控除の対象となることから実際の課税は生じないこととなる。タックス・ヘイブン対策税制の趣旨からすると、このような場合は対象外と考えるべきであろう(注273)。

　もっとも、本件は、A社がなぜこのようなことをしたのかその理由は明確ではない。

(注273)　中里実「タックス・ヘイブン対策税制の必要性」中里実ほか編著『タックス・ヘイブン対策税制のフロンティア』（有斐閣、平成25年）32頁

4　デンソー事件高裁判決

次に、「デンソー事件」と呼ばれている名古屋高裁平成28年2月10日判決（訟月62・11・1943、判例21）を検討することとする。これは、平成22年の改正前の事案において、地域統括会社に相当する会社が事業基準を満たすか否かが問題となった事件である。

(1)　事案の概要

X社は、自動車関連製品の製造・販売等を目的とする株式会社（内国法人）であり、全世界に200以上のグループ会社を有する。A社は、シンガポールに本店を置く、シンガポール法人であり、X社の100％子会社であった。A社は、平成20年3月期及び同21年3月期の各事業年度において、ASEAN地域に存する子会社13社及び関連会社3社の株式を保有していた。上記事業年度におけるA社のシンガポールにおける所得に対する租税の負担割合は、平成19年3月期において22.89％、同20年3月期において、12.78％であった。

A社が、株式の保有業を営んでいるとして、X社は、タックス・ヘイブン対策税制の適用を受けるかが問題となった。

(2)　判　　旨

1審の名古屋地裁平成26年9月4日判決（税資264順号12524）は、「……タックスヘイブン対策税制の適用除外要件のうち事業基準を定めた措置法66条の6第3項が、特定外国子会社等が株式の保有を主たる事業とする場合を同条1項の適用除外の対象としない旨を規定している趣旨は、株式を保有又は運用することにより利益配当又はキャピタルゲインを得るといった株式の保有に係る事業は、その性質上、我が国においても十分に行うことができるものであって、これを主たる事業とする特定外国子会社等が、我が国ではなくわざわざタックスヘイブンに所在する積極的な経済的合理性は税負担の軽減以外には見出し難いため、上記のような場合には、タックスヘイブン対策税制の適用除外とする必要性をそもそも認めることができないことにあるものと解される。」とした上、「特定外国子会社等が株式の保有に係る事業の他に実体的な事業活動をしており、これを当該国において行うことに十分な経済的合理性がある場合には、当該事業が主たる事業であるかどうかを検討しなければならないのは当然のことであり、たとえ株式の配当による所得金額が大きいとしても、株式保有以外の実体的な事業活動が現実に行われており、当該事業活動に相応の経営資源が投入されている場合には、事業基準（株式の保有等

を主たる事業とするものでないこと）を満たすと解することこそが、タックスヘイブン対策税制の制度趣旨に適うものというべきである（そうでなければ、株式保有以外の実体的な事業活動にいかに多大な経営資源が投入されていても、当該事業活動の収益状況が芳しくない状況の下では、当該特定外国子会社等の主たる事業は株式保有業と判定されるという不合理な結果になりかねない。）。」（下線筆者）とし、A社の主たる事業が株式保有業ではなく、地域統括業であるとして、事業基準に当たらないとした。

　これに対し、上記名古屋高裁判決は、「……上記括弧書きの『株式の保有』という文言のみに着目すると、株式を自己のものとして持ち続けることのみを意味するものと見えないではないが、これを事業として行う以上、それによって利益を受けることが当然に含意されているのであり、その利益を得る方法としては、保有する株式数が発行済株式の半数に遠く及ばない者のように、株式発行会社の経営に介入はもとより関与することもなく、単に会社の定めた額の配当を受領するにとどまる場合もあれば、発行済株式の過半を有する者の場合には、株式発行会社を支配し、その人事や業務内容を自己の意のままに決定することを通じて、より多くの配当を得ようと活動することもあり、独占禁止法9条3項にいう持株会社は、後者の典型例である。したがって、事業としての『株式の保有』とは、単に株式を保有し続けることのみならず、当該株式発行会社を支配しかつ管理するための業務もまた、その事業の一部をなすというべきであり、本件で問題となっている一定地域内にある被支配会社を統括するための諸業務もまた、株式保有業の一部をなし措置法66条の6第3項括弧書きの『事業』に該当することは明らかである。」（下線筆者）と判示して、事業基準を満たさず、タックス・ヘイブン対策税制が適用されるとした。

　(3)　検　討

　平成22年の改正で、事業基準から地域統括事業が除かれることとなった。本件は、その改正前の事件である。本件当時の解釈としては、事業基準を満たすと考えざるを得ないが、地域統括事業は、能動的所得であり、受動的所得ではないのであり、租税回避とはいいがたく、タックス・ヘイブン対策税制の適用からは、外すべきであろう。

第5節　その他の個別否認規定

1　その他の個別否認規定の概観

　我が国の租税回避否認規定の分類は、第1節の1のとおりである。このうち「その他の個別否認規定」は、税目ごとに分類すると、まず所得税関係では、①資産の譲渡とみなす行為（所法33①かっこ書）、②民法上の組合を利用する航空機・船舶等のリース（措法41の4の2・67の12）などがあり、法人税関係では、①過大な役員給与の損金不算入（法法34②）、②特殊支配同族会社の役員給与の損金不算入（旧法法35）、③過大な使用人給与の損金不算入（法法36）などがあり、相続税関係では、旧相続税法4条1項、相続税法65条・66条などがあり（注274）、さらには、相続人に算入される養子の数の否認規定である同法63条がある（注275）。

　なお、法令ではないが、財産評価基本通達6項も、時価の算定について、租税回避の場合に、財産評価基本通達の価格によらないことを定めていて、個別否認規定と類似の機能を有している。

2　旧相続税法4条1項

　相続税関係の個別否認規定として、平成19年相続税法の改正前の旧相続税法4条1項が問題となる。「ニュージャージ州信託事件」と呼ばれている名古屋高裁平成25年4月3日判決（訟月60・3・618、判例22）の事例を検討することとする。なお、この名古屋高裁判決は、平成26年7月15日に上告不受理となり確定している。

（1）　事案の概要

　X（乳児、生後8か月）の祖父Aが、下図のとおり、米国ニュージャージー

（注274）　金子・租税法第22版130頁
（注275）　相続税法63条の「不当に減少させる結果となると認められる場合」の意義が問題となるが、養子縁組という行為の性質上、同法64条1項の「不当」についての経済合理性基準や独立当事者基準は当てはまらない。相続税法63条は、民法上有効に養子縁組が成立している場合に適用される規定であるが、同項の「不当」は、その立法趣旨からみて、目的基準で考えるべきであり、専ら相続税の減少のための養子縁組と認められ、それ以外の目的が認められないことと考える。

州法に準拠して、米国籍のみを有するXを受益者とし、米国の信託会社Cを受託者とする解約不能信託を設定し、信託財産として500万ドルの国債を預けたところ、Cにおいて、Xの父Bを被保険者とし、Xを受取人とする生命保険契約を締結した。

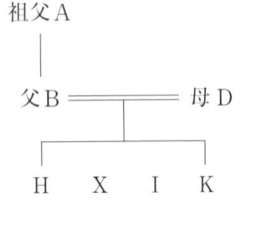

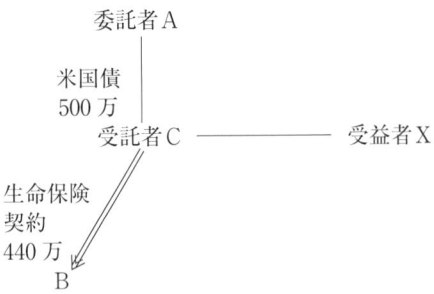

Xが、旧相続税法4条1項により、信託受益権の贈与を受けたとして、贈与税を課税されるかが問題となった。

(2)　判　旨

1審の名古屋地裁平成23年3月24日判決（訟月60・3・655）は、「相続税法5条ないし9条と同様に、みなし贈与の規定である同法4条1項にいう『受益者』とは、当該信託行為により、その信託による利益を現に有する地位にある者と解するのが相当である。」とした上、「本件信託は、本件信託財産を、Bを被保険者、Cを保険契約者兼保険金受取人とする本件生命保険に投資し、その死亡保険金をもって、受益者に利益を分配することを目的として設定されたものと認めるのが相当である。」とし、「本件信託は、上記のとおり生命保険への投資を内容とする信託であり、その信託財産500万ドルのうち、信託の費用に充てられることが見込まれる60万ドルを除いた本件信託において現実に運用することが可能な信託財産となる440万ドル全てが、本件生命保険の一時払

保険料として払い込まれている。したがって、本件信託としては、本件生命保険の保険金が受領できる時、すなわち保険事故であるＢの死亡した時又は保険期間が満了した時まで保険金を取得することはできず、本件信託設定時においては、受益者に対して分配することが可能となる資産を有していないことになる。そうすると、本件信託の受益者は、本件信託設定により直ちに本件信託から利益を得ることはできず、Ｂが死亡し、あるいは本件生命保険の満期が到来して初めて本件信託から利益を得ることが可能となることになる。また、Ｘは、本件信託契約において第一次的には受益者とされているが、本件信託が受領した本件保険契約に基づく保険金を直ちに全額受領できるわけではなく、本件信託の裁量により分配を受け得るのみであり、しかも、限定的指名権者の指名により、Ｘ以外の者が本件信託の利益の分配を受けることも可能である。以上の事情を総合すれば、Ｘは、本件信託の設定時において、本件信託による利益を現に有する地位にあるとは認められないといわざるを得ない。」（下線筆者）として、旧相続税法4条1項が適用されないとした。

　これに対し、上記名古屋高裁判決は、「相続税法4条1項の『受益者』については、同法にはこれを定義する規定は置かれていないため、これについても『信託行為』と同様に、信託法における『受益者』を意味すると解すべきである。信託法（……）2条6項は、「この法律において「受益者」とは、受益権を有する者をいう。」と定義しているところ、本件信託行為時の信託法（……）には「受益者」についての定義規定はないものの、上記定義と別異に解すべき根拠はないから、相続税法4条1項の『受益者』とは、『受益権を有する者をいう。』と解するのが相当である。」とし、「そして、『受益権』についても、相続税法にはこれを定義する規定が置かれていないため、信託法における『受益権』を意味すると解すべきであるところ、旧信託法には『受益権』についての定義規定はない。そこで検討するに、受益権の本質は、信託財産からの給付を受領する権利（信託受給権）にあるというべきであるが、受益者は、信託財産ないし受益者自身の利益を守るために監督的権能を与えられているのであって、信託受給権に加えてかかる信託監督的権能も受益権の内容を構成するものと解される。」とした上、「本件信託契約4条1項は、受託者は、自己の裁量により、Ｘが生存する限りにおいて、Ｘの教育、生活費、健康、慰安及び安寧のために妥当と思われる金額を、元本及び収益から支払うとしているのであるから、本件信託の設定時において、Ｘは、信託受給権を有する

ものとされていたと認められる。また、本件信託契約5条8項によれば、受託者は、受益者の合理的な要請に対して、本件信託の財産、負債、収入及び支出に関する情報等の受益者の利益に関連する本件信託の管理に関する詳細事項を受益者に提供するものとされているほか、受託者は、最低限1年に1度の頻度で会計報告を行うものとされていること（……）などが認められ、<u>これによってXは、信託監督的機能を有していたと認められる</u>。したがって、Xは、本件信託の設定時において、信託受給権及び信託監督的権能を有していたと認められる。」（下線筆者）として、旧相続税法4条1項が適用されるとした。

(3)　検　討

本件では、C社がAから委託を受けた国債をBを被保険者とする生命保険としたことから、AがC社に国債を委託した時点で、Xが受益をしていないのではないかが問題となった事件である。1審判決は、旧相続税法4条1項の「信託行為」については、借用概念としながら、同項の「受益者」については、みなし贈与の規定と同様として、上記判旨のとおり、「その信託による利益を現に有する地位にある者」と解すべきであるとして、Xがこれに当たらないとしたものである。一方、上記名古屋高裁判決は、「受益者」も借用概念であるとして、受益者としての信託受給権と信託監督権的機能を有していることなどを理由に、Xが「受益者」に当たるとしたものである。

上記名古屋高裁判決については、租税回避であるから「受益者」概念をそのように開解したのであるとする見解[注276]もあるが、そうではなく、「受益者」も借用概念であるとして、Xを受益者に当たるとしたものであり、上記名古屋高裁判決が相当と考える[注277]。

（注276）　谷口・前掲租税回避研究の展開と課題（注82既出）34頁
（注277）　佐藤教授は、「受益権」が信託法からの借用概念であるとした上、控訴審判決で判示された定義を採るべきとする（佐藤英明「信託の『受益者』と所得計算について」村井喜寿記念『租税の複合法的構成』（清文社、平成24年）121頁）。

第3章

先進国の一般否認規定

182

第１節　概　　観

1　一般否認規定の意義

　一般否認規定（General Anti-Avoidance Rule, GAAR）とは、第１章第１節１のとおり、適用対象を限定することなく、租税回避である場合に、租税法の観点から納税者の行った取引や内部計算を否認する規定である。

　これに対する概念は、個別否認規定（Specific Anti-Avoidance Rule, SAAR）であり、第１章第１節１のとおり、適用対象を限定して、租税回避である場合に、租税法の観点から納税者の行った取引や内部計算を否認する規定である。我が国の同族会社の行為計算否認規定は、適用対象を同族会社に関する行為や計算に限定していることから、一般否認規定ではない。

　このような一般否認規定がなぜ租税法規の中に立法されるのかを考えた場合、租税法規の解釈の在り方と密接に関係している。現在では、世界のほとんどの国が租税法律主義を採っているが、租税法律主義においては、租税法規の解釈において類推解釈は許されず、文言解釈が原則であり、文言だけでは明確でないときや不合理な結果となるときに立法趣旨による目的的解釈（purposive interpretation）が許されるとするのが原則である。

　租税法律主義の発祥ともいえる英国は、コモン・ローの国であり、判例の価値を重視する国では、伝統的に法律については、厳格な文言解釈によるべきであるとする考え方が強く、租税法規も同様であった。しかも、文言解釈といっても、いわゆる黄金律（golden rule）ということで、文言どおりの解釈だと不合理な結果をもたらす場合以外は文言どおり解釈すべきであり、立法時の議会の議事録（Hansard）ですら参照すべきでないとする徹底した考え方であった。しかし、第１章第２節３(1)イでも論じたとおり、英国でも1992年のHart事件上院判決で、租税法規の文言が不明確な場合に議事録を参照することが認められ、現在では、英国を始めカナダ、オーストラリアなどの英連邦諸国でも、租税法規の解釈に当たり、目的的解釈が許されるとしている。

　なお、ドイツでかつて経済的観察法（wirtshaftliche Betrachtungsweise）ということで租税法規の適用に当たっての事実認定だけでなく、租税法規の解釈に当たっても経済的な要請を考慮すべきとの見解があったが、これは類

推解釈を許すものであり、租税法律主義に反する考えであり、これは、筆者のいう「目的的解釈」ではない[注278]。

　このような租税法規の解釈の在り方の観点でみた場合、一般否認規定は、当該取引や内部計算が、当該租税法規の立法趣旨に反するものの、目的的解釈で許される拡張解釈や限定解釈の限界を超える場合、当該取引や内部計算を否認する規定と考えられる。このように一般否認規定をとらえる考え方は、英国の一般否認規定の導入を提言したアーロンソン意見書でも採られているところである（パラ3.20-3.23）。

　なお、ドイツのAO42条の性格について、後記のとおり、確認的な規定にすぎないとの内部説と、創設的規定であるとする外部説との対立があり、後者がドイツで支配的考え方であるが、このような観点でみると、筆者のいう一般否認規定は、目的的解釈の尽きた場合の創設的規定であり、外部説ということになる。

2　一般否認規定の分類

　一般否認規定は、その適用対象や適用基準で分類すると、まず、適用対象の広狭でみたとき、段階的取引のような取引に絞っているもの（段階的取引否認型）とそれ以外の取引をも包括的に対象としているもの（包括否認型）とに分けることができる[注279]。さらに、適用対象が広汎な包括型の場合、否認する基準として、①取引の異常性を基準としているもの（異常性基準）、②取引が濫用に当たるか否かを基準としているもの（濫用基準）、③取引における事業目的（business purpose）の有無を基準としているもの（事業目的基準）に分けることができる。

　具体的には、段階的取引型の一般否認規定としては、①オランダの一般租

（注278）　谷口教授は、租税回避に関する我が国の判例の立場を過形成（hyperplasia）ということで経済的観察法への回帰であると批判するが（谷口・前掲租税回避研究の展開と課題（注82既出）17〜21頁）、筆者も経済的観察法は、租税法律主義に反していると考えており、目的的解釈と経済的観察法とを峻別すべきであると考えている。

（注279）　本文1のとおり、一般否認規定を適用対象を限定していないものと定義すると、段階的取引否認型は含まれないこととなるが、段階的取引否認型も、段階的取引否認の対象となる取引については限定をしていないことから、一般否認規定の一種として分類することとする。

税法典31条、②ベルギーの所得税法344条1項がこれに当たり、また、③韓国の国税基本法14条3項もこの類型に当たると考えられる。

　一方、包括否認型のうち、異常性基準を採用したものとしては、南アフリカの旧規定である1962年の所得税法103条がこれに当たり、濫用基準を採用したものとしては、①ドイツの租税通則法42条、②イタリアの大統領令第600第37条の2、③カナダの所得税法245条、④ニュージーランドの所得税法BG1条、GB1条及びOB1条、⑤英国の2013年財政法206ないし215条がこれに当たり、事業目的基準を採用したものとしては、①オーストラリアの1936年所得税賦課法の第Ⅳ編Ａの177条Ａないし177条Ｈ、②南アフリカの所得税法80条ＡないしＬ、③香港の内国歳入法112章61条Ａがこれに当たり、また、スペインの一般租税法典15条や中国の特別納税調整実施弁法94条もこれに当たると考えられる。また、米国は、2010年3月30日に内国歳入法典7701条(o)項で確認的な一般否認規定を導入しているが、これを分類すると、事業目的基準となる。

　以上を図示すると、下図のとおりとなる。

段階的取引否認型　　オランダ、ベルギー、韓国

包括否認型 ─ 異常性基準　旧・南アフリカ

　　　　　　濫用基準　ドイツ、フランス、イタリア、カナダ、英国

　　　　　　事業目的基準　オーストラリア、ニュージーランド(注280)、香港、新・南アフリカ、スペイン、中国、米国

　なお、G7とオーストラリアの一般否認規定についての導入時期、対象税目、否認対象、否認基準、立証責任及び審査委員会の有無などについては、次頁の「G7＋オーストラリアのGAAR」のとおりである。

（注280）　ニュージーランドのGAARは、租税回避取決めを対象とし（所得税法BG1条）、租税回避取決めについて、「その目的と効果として租税回避であるもの」と規定している（同法YA1条）ところから、事業目的基準と考えられるが、同国の最高裁判例は、「議会の意図テスト」を採用しており、これは、濫用基準の一種と考えられる。第2節の3を参照されたい。

G7＋オーストラ

	米 国	英 国	ドイツ	フランス
条 文	内国歳入法典7701条（o）項（判例法理の確認的規定である。）	2013年財政法206ないし215条	租税通則法42条	租税手続法典64条
導入時期	2010年	2013年	1977年（1919年租税通則法5条を継承）	1941年（2008年改正）
対象税目	連邦所得税等	所得税等。付加価値税を除く。	連邦所得税等	所得税等。付加価値税を除く。
否認対象	取引（transaction）	取決め（arrangement）	法的形成（rechtliche Gestaltung）	仮装行為 or 濫用行為
否認基準	事業目的、経済合理性	濫用	濫用	濫用
立証責任（事業目的の存在）	納税者	国税	納税者（2008年改正）	納税者（下記委員会の同意を経た場合）
審査委員会の有無	なし	GAAR諮問委員会（裁判所を拘束）	なし	権利濫用禁圧諮問委員会（立証責任の転換）
GAARに代わる判例法理の存在	経済実質原則	ラムゼイ原則（解釈原則）	なし	法律の詐害の法理
開示義務	あり	あり		

リアのGAAR

イタリア	カナダ	日　本	豪　州
大統領令128第10条	所得税法245条	なし （部分的な規定として、同族会社行為計算否認規定がある。）	所得税賦課法第Ⅳ編Aの177条Aないし177条H
2015年	1988年	―	1981年 （1936年所得税賦課法260条の改正）
所得税等。付加価値税を除く。	連邦所得税等	―	所得税等
取引や事実	取引（取決め、出来事含む。）	―	スキーム（scheme）
濫用	濫用	―	事業目的
納税者	納税者（立法趣旨に反することは国税）	―	納税者
なし	GAAR委員会（裁判所を拘束しない。）	―	GAARパネル（裁判所を拘束しない。）
法の濫用の法理	なし	なし	なし
	あり		

3　一般否認規定における論点

　一般否認規定については、BEPSとの関係でも様々な議論がなされている。一般否認規定については、多くの論点があるが、ここでいくつか重要なものを挙げ、以下の各国の一般否認規定を検討するに当たり、否認の基準で、事業目的基準の一般否認規定と濫用基準の一般否認規定に分けて、これらの論点について検討することとする。

① 　一般否認規定と経済実質

　　各国の判例で問題となっているが、経済実質をどの程度考慮するかが問題となる。

② 　主観的要件の有無とその内容

③ 　一般否認規定と個別否認規定との関係

　　個別否認規定の要件上否認されない場合になお一般否認規定が適用され得るか？

④ 　一般否認規定と租税条約との関係

　　一般否認規定が、トリーティ・ショッピング（treaty shopping、租税条約の濫用）に適用されるかが問題となる。

⑤ 　立証責任の所在

　これらの論点について、まず、先進国のうち事業目的基準の代表として、米国、オーストラリアを検討することとする。なお、G7ではないが、英国やオーストラリアの一般否認規定を理解するに当たり、ニュージーランドの一般否認規定が参考となることから、そのような観点でニュージーランドも検討することとする。

　次いで、濫用基準の代表として、ドイツ、カナダ及び英国を検討し、さらに、第4節で上記論点ごとに整理して検討することとする。

第2節　事業目的基準の一般否認規定

1　米　国

(1)　概　観

　米国は、1935年のGregory事件連邦最高裁判決（判例23）以来、私法上の行為の効力とは別に、①事業目的基準（business purpose）、②経済実質基準

（economic substance）で判定して、租税回避行為に対して、その税効果を認めないとの経済実質原則（economic substance doctrine）、③段階的取引の法理（step transaction）が判例法理として発展している。

上記①の事業目的基準は、上記Gregory事件連邦最高裁判決で採られた法理である。

また、上記②の経済実質基準は、1960年のKnetsch事件連邦最高裁判決（判例24）に発するものであるが、その後、1978年のFrank Lyon事件連邦最高裁判決（判例25）ではその適用が否定され、その適用範囲が問題とされるようになった。そのようなことから、内国歳入庁は、経済実質原則（economic substance doctrine）ということで、主観的な事業目的と客観的な経済実質の両方で検討すべきであると主張するようになり、1985年のRice's Toyota World事件巡回裁判所判決（判例26）で採用され、その後も下級審では、この経済実質原則が適用されるようになったが、2001年のCompaq事件巡回裁判所判決[注281]では、その採用が否定されるなど、その適用をめぐっては、下級審の裁判例でゆらいできたといわざるを得ない。そのため、2010年に、加算税を賦課するに当たり、内国歳入法典（Internal Revenue Code、以下「IRC」という。）7701条o項を新設し、経済実質原則の判例法理を確認する規定を導入されたのである。

また、この経済実質主義をトリーティ・ショッピングに適用した判例として有名なのが、Aiken事件租税裁判所判決（判例27）である。

さらに、上記③の段階的取引の法理は、1938年のMinnesota Tea事件連邦最高裁判決（判例28）で、段階的取引の法理が採られた。

上記のとおり、米国では、事業目的の法理、経済実質原則及び段階的取引の判例法理が採られていることから、長らく、一般否認規定の導入はなされてこなかった。

ところが、米国は、2010年3月に、上記のとおり、IRC7701条o項で、経済実質原則の判例法理を確認する規定を導入したのである[注282]。この規定は、

（注281）　Compaq Computer Corp. v Commissioner, 277 F3d 778（5th Cir. 2001）。事案の詳細は、拙著・濫用法理141頁以下を参照されたい。

（注282）　IRC7701条o項導入の経緯については、本部勝大「経済的実質主義の制定法化に関する一考察（2・完）」名古屋大学法制論集264号229頁を参照されたい。

判例法理でも否認できる行為を対象とするものであり、制定法で初めて否認できるのではないことから、厳密にいうと、いわゆる一般否認規定とは異なるものと考えられる。

　そこで、IRC7701条o項の概要を述べた後、①Gregory事件連邦最高裁判決（判例23）、②Knetsch事件連邦最高裁判決（判例24）、③Frank Lyon事件連邦最高裁判決（判例25）、④Rice's Toyota World事件巡回裁判所判決（判例26）、⑤Aiken事件租税裁判所判決（判例27）、⑥Minnesota Tea事件連邦最高裁判決（判例28）について検討することとする。

(2)　IRC7701条o項

ア　条　項

「(1)　経済実質主義（economic substance doctrine）が関係する取引の場合、そのような取引が経済実質を有するのは、(A)その取引がその納税者の経済的ポジションを意義ある方法（meaningful way,……）で変化させる、(B)その納税者がその取引を実行する上で相当の目的（substantial purpose,……）を有する場合に限定される。

(2)　取引の利益の見込みの有無は、(1)号(A)及び(B)の要件が当該取引との関係上満たされているか否かを決定する上で考慮されるが、取引から合理的に期待される税引き前利益の現在価値が、当該取引が尊重される場合に認められるであろうと期待されるネットの税務上の利益の現在価値との関係で相当な程度である場合に限られる。

……」

イ　対象税目

対象税目は、連邦所得税及びこれと関係する州税・地方税である（IRC7701条o項3号）。

ウ　否認の対象

　否認の対象は、取引（transaction）である。否認の基準は、経済実質基準であり、①経済ポジションの変更（客観的要件）と②相当の目的（主観的要件）の両方を満たした場合に初めて経済実質を有するとしている。

　これは、下級審で、双方の要件を満たした場合に経済実質があるとするアプローチ（結合的関係テスト、conjunctive test）か、いずれかの要件を満た

した場合に経済実質があるとするアプローチ（非結合的関係テスト、disjunctive test）があり、前者だと、いずれかの要件を満たさない場合には否認され、後者だといずれかの要件を満たせば否認されないこととなり、その適用の範囲に大きく差があった。これは、Frank Lyon事件連邦最高裁判決（判例25）が、結合的関係テストと非結合的関係テストのいずれに依拠するものであるかという点についての裁判所のとらえ方が異なっていることに発していると言われている[(注283)]。

　これに対し、IRC7701条o項は、前者のアプローチを採ることを明確にしたものである。

(3)　Gregory事件連邦最高裁判決

　まず、Gregory事件連邦最高裁判決（判例23）[(注284)]について検討することとする。これは、法人の利益を配当としての課税を受けずに株主に分配することを目指したいわゆるベイル・アウト（bail-out）の事案である。

　ア　事案の概要

　Xは、A社の全株式を所有していたが、A社の所有資産であったB社の株式1000株が時価13万3000ドルに値上がりしたため、これを売却して利益を得ようと考えたが、A社に譲渡させると多額の法人税がかかり、B社の株式をいったんXに譲渡して売却すると、Xへの譲渡時点でその時価相当額の配当があったとされ、多額の所得税がかかることとなる。

　そこで、Xは、下図のとおり、A社をして、C社を設立させ、3日後にA社所有のB社株式全部をC社に移転し（①）、その代わりに、C社の全株式をA社を通じてXに発行させ（②）、XがC社の全株式を受け取り（③）、その3日後、C社を解散させてその清算の結果、その唯一の資産であるB社株の全部をXが分配取得した（④）。その後、Xは、B社株を市場において13万3000ドルで売却して多額の売却益を得た（⑤）。①及び②の取引は、A社が、A社の資産を一部移転して子会社C社を設立するに当たり、A社の株主に子会社の株式を交付するとのいわゆるspin-offの形をとっているものである。

（注283）　松田直樹『租税回避行為の解明』（ぎょうせい、平成21年）60頁
（注284）　Gregory v Helvering, 293 US 465 (1935)

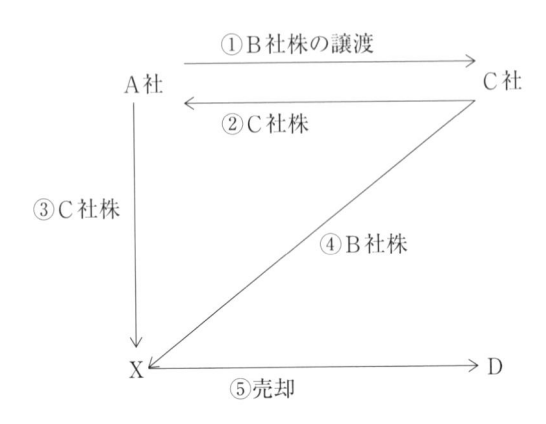

※IRC112条（g）

　「組織再編成（reorganization）の計画に従って、組織再編成の一方の当
　　事者である法人の株主に、……もう一方の当事者である法人の株式又
　　は証券が分配されるときには、株主がそれと引き換えに従来の株式を
　　放棄しなくても、当該株式又は証券の受領に関して受取人に利益を認
　　識しない。」

　同条（i）（1）（B）

　「ある法人による、その全資産のあるいは資産の一部の別法人への移転
　　で、移転の後直ちに移転をなした法人若しくはその株主又はそれらの
　　双方が、資産の移転された先の法人を支配しているもの」

　Xは、この一連の取引において、③でC社株の交付を受けたのは、組織変
更に伴うspin-offであって、IRC112条で非課税であり、④のB社株の取得は、
C社の清算による取得であり、そのキャピタル・ゲインは、B社株の市場価
格13万3000ドルとC社株の基準価格5万7000ドルとの差額である7万6000ドル
であり、⑤の売却は、取得価額が13万3000ドルであるので、0であるとして
申告した。なお、C社株の基準価格は、A社の株式の時価は、B社株の時価
を含めて、当時合計で81万ドルであったが、XがA社の株を取得するのに要
したのは、35万ドルであるところ、B社の株式は、A社の全資産の16.3%で
あるので、35万ドル×16.3%で5万7000ドルになるとするものである。

　これに対し、内国歳入庁は、組織変更に伴い配分を受けたとは認められな
いとして、Xは、A社から直接B社株の配当を受けたものであるとして、B
社株の市場価格13万3000ドルの通常所得であるとして課税処分をした。

　なお、当時のIRCは、法人の組織変更（reorganization）の一方の当事者で

ある法人の株主に、その法人又は他方の当事者である法人の株式等が発行された場合には、その配分を受けた株主には株式等から何ら利得が生じないものとする旨定められており、この組織変更には、ある法人によるその資産の全部又は一部の他の法人への移転で、その移転の直後に、移転した法人又はその株主若しくはその双方が資産の移転を受けた法人を支配している場合（上記のような法人の分割が含まれる。）が含まれる旨定めていた（同法112条）。

　　　イ　判　旨

　上記連邦最高裁は、課税処分を適法として、Xの上告を棄却した。多数意見を代表して、サザーランド裁判官は、「納税者には、法律の許す手段によって、そうでなければ彼の税金となっていたであろう金額を減少させ、あるいはこれらをすべて回避してしまう法律上の権利が認められるということは、疑う余地がない。……しかし、決定すべき問題は、課税上の動機を別にして、実際に行われたことが制定法の意図するところであったかどうか、ということである。」とした上、「〔IRC112条(i)(1)〕(B)は、ある法人から他の法人への資産の移転について述べているが、それは、法人企業の『組織変更計画の遂行において』なされる移転を意味しているのであって、本件の場合のような、どちらの事業とも関係のない計画の遂行におけるある法人から他の法人への資産の移転を意味しているのではない。租税に関する動機の問題はさておき、一連の行為の性格を実際に生じたことによって決定すると、何を見出すであろうか。単に、事業目的ないし会社の目的（business or corporate purpose）をもたない取引を見出すのみである。それは、その真の性格を隠蔽するための仮装として法人の組織変更の形式をまとった計画にすぎず、その唯一の目的と成果は、事業を再組織することではなく、一群の株式を原告に移転するという、あらかじめ考えられた計画の達成であった。新しい有効な法人が設立されたことは、疑問の余地がない。しかし、この法人は、上に述べた目的のための工夫以外のなにものでもない。それは、他の目的のために作られたのではない。それは、最初から意図していたとおりの機能以外の機能はなんら発揮しなかった。その限定された機能が行使されたとき、それは直ちに消滅させられたのである。これらの状況の下では、事実は、なによりも雄弁であって、一つの解釈を許すのみである。行為の全体は、(B)号の規定に従って行なわれたが、実際は、法人の組織変更の仮面をかぶった、入念

で遠廻りの資産の移転の形式にすぎず、それ以上の何物でもない。租税回避の意図を考慮から除外するルールは、この状況には関係がない。なぜなら、取引は、明らかに、制定法の明白な意図の範囲外にあるからである。」（下線筆者）とした。

　　ウ　検　討

　上記連邦最高裁判決は、原審の第2巡回裁判所判決[注285]の判断を是認したものであるが、この原審の裁判官であったラーニッド・ハンド判事は、「我々は、租税法の例外に含まれない限り、租税を回避することを欲し、あるいは、脱税をするためになされたものであったとしても、ある取引に非課税規定が適用されることはないという租税訴願庁や納税者の見解に賛成する。誰でも税金を可能な限りやすくするために自分の取引に手を加えてよく、すなわち、納税者は国にとって最善の取引方法を選択しなければならないわけではなく、自らの税金を増やすという愛国的な義務など存しない。」としたものの、「租税訴願庁がうまく言ったように、制定法の精密さが増加するにつれて、解釈の余地は少なくなる。しかし、メロディが楽譜以上のものであるのと同じように、条文の意味というのは、これを構成する単語の意味以上のものであり、どんなに特定したとしても、全体としてどのように見えるか、そして、全体を合わせると何が作られるかに置くことによる助けを除去することはできない。」（下線筆者）とした上、「これらすべてのステップは現実のものであるが、その唯一の欠陥は、それらが制定法の意味する『組織再編』ではなかったということである。なぜなら、これらの取引は、一方又は双方の会社にとってその事業活動の一部を構成するものではなかったからである。そう考えるなら、すべての手続はその通常の効果（usual effect）を有するものではあったが、それらの取引はshamであった。」として、課税処分を適法とした。上記連邦最高裁判決は、このハンド判事の見解を採用したものである。

　Gregory事件の評価は難しく、後記Knetsch事件連邦最高裁判決で採用されたsham transactionの法理につながるものであり実質主義の原則に立ってのものであるとの理解と、立法趣旨による限定解釈をしたものとの理解が可能であろう。なお、我が国の金子教授や英国のホフマン卿は、後者の見方を示している[注286]。

（注285）　Gregory v Helvering, 69 F. 2d 809 (2d Cir. 1934)

（注286）　金子・前掲租税法研究6号（注79既出）24頁、Leonard Hoffmann, "Tax Avoidance" BTR 2005, 2, at 199

(4)　Knetsch事件連邦最高裁判決

次に、Knetsch事件連邦最高裁判決（判例24）[注287]について検討すること
とする。これは、米国において、sham transactionの法理を確立した判例で
ある。

ア　事案の概要

Xは、60歳であったが、下図のとおり、30年満期、額面総額400万4000ドル、
利子率2.5％の後払いの貯蓄年金証券（deferred anuity saving bonds）を、
SH生命保険会社（Sam Houston Life Insurance Company）から購入した。

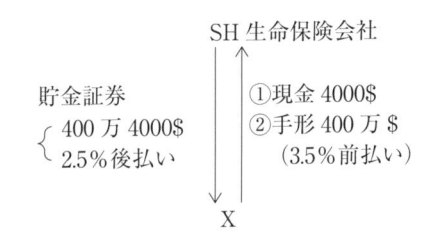

その際、Xが実際に支払った現金は、4000ドルにすぎず、残額は、その証
券自体を担保として人的責任を伴わない額面400万ドル、利子率3.5％の手形
によった。利子は前払いで、証券取得と同時に14万ドルを利子として支払う
こととした。この契約の条件で、Xは第1年度において、その末日を待たずに、
証券を担保に410万ドルまで（Xの場合あと10万ドル）の借入れができると定
められていた。Xは、これを利用し、証券を取得後の5日後に更に9万9000ド
ルを借り入れ、同じ条件の手形を差し入れた。この利息も前払いであったか
ら、この日、Xは3465ドルを利子として支払った。そして、Xは第1年度の利
子として14万3456ドルの利子控除を求めた。このようにXは、2.5％の利子
率の証券のために、3.5％の利子で借入れを行っており、経済的には損失であ
るが、課税上は、所得については、年金支払時又は解約清算時まで繰り延べ
られるのに対し、支払時に利子を控除することができるので、この利子控除
によって他の所得を相殺することにより、課税後は利益が出ることになるの
である。これに対し、内国歳入庁は、支払利子の控除を否認する課税処分を
した。

（注287）　Knetsch v United States, 364 US 361（1960）

　イ　判　旨

　上記連邦最高裁は、課税処分を適法として、Xの上告を棄却した。多数意見を代表して、ブレナン裁判官は、Gregory事件の「租税に関する動機から離れて、何がなされたかを決定するための質問は、法律が意図していることが何かを決定することである。」との判示を引用した上、本件で「何がなされたか（what was done）」をみると、「これは、我々が既に見たとおり、虚構（a fiction）にすぎない。なぜなら、ネッチの毎年の借入れは、年金又は保険の支払に依存するが、1000ドルという比較的少額の手数料で、Xのネットのキャッシュ・バリュー（解約返戻金）を保持し続けているからであり、したがって、明らかに、Xの保険会社との取引は、租税を減少することのほか納税者の利益（beneficial interest）には、何ら寄与しないのである（Gilbert事件の反対意見）。なぜなら、この取引からXにより実現された実質は、税の控除以上のものは何もないことは明らかであるからである。」（下線筆者）とした。

　ウ　検　討

　上記連邦最高裁判決は、sham transaction である理由として、納税者の取引が、課税を減少させる以外の利益（beneficial interest）があるか否かを問題としている。このように課税前の利益があるか否かを問題としたのは、Gilbert事件巡回裁判所判決においてラーニッド・ハンド裁判官が提唱したものであり、ハンド方式とか、beneficial interest テストといわれている。

（5）　Frank Lyon事件連邦最高裁判決

　次に、Frank Lyon事件連邦最高裁判決（判例25）(注288)について検討することとする。これは、リースバック取引における減価償却と支払利子の控除が問題となった事案である。上記連邦最高裁判決は、実質主義の原則に立ちながらも減価償却と支払利子の控除を認めた事案である。

　ア　事案の概要

　X社（Frank Lyon Co.）は、下図のとおり、A銀行のためにオフィスビルを建築したが、A銀行がこのビルを取得後、直ちにXに売却し、リースバックを受けた。

（注288）　Frank Lyon Co. v US, 435 US 561 (1978)

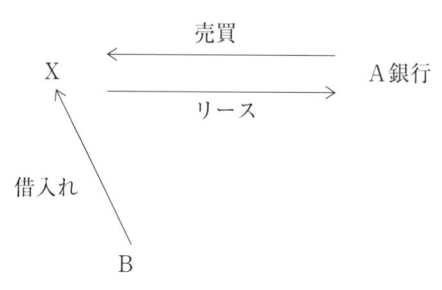

X社は、売買代金760万ドルのうち710万ドルをBからの借入れによりまかなった。リース期間は当初25年とされ、これは、資金の借入期間と同一であった。賃料も、支払時期及び支払額とも、借入金の元本返済額に等しく設定された。X社は、建物の減価償却及び借入金の支払利子を損金として申告したが、内国歳入庁は、X社が、この一連の取引でのキャッシュフローが0であることなどから、A銀行がBから融資を受けるに当たっての導管の役割を果たしているだけで、本件ビルを所有していないとして、減価償却費及び支払利息の損金算入を否認する課税処分をした。

　　イ　判　旨

　上記連邦最高裁判決において、法廷意見を代表して、ブラックマン裁判官は、「多くの判決において、当裁判所は、形式的な法的権原の譲渡によって、資産の所有に帰せられる税負担を移転することは、譲渡人が譲渡された資産に対する意味のある支配をなお保持している場合には認めてこなかった。……この実質主義の原則の適用に当たっては、当裁判所は、当事者が採用した特定の形式ではなく、取引の客観的な経済的実体（the objective economic realities of a transaction）を吟味の対象としてきた。当裁判所は、経済的実体に反する場合には、決して、『単なる紙の上で作られた方便』（the simple expedient of drawing up papers）を課税を左右するものと認めてはこなかった。」としながらも、「本件のような取引、すなわち、事業又は規制のために強制又は促進され、租税とは無関係な考慮が含まれている取引であり、無意味なラベルが貼られた租税回避の特質をもつのではなく、複数当事者が関与する経済的実質（economic substance）を備えた真実の取引が存在する場合には、政府は、当事者が行った権利義務の分配を尊重しなければならない。」（下線筆者）として、課税処分を違法として、Xの上告を認めて破棄した。

ウ　検　討

上記最高裁が、この取引に意味（significance）があるとしたのは、Xは、第2次抵当権者であるとしても、損失のリスクが出資額に限定されているのではなく、抵当権に対する責任を負っていたからであるとし、また、取引がリースバック取引に限定されたのは、A銀行がオフィスビルの取得が銀行規制上問題があったからであると考えられる[注289]。

(6)　Rice's Toyota World事件巡回裁判所判決

次に、1985年のRice's Toyota World事件巡回裁判所判決（判例26）[注290]を検討することとする。これは、リースバック取引で減価償却費の計上等が認められるかが問題となった事案である。

ア　事案の概要

自動車販売会社であるX社は、下図のとおり、コンピューターのリース業を営むA社から、リースで6年間使用していた中古のコンピューターを150万ドルで購入し（下図①）、A社に8年契約でリースバックしたが（下図②）、150万ドルのうち25万ドルを現金で出資し、残額はノン・リコース手形で支払うこととした。

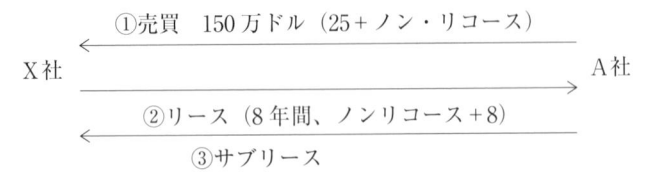

X社は、このコンピューターをサブリースの形で従前どおり使用を続けたが（上図③）、X社がA社から受け取るリース料は、ノン・リコース債務を弁済し、かつ、毎年1万ドルのキャッシュ・フローをもたらすように設定された。X社は、減価償却費の計上と支払利子の控除を求めたが、内国蔵入庁はこれを否認した。

イ　判　旨

1審の租税裁判所[注291]は、「納税者は、一般に、たとえ租税回避の動機からであるとしても、その事業上の取引を望むとおりに組み立てることが認めら

（注289）　Boris I.Bittker & Lawrence Lokken, "Federal Taxation of Income, Estates and Gifts 3rd ed.Vol.1" (RIA, 1999), at 4-67, 4-68

（注290）　Rice's Toyota World, Inc. v CIR, 752 F2d 89 (4th Cir.1985)

（注291）　Rice's Toyota World, Inc. v CIR, 81 TC 184 (1983)

れる。ただし、それは、租税に関係しない目的又は事業上の目的が同時に存在する場合に限られる。重要な点は、取引の形式ではなく実体（substance）が租税上の結果を決めるということである。」とし、「納税者が潜在的な租税上の利益を認識して、経済的価値が疑わしい取引を行ってきた場合には、sham transactionの法理の下で形成されてきたテストを適用し、事業目的（business purpose）又は経済的実質（economic substance）の存在を認めてよいかどうかを判断する。」とした上、まず、①X社の社長のライス氏がリース期間後取得することとなる中古コンピューターの価値に全く注意を払わず、ただ、課税上の利益のみを問題としていたこと、②中古コンピューターの購入価格が水増しされノン・リコースで借り入れられていたことなどから、課税上の利益を得ること以外の事業目的を欠くとし、さらに、「我々の分析は、ここで終了するわけではない。ライス氏が本件取引における事業上の又は課税に無関係の側面に着目しなかったことは、X社の請求にとって必ずしも致命的となるわけではない。もし、本件投資の客観的分析（objective analysis）によって、本件取引の形式を正当化するような経済的利益が生み出される現実的可能性が示されるならば、本件取引は、見せかけ（sham）とはされない。この判断を行うために、我々は当事者が貼り付けたラベルの中にあるものを精査し、本件取引を取り巻く諸事実や状況の中で、これを観察しなければならない。」として、客観的分析を行いこれによっても、本件取引によって利益を得る合理的可能性がないとして、減価償却費の計上も支払利子の控除のいずれも認められないとした。

　これに対し、巡回裁判所は、1審と同様に、「ある取引がshamと取り扱われるためには、裁判所は、その取引を行うに当たり課税上の利益を得るということ以外の事業目的（business purpose）によって動機づけられていないこと、及び、その取引が、利益を得る合理的可能性がないとの理由で、経済実質（economic substance）を欠くことを見いださなければならない。」として、①business purposeを持つかという主観的テストと、②economic substanceを持つかという客観的テストの両方のテストを満たすことが必要であるとした。そして、巡回裁判所は、減価償却費の計上については認められないとしたが、借入れについては、経済的危険負担のある真正な債務であることを理由として、支払利子の控除は認められるとした。

　ウ　検　討

　この巡回裁判所の判決により、①business purposeを持つかという主観的テストと、②economic substance を持つかという客観的テストの両方のテストを満たすことが必要であるとする二分肢テスト（two prong test）で判断することが確立されたのである。

　また、経済実質原則においては、どれくらいの実質があれば、経済実質があるかが問題となり、当該取引における経済実質を判定する方法として、内国歳入庁は、税引き前利益のテスト（the pre-tax profit test）を提唱している。すなわち、内国歳入庁は、2004年改正前のIRC6111条(c)(1)におけるタックス・シェルターを暫定規則で定義するに当たり、「その取引から参加者が合理的に期待する税引き前利益（ただし、外国税は費用又はコストとして考慮する）の現在価値が、取引からの参加者が期待する連邦所得税の純軽減額の現在価値に比べて、ごく僅か（insignificant）なもの」（暫定規則§301.6111-2T (b)）としたが、このように税引き前の利益と税引き後の利益とを比較する方法である(注292)。

(7)　Aiken事件租税裁判所判決

　次に、1971年のAiken事件租税裁判所判決（判例27）(注293)を検討することとする。これは、トリーティ・ショッピングの事案に経済実質主義を適用した事件である。

　ア　事案の概要

　米国のX社がバハマの親会社A社から借入れをした。A社は、ホンジュラスに孫会社B社を設立した。そして、A社は下図のとおり、X社に対する債権をB社に、元々の債権と同額の債務証書を交換して譲渡した。この譲渡のため、X社は、B社に対する利子の支払をし（下図①）、その代わり、B社がA社に同額の利子を支払った（下図②）。いわゆるback-to-back loanといわれている態様の取引である。なお、米国とバハマの間には、租税条約は締結されていなかった。

（注292）　内国歳入庁の提唱する税引き前テストについては、1998年の Notice 98-5 に更に具体的にその考え方が書かれている。
（注293）　Aiken Indus.,Inc. v CIR,56 TC 925（1971）

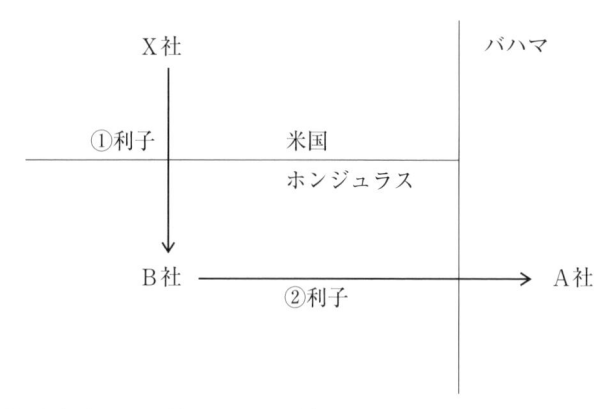

　上記債権譲渡前は、Ⅹ社の利子の支払は、30％の米国の源泉税に服していた。しかし、上記譲渡後に、Ⅹ社は、米国－ホンジュラス租税条約に基づき、米国の源泉税の免除を請求した。Ⅹ社のＢ社に対する利子の支払に米国－ホンジュラス租税条約の特典が適用されるかが問題となった。

　イ　判　旨

　上記租税裁判所判決は、Ｂ社の法人格を無視することはできないと判示した。しかし、上記租税裁判所は、「問題の利子の支払は、他方の締約国の会社（ここではＢ社）によって、当該条約9条の意味において、『受領された（received by）』のではない。9条を意味をもたせるには、我々は、『受領された（received by）』との用語をそれ自身で何ら他に移転する義務なしに受け取ることを意味すると解釈する。『受領された（received by）』とは、単に物理的に受け取ることではなく、完全に支配管理することである。Ｂ社は、徴収代理人にすぎない。Ｂ社は、単なる導管にすぎず、自分のために受け取ったということはできない。Ｂ社は、利子の支払において現実の受益（actual beneficial interest）がなく、実質は、Ⅹ社がバハマの親会社Ａ社に利子の支払をしたのである。」（下線筆者）と判示して、米国－ホンジュラス租税条約の特典を受けることはできないとした。

　ウ　検　討

　上記租税裁判所判決は、トリーティ・ショッピングの事件に対し、経済実質原則で解決したが、経済実質原則には限界があり、このようなトリーティ・ショッピングの事案のすべてに対処できるものではないと考えられる。

　例えば、上記Aiken事件租税裁判所判決後の類似の事案である1995年の NIPSCO事件租税裁判所判決[注294]では、米国の法人であるNIPSCOが、オランダ・アンチラに100％子会社を設立し、この子会社に貸付をして、子会社を介して欧州市場に投資をした事案において、この子会社の親会社に対する利子の支払に、米国－オランダ租税条約が適用され、利子に対する米国源泉税が免税となるかが争われた事件で、子会社は単なる導管ではないとされている。そのようなことから、上記Aiken事件租税裁判所判決における経済実質原則の適用範囲は狭いと考えられている[注295]。

　(8)　Minnesota Tea事件連邦最高裁判決

　次に、1938年のMinnesota Tea事件連邦最高裁判決（判例28）[注296]を検討することとする。これは、米国において、段階的取引の法理を初めて認めた判例である。

　　ア　事案の概要

　X社は、下図のとおり、A社に組織を変更することとし（下図①）、X社の株主にA社の株式が分配された。その後すぐに、A社が残っている資産をB社に売却し（下図②）、その代金を現金でX社の株主に配当するとともに、その株主がX社の債務を引き受けた。

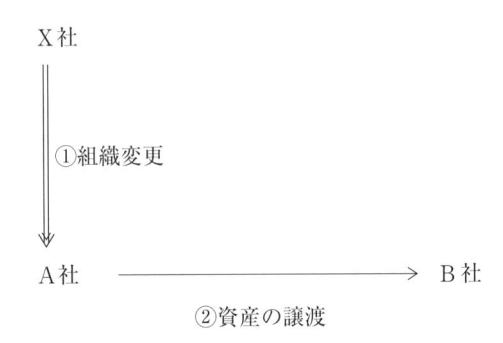

内国歳入庁は、組織変更には当たらず、X社が、B社に対する譲渡益を申告すべきであるとして、課税処分をした。

(注294)　Northern Indian Public Service Company v CIR, 105, TC 341（1995）
(注295)　Shay Menuchin and Yariv Brauner, "United States", Lang ed., GAARs, at 771
(注296)　Minnesota Tea Co. v Helvering, 302 US 609, 613（1938）

　イ　判　旨

　上記連邦最高裁判決は、「真直の経路を通ってもたらされる結果は、遠回り<u>して達成されたからといって異なった結果はもたらさない。株主達に対する最初の分配は、債権者達に資産を移転することにおいては、無意味で不必要な事象であり、初めから彼らの手元に届くように意図されたもので、非常にみえすいた技巧的なものでありこれ以上の議論をする時間が無駄である。株主達の関係は、単に導管にすぎない。」（下線筆者）</u>とし、X社の株主に対する分配を不必要な段階であるとして、内国歳入庁の処分を適法とした。

　ウ　検　討

　上記連邦最高裁判決は、段階的取引の法理を初めて採用した判例である。段階取引の法理は、複数の別個の段階を、課税上の利益を得るための1個の取引と扱うとするものであり、株主の取引の分野で発展してきた判例法理の1つである。段階取引の法理は、課税上、複数の取引を1個とみるものであり、実質主義（the sub-stance-over-form doctrin）に基づくものと考えられている。

　このような段階の法理の考え方は、Gregory事件連邦最高裁判決（判例23）にも既に認められるところであるが、さらに、裁判所は、段階取引の法理について、①最終的結果のテスト（the end result test）、②相互依存のテスト（the mutual independence test）、③コミットメント拘束のテスト（the binding commitment test）、の3つの異なるテストを明らかにしてきている[注297]。

　①の最終的結果のテストとは、本連邦最高裁判決で明らかにされたテストであり、複数の段階が単一のスキームの一部であるか、あるいは、特定の結果を得るための着手として意図された計画である場合には、複数の段階が結合されるとするテストである。②相互依存のテストとは、客観的事実の合理的な解釈に基づき、複数の個々の段階が、1つの取引によって形成された法的関係が一連の取引の完了なしでは効果がないといえるほど独立的であるか否かを問題とし、独立的でないとすると結合されるとするテストである。③のコミットメント拘束のテストとは、1968年のGordon事件連邦最高裁判

（注297）　Department of the Treasury, "The Problem of Corporate Tax Shelter" (1999), at 50、Joint Committee on Taxation, Appendix Ⅱ to JCX-82-99 (1999):Discription and Analysis of Present-Law Tax Rules and Recent Proposals Relating to Corporate Tax Shelter, at 20

決(注298)によって明らかにされたテストであり、第1ステップの時点で納税者が後のステップを続行することを約束している場合にのみ、第1のステップと後続のステップが統合されるとするテストである(注299)。

　これらのテストの中で、①の最終的結果のテストが適用範囲が最も広いといわれ(注300)、②の相互依存のテストは、①によって切り出された一連の取引が相互に依存するものであるかどうかをテストし、依存するならば一連の取引に当たるとするものであり、①の検証のためのテストと考えられる。③は、3つのテストの中で適用範囲が最も狭いといわれている(注301)。

　また、段階取引の法理を適用するか否かを決めるに当たり、裁判所は、その前提として、①納税者の意図（the intent of the taxpayer）と②個別の段階の時間的近接性（the temporal proximity of the separate steps）に着目しているといわれている(注302)。すなわち、納税者が一連の段階の最初のものを行った時点で、他の段階をもたらす計画や意図がなかったことを示す証拠を提出することができれば、その取引は、お互いに同一の段階とはされない。納税者がその意図がないことを裏付ける重要な要素は、それに続く段階が、その納税者の支配が及ばない、外部の予想されない出来事によって促された場合である。当初の取引を行った後でそれに続く段階を実施することについて法的なコミットメント拘束がない場合、出来事の間の時間の長さが取引が同一の段階とされるべきかを決める重要な尺度である。十分な時間の経過が一連の取引の間にあれば、段階取引の法理の適用は回避されるべきであるとされる。

2　オーストラリア

(1)　概　観

ア　旧所得税法260条

　オーストラリアでは、一般否認規定は、1915年の所得税法（Income Tax

（注298）　Commisioner v Gordon, 391 US 83（1968）
（注299）　supra, Department of the Treasury, Tax Shelter, at 50-51
（注300）　supra, Joint Committee on Taxation, AppendixⅡ, at 20
（注301）　Id., at 20
（注302）　Id., at 20

Assessment Act）の54条で導入された。なお、この一般否認規定のルーツは、元をたどると、後記３(1)のニュージーランドの1900年土地・所得税法（Land and Income Assessment Act）82条に遡ることができる[注303]。その後、この1915年所得税法53条は、1936年所得税法の260条に引き継がれた。1936年所得税法260条（以下「旧所得税法260条」という。）は、下記のとおり規定していた。

「本規定の施行の前後であるか、また、書面と口頭のいずれであるかに関係なく、あらゆる契約、合意あるいは取決めが、直接的であれ間接的であれ、下記の目的（purpose）ないし効果（effect）をもっているないし示している限りは、国税庁長官に対し、あるいは本法の下での手続との関係上、絶対的に無効（void）である。しかし、かかる契約等のその他の目的との関係では、その法的効果が損なわれるわけではない。

(a)　所得の発生（incidence）を変更させるとき。

(b)　所得税負担の軽減・回避を可能にするとき。

(c)　所得税法上の納税義務の目的をないがしろにするとき。

(d)　所得税法上の執行を阻害するとき。」

このように旧所得税法260条は、契約等を締結した目的ないし効果で租税回避か否かを契約等を締結した目的ないし効果で租税回避か否かを判断する規定であり、また、「目的」といっても、ニュージーランドの1900年土地・所得税法82条と同様、納税者の主観的動機を問題としないものであり、その要件が非常に広汎であり、さらには、租税回避をする目的が唯一又は主要な目的であることを要しない規定となっていた。そのため、オーストラリアの高等法院判決において、この規定の適用を制限する判例法理が形成されたのである。以下、判例の流れを検討することとする。

　　ィ　Keighery事件高等法院判決──選択法理

旧所得税法260条の適用に当たり、まず重要な判例が、1957年のKeighery

（注303）　1915年所得税賦課法54条のルーツをたどると、ニュージーランドの1900年土地・所得税法82条がニュージーランドの1908年同法103条に引き継がれ、オーストラリアの1910年土地法63条の制定に当たって参考とされ、これが1915年所得税法54条となったと考えられる（Petet A. Harris, "Fair in Love but not Taxation:The English Orgins of the Australasian General Anti-Avoidance Rule-Part Ⅱ", BIT, March 2007, at 121)。

事件高等法院判決[注304]であり、選択法理（choice principle）を採った判例である。

　これは、閉鎖会社（private company）であるX社が、所得税・社会サービス税法（Income Tax and Social Services Contribution Assessment Act）の第3章7節の適用を免れるために、技巧的な方法を用いて、公開会社（public company）となったとの事案であり[注305]、歳入庁が260条を適用して、X社の留保所得を課税対象とすることができるかが問題となった事件である。

　上記高等法院判決は、「260条の解釈は、たとえどんなに困難であっても、少なくとも1つは明らかである。この条項は、賦課法の一般的条項を葛藤（frustration）から保護することにあり、納税者が本法それ自体が明示的に禁じていない取引形態を選択する権利（right of choice）を納税者に拒否するものではない。」（下線筆者）とし、選択法理を採用して、課税処分を違法とした。

　選択法理とは、上記のとおり、「課税につながる選択肢と課税につながらない選択肢がある場合、税法が禁止していない限り、納税者が課税につながらない選択肢を選択する権利を否定することはできない」とする原則のことである。

　旧所得税法260条は、前記アのとおり、非常に広汎な文言となっており、文言どおり解釈すると、租税を軽減する取引のほとんどがこれに該当することとなってしまう。そこで、上記高等法院判決は、このような選択法理を採用して、旧所得税法260条の適用を制限することとしたのである。上記高等法院判決は、このような選択法理を採用する理由については特に判示していないものの、英国のWestminster事件上院判決（判例37）の影響があると考えられる。

　しかし、この選択法理は、すぐ後に述べるNewton事件枢密院判決でいったん否定されたものの、その後、1971年のCasualiana事件高等法院判決[注306]で、Newton事件枢密院判決で採られた断定テストとは区別された別な法理として採用されたことから、オーストラリアの高等法院において、選択法理

（注304）　W.P.Keighery Pty Ltd. v FTC，[1957] 100 CLR 66
（注305）　事案の詳細については、拙著・濫用法理385頁を参照されたい。
（注306）　FCT v Casualiana Pty Ltd.，[1971] 127 CLR 62

として定着し、その後、「本来の取引テスト」にまで拡張されていったのである。

　ウ　Newton事件枢密院判決——断定テスト

　次に重要な判例が1958年のNewton事件枢密院判決[注307]である。これは、株主に対する配当に対する課税を減少させようとする事案である[注308]。

　上記枢密院判決は、多数意見を代表して、デニング卿が、まず、「『目的（purpose）』との用語は、動機（motive）ではなく、最終的に達成しようと考えられている結果（achieve-the end in view）である」とし、「当該条項〔筆者注・260条〕は、個人の動機に関するものではない。個人の租税を回避したいとの願望に関係するものでもなく、個人がそれを利用する意味のみに関係する。……当該条項を適用するに当たっては、その正に文言によって、取決め自体をみて、それをしようとしている人の動機ではなく、その効果をみなければならない。……」とした上、「本条項〔筆者注・260条〕を取決めに対して適用するには、—実行された明示的な行為を観察することによって—当該取決めが租税を回避することを目的として実行されたと断定（predictate）されなければならない。もし、断定されず、通常の商取引や関係者間取引（ordinary business or family dealing）として説明することも可能であるならば、必ずしも租税を回避することを目的とするものと分類する必要はなく、当該取決めは、同条項の対象とはならない。」（下線筆者）として、断定テストを採るべきとし、本件課税処分を適法とした。

　エ　Mullens事件高等法院判決——本来の取引テスト

　1976年のMullens事件高等法院判決[注309]は、天然ガスの開発を行う会社の株式を購入する者に対する税法上の優遇措置の適用が問題となった事案である[注310]。

　本高等院判決において、バーウィック判事は、「本条〔筆者注・260条〕は、取引に入る目的を述べているのだけれども、当該表現を理解するためには、そもそも当該取引が租税の発生を変更するのでなければ、無意味である。既

（注307）　Newton v FTC, [1958] 98 CLR 1, 9
（注308）　事案の詳細については、拙著・濫用法理388頁を参照されたい。
（注309）　Mullens v FCT, (1976) 135 CLR 290
（注310）　事案の詳細については、拙著・濫用法理391頁を参照されたい。

に私が指摘しているとおり、当該取引がたとえ本法の条項の便益を得るために関係者によって締結されるとの形式をとっていたとしても、本法の条項を充足させるとすると、租税の発生の意味のある変更はない。本法の特定の条項の便益を得るために問題となっている当該取引を置き換えるため、関係者間で本来の取引（antecedent transaction）があれば、別であろう。260条は、関係者が締結した実際の取引をしたとの理由のみで納税者が与えられた所得に直接課税するのではない。」（下線筆者）との意見を述べ、課税処分を違法とした。

　ここで採られた「本来の取引テスト（antecedent transaction test）」とは、「納税者が所得を生じるような本来の取引（antecedent transaction）があったのに、商業上の考慮からではなく、租税上の理由からこの取引を変更した場合にのみ否認できる」とする原則のことである。このテストの根拠は、上記判示で示されているとおり、旧所得税法260条 a 項が、「所得の発生を変更させる（alter the incidence of tax）」と規定していたことに根拠を有していると考えられる。本来の取引テストの文言上の根拠は、上記のとおりであるが、上記高等法院判決におけるバーウィック判事の考え方は、英国のウエストミンスター原則をできるだけいかそうとするものであると考えられる。

　以上詳述したとおり、オーストラリアの高等法院は、旧所得税法260条の適用に当たり、選択法理を採用した上これを拡張し、本来の取引テストに至って実質的に同条の適用を制限して、ほとんど適用の余地がない規定としたのである。これをもって、一般に、「260条の死（demise）」と表現されているところである。このようなオーストラリアの高等法院における選択法理の採用及び拡張には、1964年から1980年の間、同法院の首席裁判官を務めたバーウィック判事の影響が大きく、同判事を通じて、旧所得税法260条を英国のウエストミンスター原則によって制限しようとする考え方が採られたものと考えられる。

　　オ　第IV編Aの制定

　上記「本来の取引テスト」は、選択法理や断定テストよりも旧所得税法260条の適用を非常に制限するものであり、同条が実際上機能しなくなった。そのため、1981年に所得税法の第IV編Aが制定されたのである。この改正の趣旨については、財務省が議会に提出した覚書（Explanatory Memorandom）や当時の財務大臣のハワード大臣（後に首相となる。）のスピーチなどによっ

て明らかにされており、ハワード大臣は、「あからさま、人為的又は仕組まれた取決め（blatant、artificial or contrived arrangements）を打ち倒すべき手段を与えるものである」（下線筆者）とスピーチしている。

　所得税法の第IV編Aの適用につき、高等法院は、①1994年のPeabody事件高等法院判決[注311]では、その適用を否定したものの、②1996年のSpotless事件高等法院判決（判例29）、③2001年のConsolidated Press事件高等法院判決[注312]、④2004年のHart事件高等法院判決（判例30）ではその適用を認めている。これらの事件について既に詳細に述べたところである[注313]。このうちSpotless事件高等法院判決は、スポットレス法理というべき重要な判断をしている判例であり、また、Hart事件高等法院判決は、これを発展させた判例である。また、オーストラリアのGAARは、2013年に重要な改正がされている。

　そこで、まず、オーストラリアの現行GAARの概要を述べた上、次に、①Spotless事件高等法院判決、②Hart事件高等法院判決を検討し、さらに2013年の改正について論じることとする。

　(2)　所得税法の第IV編Aの177条Aないし177条H

○177条A　（解釈）

「1項　この編では、反対の意思が表示されていない限り、次のとおりとなる。

　　……

　　『スキーム（scheme）』とは、次の場合を意味する。

　　a)　明示されているか否か、また、法的手続に基づいて執行可能なものであるか否かに関係なく、あらゆる合意（agreement）、取決め（arrangement）、了解（understanding）、約束（promise）又は企て（undertaking）。

　　b)　あらゆる計画（scheme）、企画（plan）、提案（proposal）、行動（action）又は一連の行動（course of action）若しくは行為（course of conduct）。

　　　……

　……

（注311）　FCT v Peabody，［1994］123 ALR 451
（注312）　FCT v Consolidated Press Holding Ltd.，［2001］HCA 32
（注313）　拙著・濫用法理371頁以下

5項　本編における特定の目的のために実行されたスキーム又はスキームの一部に関して述べている事項は、当該特定の目的を主要な目的（dominant purpose）とする複数の目的のために実行されたスキーム又はスキームの一部に関して述べている事項を含むものであると解することとする。」

○177条D（本編が適用されるスキーム）

「本編は、1981年5月27日後に入っている又は入るあらゆるスキーム、その日に実行され又は実行が開始されたあらゆるスキーム（その日又はその日以前に入ったスキーム以外のスキーム）で、当該スキームがオーストラリア国内、オーストラリア国外又は一部がオーストラリア国外で開始され又は実行されようが、次の場合に適用される。

a）　納税者（本条において問題となっている納税者として言及される者）が、177条F（報告者注・租税上の便益の否認等）がなければ、当該スキームに関連して、租税上の便益を得、又は得たであろう場合。

かつ

b）　以下を考慮して、当該人又は人達の1人が、問題となっている納税者において当該スキームに関連し租税上の便益を得ることができるとの目的又は別の納税者その他の納税者（スキーム若しくはその一部に加わった人が適切な納税者であろうが、その他の納税者であろうが、その他の納税者の1人であろうが、それは問わない。）が当該スキームに関連して便益を得られることができるとの目的がない限り、当該スキーム若しくはその一部を締結しなかったと結論づけられる場合。

　　　i　スキームの締結又は実行の方法

　　　ii　スキームの形式と実質（the form and substance of the scheme）

　　　iii　スキームが実行された期間

　　　iv　第4編Aがなければ実現する結果

　　　v　スキームに起因して生じる納税者の財政状態の変化

　　　vi　スキームに起因して生じる納税者の関係者に生じる財政状態の変化

　　　vii　納税者とその関係者に生じるその他の変化

　　　viii　納税者とその関係者の関係」

　否認の基準は、目的基準である。具体的には、一般否認規定が適用されるかは、まず、①スキームがあるか（177条A）、次に、②納税者が当該スキームから得られる租税上の便益を引き出しているか（177条C）、最後に、③当該ス

キームに入った唯一又は主な目的（the sole or dominant purpose）が租税上の便益を得るためであったか（177条D、A5項）により決せられる。そして、納税者の行ったスキームが租税上の利益を得ることが唯一又は主な目的であるか否かは、177条Dのb号の規定する8つのテストにより客観的に検証される。この8つのテストは、3つの重なり合っている部分から成っていて、第1は、当該スキームがどのように実行され、何を得ようとしているかであり（b号のⅰないしⅲのテスト）、第2が、その効果であり（b号のⅳないしⅶのテスト）、第3が、納税者と関係者の間の結びつきの性質である（b号のⅷ）。

（3）　Spotless事件高等法院判決

次に、Spotless事件高等法院判決（判例29）[注314]を検討することとする。これは、スポットレス法理を明らかにした判例である。

ア　事案の概要

X社ら（オーストラリア法人）は、金融機関A社（クック島法人）が提供した投資スキームに従い、投資することとした。このスキームに従うと、クック島の利子率は、オーストラリアの当時の利子率より約4%低かったが、クック島の源泉税が5%と低率であったため、手取りではオーストラリアで投資するよりも得となるとのことであった。また、クック島への投資に当たり、シンガポールの金融機関B社（シンガポール法人）がLC保証をすることになっており、リスクはないとのことであった。そこで、X社は、この投資をすることとし、下図のとおり、1986年12月に、B社に4000万ドルを預金し、すぐに同社からA社の親会社C社（クック島法人）に送金させ、X社のD（Mr.Levy）をクック島に派遣し、C社の預金から小切手で4000万ドルを引き出させ、A社に入金した。

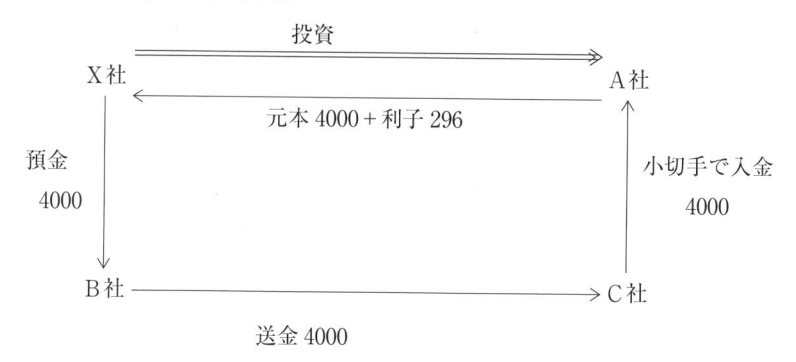

（注314）　Spotless Services Ltd. v FCT, [1996] ATC 5201

　この投資の貸付期間は、195日で、利子率は、15.5％であり、B社がC社及びA社の預金をLC保証した。その後、満期の1987年6月に、X社らは、A社から預金証明書を受け取るとともに、元本及び利子296万ドルからクック島の源泉税12万ドルを差し引いた284万ドルを受け取った。X社らは、当時の所得税法23条q項に基づき、当該利子の国内での課税は免除されるとして申告した。これに対し、内国歳入庁は、当該利子を国内源泉所得とする課税処分をした。

　なお、オーストラリアは、1987年以降外国税額控除方式を採用しており、この事件は国外所得免除方式を採っていた旧法下の事件である。

　　イ　判　旨
　上記高等法院判決は、原審の連邦裁判所大法廷判決を破棄して、課税処分を適法とした。上記高等法院判決において、「この判示〔原審判決〕において、一方で『合理的な商業上の決定』と他方で租税上の便益を得ることを『投資をする際の納税者の主要な目的』として参照しているが、これは、誤った二項対立（false dichotomy）である。……納税者は、租税上の便益を納税者に得させることとなる主要な目的が、事業の遂行過程における商業上の利得を得ることと一致する場合であれば、そのような目的で、第Ⅳ編Aの意味の範囲内において、スキームを締結・実行することが許されている。」（下線筆者）とし、次いで、「米国の連邦最高裁のハーラン判事は、Brown事件（CIR v Brown,（1965）380 US 563 at 579-580）において、『租税法は、ビジネスの世界において、一人の競争者の存在と同様、経済的実在（economic reality）として存在している。ビジネスマンは、両者を考慮しながら計画を立て、租税は、いかなる源泉からも控除されるのと同じくらい現実である。』と言った。その後、米国の連邦最高裁は、『租税法がほとんどすべての商業上の取引の形成（shape）に影響を与えるとの現実を無視』できないと判示した（Frank Lyon Co v United States,（1978）435 US 561 at 580）。オーストラリアにおいても、国と州の印紙税法は、特に、商業上の取引の形式を重要な要素としている（……）。しかしながら、租税法は、商業を育て、かつ、守るとの範囲内での法的な命令の一部である。……租税法上の納税者は、一般的な意味で、ある取引と呼ばれていることを追求するための特定の目的や必要をもっているかもしれない。その取引の『形成（shape）』は、1つの形式（form）である必要はないかもしれない。他の形式でなく特定の形式の選択（adoption）は、

租税を考慮したことに影響を受けているかもしれず、アメリカの連邦最高裁が指摘したとおり、これは、結局期待されているかもしれない。特定の一連の行為は、連邦裁判所〔筆者注・原審〕の裁判官の判示では『租税に向けられ（tax driven）』ており、そして合理的な商業上の決定にも耐え得るものである。後者の性格の存在は、第Ⅳ編Aの意味の範囲内で、納税者が『租税上の便益』を得ることを『主たる目的』でした『スキーム』を締結又は実行しているかの問題に対する答えを決定するものではない。」とした上、「様々な目的の中で、何が『主要（dominant）』であるかを特定すること如何に係っているのである。通常の意味においては、支配的（dominant）とは、有力な、顕著な、あるいは最も影響のある目的（ruling, prevailing, or most influential purpose）であることを指している。本件では、その課税後のリターンを最大化するステップを採り、そして、『租税上の便益』を得るのが『支配的目的』であることを示す方法でそのステップを行っていたら、国税庁長官の前にある基準は177条Fの下で満足されると決定されるであろう。」（下線筆者）と述べ、本件スキームは、税務上の利益を得ることを主たる目的として実行されたものであると認められるとして、第Ⅳ編Aによる否認ができるとした。

　なお、原審の上記連邦裁判所大法廷判決（クーパー判事）は、本件取引では、スキームの存在が認められるが、スキームに関連して税務上の利益も生じており、また、税務上の利益がなければ、本件取引は実行されていなかったであろうと考えられるものの、本件取引の主要な目的は、税を含むすべてのコストの支払後の投資利益の最大化であるとし、第Ⅳ編Aは適用されないとしたが、上記高等法院判決は、これを破棄したものである。

　上記クーパー判事の意見は、Newton事件枢密院判決で、デニング卿が述べた断定テストを前提とするものと考えられる。すなわち、クーパー判事の意見は、「租税回避は、租税回避目的をもって取決めを行うことであり、通常の商取引や関係者間取引（ordinary business or family dealing）として説明することが可能であれば、租税回避には当たらない。」との考え方を前提にして、租税上の便益を得る目的（租税回避目的）／合理的商業上の決定（通常の商取引や関係者間取引）とを二項対立させる考え方に基づくものである。

　これに対し、上記法廷意見は、「納税者は、租税上の便益を納税者に得させることとなる主要な目的が、事業の遂行過程における商業上の利得を得るこ

とと一致する場合であれば、そのような目的で、第Ⅳ編Ａの意味の範囲内に
おいて、スキームを締結・実行することが許されている。」と判示しているが、
これは、租税回避であるか否かは、合理的な商業上の決定で説明できるか否
かではなく、租税上の便益が商業上の利得を得ることから生じているか否か
で決せられるのであり、租税上の便益を得る目的と税引き前の商業上の利得
を得る目的とを比較して、いずれが主要であるかで決せられるのであるとす
るものである。

　ウ　検　討

　所得税法の第Ⅳ編Ａの177条Ａないし177条Ｈは、オーストラリアの高等法
院で採られた「いきすぎた選択法理」を制限し、英国の上院が採った断定テ
ストへの回帰を目指したものであり、当該スキームの主たる目的が租税回避
目的と断定できるか否かを判断基準とするものであった。この点、上記
Spotless事件高等法院判決では、原審の連邦合議体法定判決[注315]が、上記立
法趣旨を尊重して、「租税上の便益を得る目的」と「税引き後の商業上の利益
を得る目的」とを比較し、後者の方が主であるとして、第Ⅳ編Ａの適用を否
定したのに対し、上記高等法院判決は、「租税上の便益を得る目的」と「税引
き前の商業上の利益を得る目的」とを比較すべきとし、第Ⅳ編Ａを適用すべ
きとした[注316]。このような考え方は、英国の上院が採った断定テストを捨
てて新しい考え方を採ったものと考えられる。これは、「スポットレス事件
の法理」と呼べるものであり、オーストラリアの高等法院がこのような法理
を採用したことから、第Ⅳ編Ａの適用範囲が格段に拡大したものである。

　このようなスポットレス事件の法理に対しては、オーストラリアの国内で
批判も多いが、高等法院は、後記Hart事件高等法院判決（判例30）において、
このスポットレス事件の法理を使い、これを決め手として、第Ⅳ編Ａの適用
を認めたものである。

　このようにオーストラリアの一般否認規定は、租税回避目的が主な目的で
あるかにより判断されるが、この判断に当たり、上記スポットレス事件の法
理が重要である。すなわち、租税回避目的が主であるか否かは、税引き前の
事業目的との比較で判断されることとされている。これにより、オーストラ
リアの一般否認規定の適用範囲が広がり、強い否認規定となっている。

（注315）　Spotless Services Ltd. v FCT，［1995］95 ATC 4775
（注316）　拙著・濫用法理407～410頁

(4)　Hart事件高等法院判決

　次に、Hart事件高等法院判決（判例30）[注317]について検討することとする。これは、大衆市場スキーム（mass-marketed scheme）の1つであり、第Ⅳ編Aの否認の効果を大きさを示す事件である。

　　ア　事案の概要

　Xは、wealth optimizerと呼ばれていたスキームで、自宅を買い換えるに当たり、A社から転居先の住宅Iの購入資金と居住していた住宅Jの賃貸のための必要な資金をスプリット・ローンで借り受けることとし、下図のとおり、住宅Iの購入資金として20万ドルを期間25年の約束で借り入れ（借入れ①）、併せて、住宅Jの必要資金9万5000ドルを借りた（借入れ②）。これらの借入利子のうち、住宅Jの事業資金の②の借入れの利子は、Xの所得税の計算で控除されることから、返済については、Xは、A社との間で、まず、①の借入れの利子と元本を全額支払った後、②の借入れの利子と元本を返済することを約束した。

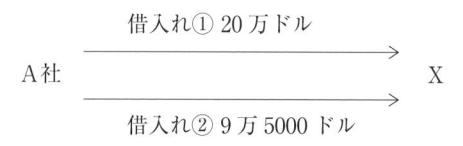

　②の借入れの利子は複利であり、その支払額がかさむのに、後払いとし、借入れ①と借入れ②とを比例的に返済したときよりも、多額の支払利子控除が受けられることとなる。この借入れ②の支払利子の控除が認められるかが問題となった。

　　イ　判　旨

　本件において、上記高等法院判決の原審の連邦裁判所大法廷判決（ヒル判事）は、サブ・スキーム・アプローチ（sub-scheme approach）を否定する立場に立ち、②の借入れにより利払いは、「すべての実際上の意味を奪われることなくそれ自体でそれ自体で自立が可能ではない（the circumstances are incapable of standing on their own without being robbed of all practical meaning）」ことから、Xが本件契約を締結した主要な目的は、全体的にみれば、住宅Jの取得と住宅Iの賃貸を可能にするための資金調達であり、第Ⅳ編Aは適用されないとした。

（注317）　Commissioner of Taxation v Hart and Another，〔2004〕HCA 26

　上記高等法院判決で、裁判官達の結論は一致していたものの、裁判官達の判断過程は違うものであった。

　まず、グリーソン長官とマックヒュー判事は、「与えられた事件において、スキームの特定を広くも狭くも考えることができるかもしれないが、租税上の便益から切り離したアプローチを採ることはできない。ここでは、借入行為は、租税上の便益を生じさせる不可欠の部分である。当該スキームを表現するに当たり、借入行為を除くのは無意味である。」(パラ9) として、①の借入行為も含めてスキームを広くとらえる原審の判断を支持したものの、「しかしながら、我々は、ギレス判事の誤りを彼の責めに帰すことは受け入れられない。そのような誤りは、当法廷における上告人の議論に含まれているのでもない。借入行為の事実を考慮の外にすることはできないものの、借入のブローカーが租税上の便益を得ることを保証するローンの取決めをwealth optimizerとして表現したのは、2つの借入れの利子の控除ではなく、控除の一部であった。」(パラ10) とし、「上告人〔筆者注・国税庁長官〕が『富 (wealth)』が『活用 (optimised)』されるとしているのは、先に述べたとおり、租税上の便益であり、利子控除ではなく、当該借入行為の特定の形式によって仕組まれた (contrived) ②の借入れの追加的な利子の控除によるものである。」(パラ18) とした上、スキームを広くとらえる立場に立っても主要な目的は租税上の便益を得るためであったとした。

　一方、グモウ判事とヘイン判事は、上記「すべての実際上の意味を奪われることなくそれ自体で自立が可能ではない」との基準について、①スキームが「それ自体で自立」という比喩の法的位置づけが明確でないこと、②このような基準がイギリスのBrebner事件上院判決から持ち込まれたものの、この判決で問題となった事件は、本件と非常に異なる文脈のものであり、法律関係にも差異が認められること、③第Ⅳ編Aが定めていない基準を追加する根拠が見いだせないことから、依拠することはできないとした (パラ47)。

　さらに、グモウ判事とヘイン判事は、「ヒル判事が初期のころに『投資において税引き後の最大利益を得ることと租税上の便益を得ることを対比するのは、誤った二項対立である』と述べ、スポットレス事件においても、『合理的な商業上の決定』と租税上の便益を得ることとを投資をするに当たっての『主要な目的』として比較するのは、誤った二項対立であるとされた。当該スキームの『商業上の結論 (commercial end)』を指摘するのは、誤った二項対立

と同じか少なくとも実質的には類似している。」（パラ64）とし、「本件におい
て、もし、177条C1項ｂ号の文言において、当該スキームが締結・実行されて
いなかったとするならば、『合理的にみると控除が期待されなかったにもか
かわらず』、Ｘは、租税上の便益を得るであろう。177条Ｄｂ号を併せて読む
とき、第Ⅳ編Ａは、問題のスキームと選択的仮定（alternative postulate）と
を比較することを要求していることが明らかとなる。177条Ｄｂ号で認めら
れた8つの要素から〔納税者の〕目的についての結論を出すには、他の可能性
が存在するかを考慮することが要請されるであろう。」（下線筆者）（パラ66）
との意見を述べた。すなわち、グモウ判事とヘイン判事は、第Ⅳ編Ａの177
条Ｃが定める合理的期待テストをクリアしているか否かについて、選択的仮
定（alternative postulate）又は仮定の事実（counterfactual）があるか否かが
重要であることを明らかにしたのである。

　これに対し、カリナン判事は、Peabody事件で高等法院が判示した「すべ
ての実際上の意味を奪われることなくそれ自体で自立が可能ではない（the
circumstances are incapable of standing on their own without being robbed
of all practical meaning）」との基準について、「私の理解するところでは、高
等法院がこの判示をするに当たり意味していることは、上告人〔筆者注・国
税庁長官〕が、他の出来事や関連する出来事を考慮したときには、本当は自
立できない複合的要素をもっているようにみえる可能性のある出来事や一連
の出来事を取り出したり分離したりする試みをさせないということである。」
（パラ90）とし、Peabody事件の上記判示の意味を再解釈した。

　　ウ　検　討

　第Ⅳ編Ａの適用が問題となった高等法院の判例のうちで、このHart事件
は、第Ⅳ編Ａの否認の効果の大きさを示すものであり、国税庁もこの高等法
院判例で適用されたことを非常に高く評価しているのである。

　また、このHart事件の高等法院判決は、前記(3)で詳述したスポットレス
事件の法理を再確認した意味でも重要である。

　それというのは、1996年のSpotless事件高等法院判決で、租税回避目的と
合理的商業上の決定とを二項対立させる考え方が否定されたものの、下級審
の裁判例では、なお合理的商業上の決定であるか否かを問題とするものが出
されていた（注318）。

────────────────

（注318）　詳細は、拙著・濫用法理420頁

　これに対し、前記イのとおり、特にグモウ判事とヘイン判事の意見に表れているとおり、租税回避目的と合理的商業上の決定とを二項対立させる考え方を否定し、スポットレス事件の法理を採ることを明らかにしたのであり、その後の下級審の裁判例にも目的テストの適用の仕方について重要な影響を与えたと考えられる。

(5)　2013年の改正

　このような高等法院の判例が出された後、オーストラリアの一般否認規定において、2013年に重要な法律改正がなされている。これは、「選択可能な仮定的事実（alternative postulate）」あるいは「反対事実（counterfactual）」の問題に対処するためである。この問題は、元々は、本稿で論じたHart事件高等法院判決（判例30）で、グモウ判事とヘイン判事が、「177条Dのb号を併せて読むとき、第Ⅳ編Aは、問題のスキームと選択的仮定（alternative postulate）とを比較することを要求していることが明らかとなる。」（下線筆者）（パラ66）と述べたことに発している。そこで、オーストラリア国税庁は、第Ⅳ編Aを適用するに当たり、仮定的事実を示して、それと比較して、税効果を得るのが主要目的であることの主張・立証が要求されるようになった。

　ところが、2009年から2011年にかけて、組織再編成に関する事件などで、オーストラリア国税庁が示した仮定的事実の合理性が問題となり、納税者から、税効果を得ることができなければそもそもそのような取引をしない（the "do nothing" option）との主張が出されるなどして、オーストラリア国税庁が示した仮定的事実が不合理であるとして、第Ⅳ編Aの適用が否定される下級審判決が続いた[注319]。

　例えば、RCI Pty Ltd事件連邦裁判所判決[注320]が典型である。これは、オーストラリアのグループ企業のうちのオーストラリア所在の持株会社であるX社が米国子会社A社の全株式をマルタ島に所在する同じグループ企業のB社に売却するに当たり、A社からX社に巨額の配当をさせて、A社の株式のキャピタル・ゲインを配当ということで益金に算入されない形で受け取り、その後、A社の株式をB社に売却した事案である。この事案において、オー

（注319）　G.S.Cooper,"Predicting the Past-The Problem of Finding a Counterfactual in Part ⅣA",40 Australian Tax Review（Thomson Reuters,Australia,2011）
（注320）　RCI Pty Ltd v FCT,（2011）84 ATR 785

ストラリア国税庁は、仮定的事実として、「A社が、X社に配当しないでB社に売却した」との事実を主張し、X社にキャピタル・ゲインがあるとして課税したが、X社から、キャピタル・ゲインだと時価の15%の課税がされるので、そもそもX社からA社の株式をB社に売却することはしないとの主張が出され、裁判所において、国税庁の主張する仮定的事実が不合理であるとして、第IV編Aの適用を否定したのである。

　そこで、第IV編Aにおけるこのような問題に対処するため、オーストラリアでは、2013年に、第IV編Aに新たに177条CBを加えて、当該スキームがなかったと仮定した場合に課税上の効果があるかを検討する「消滅アプローチ（annihilation approach, CB2項）」と当該スキームを合理的な取引がなされたと仮定した場合に課税上の効果があるかを検討する「再構成アプローチ（reconstruction approach, CB3項）」を取り入れたものである^(注321)。

(6)　2015年及び2016年の改正

　さらに、オーストラリアは、OECDのBEPSプロジェクトに沿い、多国籍企業による租税回避に対抗するため、2015年に第IV編Aに177条DAを新たに挿入した。これは、多国籍企業租税回避防止法（Multinational Anit-Avoidance Law, MAAL）に基づく改正である。

　これは、具体的には、一定規模以上の世界規模事業体（significant global entities, SGE）が、オーストラリアにPEを有せず、同国に所在する子会社に製品のサポートサービスなどをさせるなどして販売し、製品の販売益自体は、SGEに帰属させるというもので、SGEがオーストラリアにPEを有するとみなして課税するというものである^(注322)。これは、BEPS行動計画1において、電子経済への対応が間接税の領域のみで議論されたことに対するオーストラリアの不満を表すものであり、直接税についてPEを置かないでなされる取引に対応するものと考えられる。

　ここで特徴的なのは、前記(2)のとおり、第IV編Aは、dominant purpose test（同A5項）であるが、それを少し緩和してprincipal purpose testと立法し

（注321）　Wolellner,“Australian Taxation Law 27th ed.”(Oxford, 2017), at 1483, 1488
　　-1493, 酒井貴子「オーストラリア所得税法における一般的租税回避否認規定」税法学
　　577号113, 114頁
（注322）　supra, Wollener, Australian Taxation Law 27th ed., at 1501-1502

たことである。これは、OECDにおけるBEPSプロジェクトでの議論と平仄を合わせたものと考えられる。

　さらに、2016年には、英国の迂回利益税（Diverted Profits Tax）と同様の迂回利益税を導入した。これは、そもそもBEPSで問題となった多国籍企業による所得の海外移転に対応するものである。

3　ニュージーランド

(1)　概　観

ア　GAARの制定

　ニュージランドでは、1878年土地税（Land Tax Act）62条で一般否認規定が初めて導入され、1891年土地・所得税法（Land and Income Assessment Act）40条を経て、1900年同法82条となった[注323]。これらの一般否認規定は、元々は、土地税（land tax）を地主が借主との契約で免れようとするのを防ぐための規定をルーツとしており、この82条は、行為の外形だけを要件としており、納税者の主観的動機を要件としていないとの特徴があった。この82条が、その後、形を変えて引き継がれ、1954年同法108条に引き継がれ、1960年代に適用されるようになった。これが、下記の1974年の改正ではほぼ現行法の規定となり、現在の一般否認規定である2007年所得税法（Income Tax Act）BG1に引き継がれている。

イ　1974年の改正

　上記1954年の土地・所得税法108条は、1974年に改正され、同99条となった。この改正は、断定テスト（predication test）を明らかにした1958年のオーストラリアのNewton事件枢密院判決[注324]が、この108条でも採られると、無力化することが懸念されたからである[注325]。すなわち、断定テストとは、「当該取決めが、通常の商取引や関係者間取引（ordinary business or family dealings）と説明することができず、租税回避を目的として実行されたと断

（注323）　土地・所得税法82条の条文については、拙著・濫用法理383頁を参照されたい。

（注324）　Newton v FTC,〔1958〕98 CLR 1,9

（注325）　David Dunbar（拙訳）「制定法上の一般否認規定：英連邦諸国からの英国に対する教訓」租税研究2010年2月号234頁。なお、同論文は、ニュージーランドの一般否認規定の立法の沿革や判例についてのニュージーランドの学者によるものであり、参考となる。

定できる場合にのみ、租税回避として否認できる」とのテストであるが、1974年の改正99条は、「(b)……通常の商取引又は関係者間取引に帰すことができる他の目的又は効果があるか否かとは関係なく、2つ以上の目的や効果があっても、それら目的や効果のうちの1つが（単に付随的な目的や効果でなく）租税回避である場合」（下線筆者）と規定し、通常の商取引や関係者間取引と説明できたとしても、租税上当該取決めを無効とすることができるとしたものであった。さらに、その後、2001年に上記99条が改正され、現行法に至っている。

　　ウ　Challenge事件枢密院判決

　上記1974年に改正された所得税法99条の適用が初めて問題となったのが、1986年のChallenge事件枢密院判決[注326]である。これは、X社が、黒字を消すため、5.8百万ドルの損失のあるA社の株式を1万ドルで購入した。X社は、その所得税の計算上、このA社の損失を加えて申告したが、1976年所得税法の個別否認規定によっては否認できなかったことから、GAARによって否認することが許されるかが問題となった事件である。

　1審と控訴院[注327]は、課税庁の処分を違法としたが、枢密院は、これを破棄した。控訴院判決は、「制度と目的アプローチ（the scheme and purpose approach）」の立場を採った。すなわち、控訴院のリチャードソン卿は、「それぞれの事例において、〔筆者注・所得税法〕99条適用のための余地が同法の制度（the statutory scheme）の中にあるかが問われるべきである。もしその余地が認められないのであれば、その理由は、納税者が依拠した特定の条項を遵守して達成した諸取引の状態は、同法上租税回避ではないからである。この方法で99条を解釈することは、同法上の制度における99条の本当の目的と効果（its true purpose and effect in the statutory scheme）を99条に与えることであり、結果として、同法そのものの目的に資することを可能とする。」（下線筆者）（パラ545）と述べて、X社の取引が個別否認規定が適用されないことに依拠した取引であるとして、99条が適用されないとした。

　これに対し、上記枢密院判決は、租税回避（tax avoidance）と節税（tax mitigation）との違いで判断した。

（注326）　CIR v Challenge Corporation Ltd, [1987] AC 155
（注327）　Challenge Corporation Ltd. v CIR, [1986] 2 NZLR 513（CA）

　エ　Peterson事件枢密院判決

　その後、2005年のPeterson事件枢密院判決[注328]で、映画フィルムのリース
に対する投資に減価償却費の控除が認められるかが問題となった事件であ
る。すなわち、Xは、投資家であるが、映画フィルムを2本購入したが、この
映画フィルムを購入したのは、映画フィルムの減価償却期間が2年であるこ
とと、自己資金は43%で、残り57%は、ノン・リコース・ローンであったか
らである。映画フィルムの代金として現実に支払われたのは、Xが支出した
43%だけで、残り57%は、循環しているだけであった。我が国のフィルムリ
ース事件最高裁判決（判例6）と類似した事件である。

　枢密院のミレット卿は、多数意見を代表して、上記Challenge事件控訴院判
決におけるリチャードソン判事の意見を支持して、「〔筆者注・BG1条は、〕当
該取引が単に租税上の特典を得るとの予測に影響されていたとの理由のみで
否定する意図がないことは明らかである。多くの事件において、租税上の便
益の予測できる有効性がないと、納税者は取引を締結しようとしない。減価
償却や商業株式の評価のような租税上のシステムの基本的特徴は、彼〔筆者
注・リチャードソン判事〕が言うとおり、租税法上の特典を意図的に追求す
ることを明らかに許している。」（パラ36）とし、納税者は、ノン・リコース部
分も含めて全額についての減価償却ができるとした。

　オ　ニュージーランド最高裁の新設

　ニュージーランドでは、2004年に最高裁判所が新設されたが、最高裁判所
においてもBG1条の適用が枢密院と同様になされるかが問題となった。最高
裁判所で初めて判決した2009年のBen Nevis事件最高裁判決（判例31）であ
る。ここで最高裁は、後記(3)ウで詳述する「議会の意図のテスト（par-
liamentary contemplation test）」を採用し、その後の事件でもこのテストに
基づいて判断がなされている[注329]。

　そこで、まず、ニュージーランドの現在のGAARの概要を述べた後、Ben
Nevis事件最高裁判決について論じることとする。

（注328）　Peterson v CIR，（2005）22 NZTC 19, 098
（注329）　ニュージーランド最高裁の「議会の意図のテスト」の意義やこれに基づく判例に
　　　ついては、酒井貴子「租税回避行為と包括的租税回避否認規定―ニュージーランド版
　　　GAARを参考に―」前掲租税回避研究の展開と課題241頁が参考となる。

(2)　GAARの概要

　ニュージーランドのGAARは、2007年所得税法BG1条と1985年売上税法（Goods and Services Tax Act）76条の2つである。売上税法76条は、所得税法BG1条と類似した規定であり、ここでは、所得税法BG1条について述べることとする。

　ニュージーランドの所得税法上のGAARは、所得税法BG1条、GA1条及びYA1条から成る。

　GAARが適用されるか否かは、まず、①租税回避取決め（tax avoidance arrangement）があるか（YA1条）、次に、②その取決めの目的や効果が租税回避であるか（YA1条）、③租税回避の目的や効果が単なる付随的（incidental）でないものか（YA1条）により決せられ、これらを満たすと租税回避取決め（tax avoidance arrangement）であるとして、内国歳入庁長官に対し対抗できず（BG1条）、内国歳入庁長官が適当に決定する（GA1条）ことができることになる。このようにニュージーランドのGAARは、当該取決めの目的や効果が租税回避であるか否かにより決すのであるから、目的基準のGAARと考えられる。

　具体的には、主要な規定は次のとおりである。

○BG1条（租税回避）

「（租税回避取決めの無効）

　　1項　租税回避取決め（tax avoidance arrangement）は、所得税法上、内国歳入庁長官に対し無効（void）である。

　　（再構成）

　　2項　G編（租税回避と非市場取引）の下、内国歳入庁長官は、租税回避取決めから又はその下で得られている租税上の特典（tax advantage）を否認する（counteract）ことができる。」

○GA1条（内国歳入庁長官の調整権限）

「（本条の適用される場合）

　　1項　本条は、ある取決めがBG1の条項（租税回避）に該当するとして無効である場合に適用される。

　　（内国歳入庁長官の一般的権限）

　　2項　内国歳入庁長官は、当該取決めの影響するいかなる人の課税所得の計算に含まれる課税所得の額を当該取決めから又はその下で得ら

れている租税上の特典を否認するため、適当と認める方法で調整す
ることができる。

　……」

○YA1条（定義）

「・取決めとは、履行可能（enforceable）か否かを問わず、合意（agreement）、
　契約（contract）、計画（plan）又は了解（understanding）を意味し、そ
　のような効果をもたらすすべての段階（steps）や取引（transactions）を
　含む。

・租税回避とは、次のようなものを含む。

　a）　いかなる所得税であってもその発生を直接的又は間接的に変更
　　　（altering）するもの

　b）　ある人の所得税の負担を直接的若しくは間接的に除去し（reliev-
　　　ing）、又は、将来の所得税の潜在的若しくは見込まれる負担を直接的
　　　若しくは間接的に除去させるもの

　c）　ある人の所得税の負担若しくは将来の所得税の潜在的若しくは見込
　　　まれる負担を直接的若しくは間接的に回避し（avoiding）、延期し
　　　（postponing）又は減少（reducing）させるもの

・租税回避取決めとは、当該取決めによって影響を受ける人又は別の人と
　の間で結ばれた取決めで、直接的又は間接的に次のようなものである。

　a）　その目的（purpose）若しくは効果（effect）として租税回避である
　　　もの

　又は

　b）　通常の商取引若しくは関係者間取引（ordinary business or family
　　　dealings）に帰すことができる他の目的又は効果があるか否かとは関
　　　係なく、その目的又は効果の1つとして、租税回避であって、そのよう
　　　な租税回避の目的や効果が単なる付随的なもの（incidental）でないも
　　　の。」

(3)　Ben Nevis事件最高裁判決

　ニュージーランドでは、上記のとおり、2004年に最高裁判所が新設された
が、最高裁判所においてもBG1条が枢密院と同様に適用されるかが問題とな
った。最高裁判所で初めて同条の適用について判決した2008年のBen Nevis
事件最高裁判決（判例31）[注330]を検討することとする。

（注330）　Ben Nevis Forestry Ventures Ltd v CIR, Accent Management Ltd v CIR,
　　（2009）24 NTZTC23.188

　ア　事案の概要

　これは、森林ベンチャー事業に関係する投資に伴ってライセンス料や保険料の支払の控除が認められるかが問題となった事件であり、まず、Xら9名は投資媒体であるLAQC（Loss Attributing Qualifying Company）やこれらの投資媒体で組成するパートナーシップを介して、SLF（Southern Lakes Forestry）というジョイント・ベンチャーに投資した。なお、LAQC、パートナーシップ及びSLFは、透明体であり、損益が直接Xらに帰属することとなる。

　そして、SLFは、下図(注331)のとおり、南島に広大な土地を有するTrinity Groupの3つの子会社（Trinity3）との間で、1997年、樅の木を植林するために50年間にわたり、その保有する土地を占有するライセンスを取得する契約を締結した。その際、SLFは、1ヘクタール当たり、①年間50ドルのライセンス料と②50年後に木材の売却代金で2.05百万ドルを最終的に支払うとの約束をし、484ヘクタール分のライセンスを付与され、SLFは、上記最終支払分の決済のために、Trinity3に手形を振り出した。なお、植林した樅の管理は、Trinity3が行うこととされた。

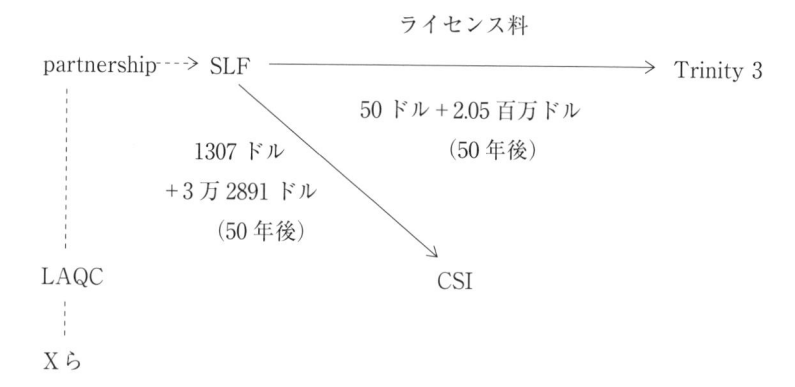

　なお、このTrinity Groupには、ケイマンにCSCT（Christian Services Charitable Trust）という慈善信託があり、この信託が、最終的に木材を売却することとなるが、慈善団体であるため森林の売却益が非課税となることが

（注331）　本文の図は、Robert Vosslambe et al.,"New Zealand Taxartion 2015 Principles, Cases and Questions",（Thomson Reuters,2015）,at 1015を参考に作成した。

予定されていた。

　さらに、SLFは、CSI保険グループのバージン諸島に設立された保険会社CSIとの間で、2048年における木材の販売価額が予定額を下回るリスク等について補償する保険契約を締結した。SLFは、このCSIに対し、1ヘクタール当たり、1307ドルの最初の保険料と50年後に3万2891ドルの保険料を支払うことを約束し、3万2891ドル分についても2047年を満期とする手形を振り出した。

　そして、Xらは、①ライセンス料として、上記50ドルに加えて、2.05百万ドルの50分の1の4万1000ドルの控除と、②CSIに対する保険料として、3万2891ドル分全額の即時償却を求めた。

　このライセンス料の最終支払分や保険料の控除が認められるかが問題となった。

　　　イ　判　旨

　上記最高裁判決のうち3人の裁判官（ティッピング判事、マクグラス判事、ゴールト判事）が多数意見を構成し、残り2名（エリス判事、アンダーソン判事）は、理由は異なるものの結論には賛成し、BG1条が適用され、控除は認められないとした。

　上記多数意見は、「究極的な問いは、問題とされた取決めが、商業的及び経済的実体からみて（viewed in a commercially and economically realistic way）、議会の目的（purpose）に一致するやり方で、特定の条項を適用しているかである。そのように適用されているなら、当該取決めは、その適用を理由として、租税回避の取決めとはならない。特定条項の適用が議会の意図（contemplation）を超えている場合には、そのような条項は、租税回避の取決めと扱われることとなろう。」（下線筆者）（パラ109）と判示した。

　　　ウ　検　討

　　　（ア）　議会の意図テストの意義

　上記最高裁判決は、「議会の意図テスト」を採った判例である。議会の意図テストは、2段階の分析をするテストであり、第1段階は、納税者が用いた租税法の特定の条項の目的を検討し、問題となっている行為がその特定の条項の範囲内か否かを検討するものである。第2段階は、当該条項の範囲内であったとして、当該取引を全体としてみてその経済実質を検討し、議会の意図に反するか否かを検討するというものである。

　上記多数意見は、本件は、第1段階の分析で、当該条項の目的の範囲内とし

たが、第2段階で議会の意図に反するとしたものである。

　一方、上記少数意見は、一般否認規定の適用の前にラムゼイ原則の適用を検討すべきであるとして、当該条項の目的的解釈をするとともにアーロンソン・テストによる事実分析をすると、当該条項の範囲外とするものであり（パラ5）、結論としては、BG1条が適用されるとした。

　多数意見と少数意見との違いは、英国の判例で形成されてきたラムゼイ原則の取扱いについてのもので、多数意見は、英国の判例はGAARがないことを前提に形成されてきた法理で、GAARのあるニュージーランドではそのまま当てはまらないと考える（パラ110）のに対し、少数意見は、ラムゼイ原則がニュージーランドでも当てはまるとして、2003年の香港におけるArrowtown事件終審法院判決のリベイロ判事のいわゆるアローダウン・テスト（第3節の5(5)ウ(ア)参照）を引用している（パラ5）。しかし、多数意見も、上記のとおり、議会の意図テストの第2段階でアローダウン・テストを採っているのであり、議会の意図に反するか否かを判断するに当たり、「商業的及び経済的実体からみて」検討すべきとしているのである。

　　　（イ）　目的基準と議会の意図テスト
　ニュージーランドのGAARは、法律の規定上は、前記(2)のとおり、目的基準である。しかし、ニュージーランド最高裁は、「租税回避」に当たるか否かについて、議会の意図テストを採っていて、目的基準の規定の適用を制限しようとしていると考えられる。さらに、議会の意図テストの第2段階は、我が国のヤフー事件最高裁判決（判例18）の採っている濫用基準と非常に類似しており、結局、租税回避をとらえるに当たり、各国の法制度の違いがあるが、結局は、同じようなとらえ方に収斂すると考えられる。

第3節　濫用基準の一般否認規定

1　ドイツ

(1)　概　観

ア　一般否認規定の制定

　ドイツでは、1919年に租税通則法5条で初めて一般否認規定が導入され、1934年に租税調整法6条に引き継がれ、さらに、1977年のAO（租税通則法）

42条に引き継がれた。このAO42条は、「法の形成可能性の濫用（Missbrauch von Gestaltungs- möglichkeiten des Rechts）によって租税法律を回避することはできない。」と規定し、私法上の選択可能性の濫用を租税回避ととらえる規定であった。

このようなドイツのAO42条の性格について、(A)租税法規について類推解釈が許されるとする立場から、租税回避は租税法規の解釈で否定されるべきものであり、確認的な規定にすぎないとの内部説（Innentheorie）と、(B)租税法規について類推解釈は許されず、文言の可能な意味（möglicher Wortsinn）の限界に尽き、租税法規の外部から法律の欠缺を補充するための創設的規定であるとする外部説（Aussentheorie）との対立がある。内部説は、ベッカーを始祖とする考え方であり、外部説は、ヘンゼルを始祖とする考え方である。現在ドイツでは、外部説が支配的な考え方である(注332)。

その後、2002年の改正では、CFC税制についての個別否認規定の適用関係が問題となったダブリンドック事件についての2000年1月19日の連邦財政裁判所判決（IR94/97）を受けて、AO42条は、その適用可能性が法律上明文で排除されていない限り適用されるとの規定した（現行42条1項2文）。

さらに、2008年の改正では、AO42条に、2項が追加されたが、これは、1項の「濫用」の意味について、連邦財政裁判所の判例であった「相当でないこと（Unangemessenheit）」を意味することを明らかにした上、相当であることの立証責任を納税者に転換したものである。連邦大蔵省の当初の担当官法案では、「濫用（Missbrauch）」の要件をなくし、端的に、租税利益をもたらすこととなる法的形成がなされた場合には、納税者側で相当な理由がないことを立証しない限りは、租税債権が発生するとしていた。これは、連邦財政裁判所の上記「相当でないこと」の判例が決疑論（Kasuistik）に陥っていて、その射程が狭いということに対する連邦大蔵省の不満に由来するものであった(注333)。しかし、このような改正案に対しては批判が多く、結局は、後記の現行法に落ち着いたものである。

（注332）　Klaus-Dieter Drüen, "Germany", Lang ed., GAARs, at 288、拙稿・前掲租税研究2017年3月号（注2既出）346頁、谷口・租税回避論173～180頁
　　　（注333）　谷口・租税回避論250頁

　イ　判例法理の発展

　ドイツでは、連邦財政裁判所フィッシャー長官の主導の下、AO42条の適用に当たり、租税回避の事案において、連邦財政裁判所において、全体的企図（Gesamtplan）の見方に基づき、取引を全体的・一体的に観察して、「法の形成可能性の濫用」に当たるか否かを判断する判決がなされているといわれている[注334]。

　このような全体的企図の理論は、英国のRamsay事件上院判決（判例38）などとドイツの濫用の法理を比較した1994年のネバーマンの著書[注335]が参考となっているといわれている[注336]。

　この法理については、前記のとおり、AO42条の意義における内部説に立って類推解釈を含む目的論的解釈に基づくものであるとか、あるいは裁判官による立法であるとして批判する見解[注337]もあるが、前記で論じた英国におけるアローータウン・テストと同様に事実認定の法理と考えれば、租税法律主義に反するものではない[注338]。

　(2)　AO42条

　ア　規　定

「1項　法の形成可能性の濫用（Missbrauch von Gestaltungsmöglichkeiten des Rechts）によって租税法律を回避することはできない。個別租税法規の租税回避防止規定の要件が充足されるときは、法律効果は、各規定によって定める。さもなければ、2項でいう濫用が存在する場合には、租税請求権は、あたかも経済事象に適合した法的形成が存するかのよ

（注334）　谷口・租税回避論147頁、吉村典久「租税法における取引の一体的把握」ジュリスト1271号103頁

（注335）　K.Neverman," Justiz und Steuerumgehung-Ein kritischer Vergleich der Haltung der Dritten Gewalt zu kreativer steuerlicher Gestaltung in Großbritannien und Deutshland"（Duncker & Humblot GmbH,1994）

（注336）　Wolfgang Schön,"Statutory Avoidance and Disclosure Rules in Germany", Judith Freedmann ed.,"Beyond Boundaries-Developing Approaches to Tax Avoidance and Risk Management",（Oxford University,2008）,at 51

（注337）　谷口・租税回避論178～183頁

（注338）　吉村教授も、取引の一体的把握は、租税回避の議論に特有のものではなく、租税法規の適用に当たって基礎とされるべき納税者の真意に基づく真実の法律関係の発見であるとする（吉村・前掲ジュリスト1271号107頁）。

うに成立する。

2項　納税義務者又は第三者による相当な形成と比べて法律に定めのない租税便益へと導くような不相当な法的形成（eine unangemessene rechtliche Gestaltung）が選択された場合に、濫用は存する。納税義務者が選択した形成について、諸事情の全体像（Gesamtbild）から相当な租税以外の理由の存することを立証すれば、この限りではない。」

　イ　対象税目

対象税目は、連邦の所得税等である。

　ウ　否認対象・基準

否認の対象は、法的形成であり、主に取引を対象としているが、公法上の法の形成をも含むと考えられている。

否認の基準は、濫用基準である。ドイツの一般否認規定の特徴は、法の形成可能性の濫用ということで、私法上の選択可能性を基準としていること、また、連邦財政裁判所の判例で租税回避の意図という主観的要件が必要であるとされている[注339]ことに特徴がある。

具体的には、AO42条の要件は、①税負担の軽減、②法の形成可能性、③法の形成可能性の濫用、④租税回避の意図の4つである。

まず、法の形成可能性については、2つの態様があり、第1は、法形成の濫用によって課税要件の充足を回避する態様であり、第2は、法形成の濫用によって減免的課税要件に充足させるとの態様であるとされている。

法の形成可能性の濫用の要件については、1983年12月13日連邦財政裁判所判決（no. Ⅷ R 173/83）は、「法形成が追求すべき目的に照らして相当でなく、税負担の軽減を来しており、かつ、経済的理由若しくはその他の考慮すべき租税以外の理由によって正当化されない場合」としている。すなわち、法形成可能性の要件として、①目的を達成する上で法形成が相当でないこと（Unangemessenheit）、②税負担の軽減という結果を招くこと、③税以外の商業目的によって正当化されないこととしている。

現行の42条2項は、この判例法理を確認するとともに、相当であることの立証責任を納税者に転換する規定である。

（注339）　Klaus-Dieter Drüen, "Germany", Lang ed., GAARs, at 291、拙稿・前掲租税研究2017年3月号347頁

　エ　立証責任

　ドイツの租税裁判所は、租税に関する事実について職権探知事項とされている（AO88条1項）。立証責任は、ある事実の存否について真偽不明の状態になった場合にどのように判断するかの問題であり、このような職権探知の制度でも成り立つ。ドイツでは、このような立証責任については、伝統的には、ローゼンベルクの規範説の影響の下、当該法律要件がどちらに有利な法律効果をもたらすかで判断するとされ、収入サイドは、課税庁に立証責任があるが、費用サイドについては、納税者に立証責任があるとされている(注340)。

　AO42条については、2008年の改正で、租税以外の理由についての存在に立証責任が納税者に転換されたことから（同条2項）、次の2段階で判断されることとなる。まず、第1段階は、課税庁が、納税者の選択した法形成が不当で濫用に当たることを立証する必要がある。第2段階は、納税者の方で、納税者の選択した法形成に租税以外の理由があることを立証することとなる。

（3）　AO42条の適用状況

　AO42条の主たる適用領域は、家族の構成員間の所得移転や支払利子の創出などの取決めである。例えば、1996年3月26日連邦財政裁判所判決(注341)の事案は、下図のとおり、夫婦が取得して賃貸した不動産の購入資金の一部を妻Aが約半年前に未成年の娘Bに贈与していた資金を夫Xが借り入れることによって調達した事案で、娘に対する支払利子を賃貸所得にかかる必要経費として控除できるかが問題となった事案である。

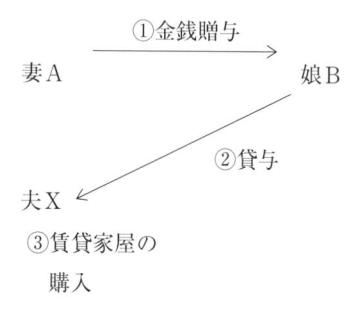

（注340）　Roman Seer,"Germany","The Burden of Proof in Tax Law",(IBFD,2013),at 128
（注341）　Ⅸ R51/92,BStBl,1996Ⅱ,443

　上記連邦財政裁判所判決は、親子間の贈与（上図①）と貸付金の供与（上図②）に関する合意の基礎に、必要経費の創出だけを目的とする親の全体的企図（Gesamtplan）があるとして、AO42条を適用して、必要経費の控除を否認した[注342]。

　また、最近、AO42条の適用がされたる事案は、2013年1月22日連邦財政裁判所判決[注343]である。これは、不動産の交差賃貸（cross-renting）の事件であり、家族がいくつかのアパートから成る家屋を購入後、下図のとおり、交互に賃貸し、それぞれの所得税において、賃料を経費として控除しようとするものである。

<pre>
父　　────→　長女
　　　1階賃貸

母　　────→　次女
　　　2階賃貸

娘達　────→　両親
　　　3階賃貸
</pre>

　上記連邦財政裁判所判決は、「経済的観点でみると、統一的企図に基づくいくつかの法的取決めは、密接な考えや時間的文脈に所在するときは、租税を課する上で、たとえ、それらが単に部分として独立の意味をもたないとしても、納税者によって完全に支配されている場合には、統一的なものとしてみるべきである。」と判示し、経費控除を否認した[注344]。

　AO42条の適用事例は、米国、英国及びオーストラリアで問題となっているような租税回避は問題となっておらず、その適用はかなり限定的と考えられる。

（注342）　谷口・租税回避論233，234頁、supra，Seiler，GAARs（注5既出），at 196-197
（注343）　supra，Seiler，GAARs，at 197
（注344）　Id.，at 197

2　フランス

(1)　概　観

ア　一般否認規定

フランスは、一般否認規定に相当する規定として、租税手続法（Livre de procédures fiscales）64条がある。この規定は、1941年に制定されたが、これは、一般否認規定というよりも手続的な意味の規定であった。すなわち、1941年制定の租税手続法64条は、納税者又は租税行政庁の申立てに基づき、権利濫用禁圧諮問委員会（Comité consultatif pour la répresession des abus de droi）の諮問に付すとの手続を定めていて、この手続に付す効果として、租税行政庁が上記委員会の諮問に従わずに処分をしたときには、立証責任が租税行政庁に移ることとされていた。このように租税手続法典64条は、手続的規定にとどまっていた。

しかし、後記イの国務院の判例法理の発展を受けて、後記(2)のとおり、2008年に租税手続法典64条が改正され、一般否認規定の性格を強くするようになった。

イ　判例法理の発展

フランスの国務院は、租税手続法64条の適用とは別に、法律の詐害の法理（fraud à la loi）を更に発展させてきている。この法律の詐害の法理は、ローマ法のfraus legisの法理に源を置くもので、民法、国際私法及び行政法でも用いられている法理である。

これは、特別民事会社の農地の賃貸借契約が問題となった1981年の国務院判決[注345]で既に判示されていたが、さらに、2006年のJanfin事件国務院判決[注346]は、受取配当の税額控除が問題となった事案であるが、租税手続法64条の規定する行為に該当しないため、同条を適用できない場合でも、租税行政庁は、文言どおりの法律の適用をすることが立法者の意図していた利益に反するものであり、租税の回避以外の目的がないような取引を否定できると

（注345）　No.19079。事案の詳細は、Leclerq・前掲租税研究2008年4月号（注81既出）181頁注7を参照されたい。

（注346）　No.260050。事案の詳細は、Leclerq・前掲租税研究2008年4月号186,187頁を参照されたい。

の法律の詐害の法理を適用できることを示唆した。

　このような国務院の判例の動きは、2006年のScotland銀行事件国務院判決（注347）で明らかとなり、英仏租税条約における受取配当の税額控除の特典を受けられるかが問題となった事案において、法律の詐害の法理に基づき否認している。

　これは、前記Halifax事件ECJ判決（判例4）などのECJの判例の動きに影響を受けこれに呼応するものであると考えられる。

(2)　租税手続法64条

ア　規　定

（ア）　2008年改正前の租税手続法64条

2008年改正前の租税手続法64条は、次のような規定であった。

「次に掲げるような約款を利用し、契約又は取決めの真実の効力を隠蔽（dissimulent）するような行為は、国税庁に対抗できない。

（a）　登録税若しくは不動産公示税を少なくさせるような行為

（b）　又は、利益若しくは所得の実現、譲渡などを隠蔽する行為

（c）　又は、契約若しくは取決めの履行として実現された取引に対応する売上税の納付を全部若しくは一部、回避する行為

　　国税庁は、係争の取引に関し、その真実の性質を復元させる権利をもつ。本条に基づき通知された更正に関し見解の不一致が存在する場合、納税義務者の申立てに基づき、係争事案は権利濫用禁圧諮問委員会の答申に委ねられる。租税行政庁も、また、その下された答申が年間報告の対象となる当該委員会の答申に係争事案を委ねることができる。

　　租税行政庁が、当該委員会の答申に従わない場合、当該租税行政庁が、その更正の適法性（bien-fonde）を立証しなければならない。」（注348）

（イ）　2008年改正後の租税手続法64条

2008年改正後の租税手続法は、同条の前段を下記のとおり改正した。

「国税庁は、当該行為が虚偽であるか、又は、納税者が通常は生じない租税負担を免れたり減少させることのみを目的とし、立法者の意図に反する利

（注347）　No.283314。事案の詳細は、Leclerq・前掲租税研究2008年4月号196, 197頁（筆者コメント部分）を参照されたい。

（注348）　この訳は、吉村典久「フランス租税手続法典（邦訳一）」専修法学論集54号（平成3年）264頁によっている。

便益を得ようとしていて、法の濫用（abus de droit）を構成する場合、当該行為の真実の性質を再構成したり、否認することができる。

……」（下線筆者）

すなわち、2008年改正前の租税手続法64条に規定された虚偽の場合だけでなく、濫用に当たる場合も否認の対象としたのである。これは、前記(1)イのECJの判例の動きに呼応する国務院の判例の発展を契機とするものである[注349]。

　イ　租税手続法64条の適用範囲と効果

2008年改正前の租税手続法64条は、前記ア（ア）のとおり、「次に掲げるような約款を利用し、契約又は取決めの真実の効力を隠蔽（dissimulent）するような行為は、租税行政庁に対抗できない。」（下線筆者）と規定し、その対象となるのは、文言上は、「隠蔽（dissimulent）するような行為」となっていて、仮装行為に限定されているように読めるが、一般的な法律の詐害の法理（fraud a la loi）の一部も含むと考えられており、1981年の前記国務院判決（No.19079）も、そのことを確認していた。2008年の改正で、この点が明確となったものである。

租税手続法64条は、納税者又は租税行政庁の申立てに基づき、権利濫用禁圧諮問委員会の諮問に付すとの手続を定めたものであり、この手続に付す効果として、租税行政庁が上記委員会の諮問に従わずに処分をしたときには、立証責任が租税行政庁に移ることとなる。一方、租税行政庁は、立証責任が自らにあることを覚悟して、租税手続法64条の手続を経ずに処分することも可能であるが、この場合には、加算税が40％にとどまるのに対し、租税手続法64条の手続を経て処分をしたときには、加算税が80％となるとの効果が生ずることとなる。このように租税手続法64条は、立証責任や加算税の額についての手続的効果を生じるとする規定である。

　ウ　審査会

フランス租税手続法64条は、上記のとおり、納税者又は国税庁の申立てに基づき、権利濫用禁圧諮問委員会の諮問に付すとの手続を定めている。

権利濫用禁圧諮問委員会の構成員は、①国務院評定官1名（委員長）、②破毀院判事1名、③法律学若しくは経済学の大学教授1名、④会計検査院主任検

（注349）　Thomas Dubut, "France", Lang ed., GAARs, at 276

査官1名である（租税一般法典1653C条）。

　フランスは、行政法の特色の1つとして、「諮問行政」であるといわれている。その趣旨は、行政権の行使に当たり、各階層の利益代表の意見を聴くことを重視しているということである。しかし、この権利濫用禁圧諮問委員会は、上記の構成員からみて、そのような利益代表により構成された諮問機関ではなく、専門家による諮問機関と考えられる。

　　エ　立証責任
　上記のとおり、国税庁が、権利濫用禁圧諮問委員会から租税手続法64条に当たる行為であるとの同意を受けた場合には、事業目的があることは、納税者に立証責任があることとなる。しかし、租税手続法64条の諮問を経ない場合、あるいは、諮問を受けた場合に不同意となった場合、国税庁は、それでも課税処分をすることはできるが、立証責任が国税庁にあることとなる。

3　イタリア

(1)　概　観

　　ア　一般否認規定の制定
　イタリアでは、1973年に大統領令第600第37条の2で一般否認規定が導入された。これは、ドイツのAO42条を念頭に導入されたものである。この一般否認規定は、同規定で、適用対象取引をリストアップしており、実際上、金融取引・会社分割・合併・移転価格取引の一部に限定されていた[注350]。

　しかし、イタリアは、2015年に、大統領令第128第10条で、上記第37条の2に代えて、イタリア最高裁により発展された濫用の法理を明文化するGAARを導入した[注351]。

　　イ　判例法理の発展
　イタリアの最高裁（Corte Suprema di Cassazione）は、2005年以降、欧州司法裁判所の2006年のHalifax事件ECJ判決（判例4）の「濫用的行為（abusive practice）」の法理の影響を受け、同様に濫用の法理により、配当剥がしの事案などを否認している。イタリア最高裁は、当初は、上記Halifax事件ECJ判

（注350）　アンドレア・バランチン（松原有里訳）「イタリアにおける国際的租税回避の対応策」税務弘報2012年10月号140頁、2012年11月号153頁
（注351）　supra , Marco Greggi, "The Dawn of a General Anti Avoidance Rule: the Italian Experience"（注144既出）, at 2

決をその根拠とした[注352]。

　しかし、この根拠付けには批判が多く、その後、イタリア最高裁は、2008年12月13日連合部判決（No.30055、30056、30057）で、イタリア憲法53条の納税義務を根拠とし、現在に至っている[注353]。

　(2)　大統領令第600第37条の2

　2015年までの第37条の2は、下記のとおりである。

　　ア　規　定

「課税当局は、有効な経済的理由なくして、納税義務及び課税上規定された制限を免れる意図で、また、節税若しくは過度な還付目的で追考された納税者の単独若しくは連続の行為、事実及び取引を無視することができる。」

　　イ　対象税目

対象税目は、所得税等である。

　　ウ　否認の対象・基準

否認の対象は、取引や事実である。否認の基準は、濫用基準である。

　　エ　立証責任

　一般的否認規定の適用に当たり、濫用であることの立証責任は、国税庁にある。具体的には、国税庁は、「不当な租税上の便益」であることに必要な証拠を納税者の通常の行為との比較で示さなければならない。これに対し、いったん上記が立証された場合は、納税者の方で、当該行為が有効な経済的理由に基づいたものであることを立証しなければならないとされていた。

　(3)　大統領令第128第10条

　2015年に導入された新しいGAARは、次のとおりである。

「一つ又はそれ以上の事業活動は、租税法規に形式的には合致しているものの、納税者の意図の観点で租税上の便益を目指したものであり、いかなる経済的実質も乏しい場合には、相の濫用とみなす。これらの活動は、いかなる効果も奪われ、課税庁は、これらの活動による租税上の便益を無視することができ、これらの規定や原則を適用して現実の課税を賦課する……

（注352）　2005年10月21日判決（No.20398）、2005年10月26日判決（No.20816）等
（注353）　イタリア最高裁判例の動きについては、Frantozzi and Mameli, "The Italian Abuse of Law Doctrine for Taxation Purposes", BIT August/September 2010, at 445を参照されたい。

事業活動は、これらが、個々的に見たときあるいは互いに関連してみたときに、租税を減少させること以外に意味のある法的効果を生じさせるのに適しない事実、契約及び行為からなっているとき、経済的実質が乏しいとみなされる。」[注354]

　これは、2012年12月にEUが「攻撃的租税回避計画についての委員会勧告」（Commission Recommendation of 6.12.2012 on aggressive tax planning）で加盟国にGAARの立法を促す勧告を行ったが、この勧告に基づくものと考えられる。

4　カナダ

(1)　概　観

　カナダの一般否認規定は、1988年に所得税法（Incomae Tax Act、ITA）245条に導入された規定であるが、その導入の経緯やその適用についての最初の最高裁判例である2005年のCanada Trustco事件最高裁判決（判例32）やMathew事件最高裁判決（判例33）については、以前に詳細に論じたところである[注355]。このうちCanada Trustco事件最高裁判決は、カナダ一般否認規定の判断枠組みを判示した判例であり、非常に重要な判例であり、Mathew事件最高裁判決は、初めてGAARの適用を認めた判例である。

　その後、カナダ最高裁は、2009年にLipson事件最高裁判決（判例35）、2012年にCopthorne事件最高裁判決（判例36）を出している。これらの両事件の判決は、いずれも重要な判決であり、我が国にとってもインプリケーションのある事件である。また、租税裁判所の判決ではあるが、トリーティ・ショッピングに一般否認規定が適用されるかが問題となった2006年のMIL事件租税裁判所判決（判例34）も重要である。

　そこで、まず、カナダ一般否認規定の概要を述べた上、次に、①Canada Trustco事件、②Mathew事件、③MIL事件、④Lipson事件、⑤Copthorne事件について論じることとする。

（注354）　Paolo Piantavigna,"Italy" Lang ed.,GAARs,at 372-373
（注355）　拙著・濫用法理329頁以下

(2)　所得税法245条

　カナダ政府は、1984年のStubart事件最高裁判決[注356]での敗訴を受け、1987年の租税白書で一般否認規定の立法を提言した[注357]。これを受けて、1988年に所得税法の245条に一般否認規定が規定された。所得税法245条は、2005年3月に4項が改正されて、現在に至っている。

　所得税法245条は、1項から8項まであるが、そのうち1項ないし5項は、下記のとおりである。

「1項（定義）

　　本条での用語の意義

　　　『租税上の便益（tax benefit）』　この法律により支払うべき税額若しくはその他の金額の減少、回避若しくは繰延べ又はこの法律により受け取る還付税額若しくはその他の金額の増加。また、租税条約を除く本法律によるそれらと租税条約の結果としての本法律によるそれらを含む。

　　　『租税上の効果（tax consequences）』　ある人に対する租税上の効果とは、所得金額、課税所得金額若しくはカナダにおいて稼得した課税所得金額、又はそれらの金額を計算する目的に関係するその他のすべての金額

　　　『取引』　これは、取決め（arrangement）や出来事（event）を含む。

　　2項（一般否認規定）

　　　ある取引が租税回避取引（an avoidance transaction）である場合、ある人に対する租税上の効果は、本条がなければ当該取引又は当該取引を含む一連の取引（a series of transactions）から直接又は間接に生じるであろう租税上の便益を否定するために、その状況において合理的であるように決定すべきである。

（注356）　Stubart Investments Ltd. v R., [1984] CTC 294。この事件の事案の詳細については、拙著・濫用法理334〜338頁を参照されたい。

（注357）　Stubart事件最高裁判決後、所得税法245条が制定されるまでの経緯は、本部勝大「アメリカ及びカナダにおける租税回避へのアプローチ」税法学577号151頁以下を参照されたい。

3項（租税回避取引）

　　租税回避取引とは、下記に当たるいかなる取引をも意味している。

（a）　その取引が主に（primarily）租税上の便益を得ること以外の<u>正当</u><u>な目的（bona fide purposes）のために行われ又は取り決められたと合</u><u>理的に考えられる場合でないのに</u>、本条がなかったならば、直接又は間接に租税上の便益を生じさせることとなるような取引

又は

（b）　その取引が主に租税上の便益を得ること以外の真実の目的のために行われ又は取り決められたと合理的に考えられる場合でないのに、本条がなかったならば、直接又は間接に租税上の便益を生じさせることとなるような<u>一連の取引の一部の取引</u>

4項（2項の適用）

　・2項は、ある取引が合理的に考えると下記のとおりに考えられる場合にのみ適用される。

（a）　本条を参照しないで本法律を読むと、直接的若しくは間接的に、<u>下</u><u>記の1つ又は複数の条項の誤用（misuse）が生じる場合</u>

　　（ⅰ）　本法律

　　（ⅱ）　所得税規則（regulations）

　　（ⅲ）　所得税適用規則（application rules）

　　（ⅳ）　租税条約

　　若しくは

　　（ⅴ）　その他のすべての法律であって、税額若しくは本法律に基づきある人の支払うべき若しくは還付すべきすべての金額の計算又は税額の計算の目的に関係するすべての金額を決定に関連するもの

又は

（b）　本条以外の上記条項を全体として（as a whole）読んで考慮すると、<u>直接的若しくは間接的に、濫用（abuse）に当たる場合</u>

5項（租税上の効果の決定）

　　2項の一般性に限定がされていないこと、また、その他の法律にもかかわらず、本条がなければ、租税回避取引から直接又は間接に生じたであろう租税上の便益を否定するためにその状況を合理的に判断して租税上の効果の決定をするに当たっては、下記のとおり留意しなければならな

い。

(a)　所得金額、課税所得金額若しくはカナダで稼得した課税所得金額又は支払うべき金額その他これらの一部の計算におけるいかなる経費控除（deduction）、所得控除（exemption）又は免除（exclusion）は、全体又は一部として認容又は否認する

(b)　上記のようないかなる経費控除、所得控除若しくは免除又は所得、損失若しくはこれらの一部の他の金額は、すべての人に配賦（allocate）する

(c)　いかなる支払又はその他の金額は、再構成（recharacterize）する

(d)　さもなくば本法律の他の条項の適用の結果から生じたであろう課税上の効果は無視される。」（下線筆者）

なお、所得税法245条の関連規定として、同法248条10項がある。そもそも所得税法248条は、同法で用いられている様々な用語の定義をしている条文であるが、同法248条10項は、同法245条の2項や3項で用いられている「一連の取引（a series of transactions）」を定義している規定である。同規定は以下のとおりである。

「本法の適用上、一連の取引や出来事について用いられている場合、当該一連の行為は、当該一連の行為の目論見（contemplation）を完成させるいかなる関連取引や出来事も含むと推定される。」

(3)　Canada Trustco事件最高裁判決

まず、2005年のCanada Trustco事件最高裁判決（判例32）[注358]を検討することとする。これは、いわゆるリースバック取引の事案であり、資本費用控除が認められるかが問題となった事案である。

　ア　事案の概要

X社（CTMC、Canada Trustco Mortgage Co.）は、ポートフォリオを所有するファイナンス会社であるが、下図のとおり[注359]、1996年12月17日、A社

（注358）　Canada Trustco Mortgage Co. v R., ［2005］SCC 54
（注359）　本図は、David G.Duff,"The Supreme Court of Canada and the General Anti-Avoidance Rule:Canada Trustco and Mathew",David G.Duff & Harry Erlichman ed.,"Tax Avoidance in Canada After Canada Trustco and Mathew",（Irwin Law, 2007）,at 4の図を参考にした。

（RBC、Royal Bank of Canada）からノンリコース、年利7.5％で97.35百万ドルを借り入れ（①）、これにX社の自己資金22.65百万ドルを出して、米国のB社（TLI、Transamerica Leasing Inc.）から多数のトラックのトレーラーを市場価格である120百万ドルで購入した（②）。なお、この際、X社は、このスキームの関連費用として、2.34百万ドルを負担しており、X社の出捐額は、24.99百万ドル（22.65＋2.34）となる。

X社は、同日、ジャーシー島のC社（MAIL、Maple Assets Investments Ltd.）に、2014年12月までの期限で、年利8.5％でリースした（③）。なお、このリース契約には、2005年12月時点でこれらのトレーラーを84百万ドルの評価で購入することができるとのオプションが付与されていた。さらに、C社は、1996年12月17日、B社にサブリースし（④）、同日、リース料の前払として116.4百万ドルの支払を受けた（⑤）。

そして、C社は、同日、B社から支払を受けた116.4百万ドルのうちから97.35百万ドルをA社にX社へのリース料の支払に備えて、A社に預金し（⑥）、残額の19.05百万ドルについては、上記オプションを実行するためのX社に対する担保として2005年12月に満期で33.5百万ドルとなるオンタリオ州債を購入した。なお、このうち、C社がオプションを行使した際に実際に支払われる金額は、19.05百万ドルとなる。

最後に、X社が、1996年12月17日、A社からの上記借入の元利返済に充当するために、A社に対し、C社からリース料の支払を受ける権利を譲渡した（⑦）。

これにより、X社は、A社の借入金の元利の支払債務を免れ、C社がこの支払債務を負担することとなった（⑧）。なお、C社は、この債務負担について⑥の預金をdefesance paymentとして置き換え、また、⑦の譲渡を受けたリース料に限定するとのlimited recorse loanとした。

そして、X社は、1997年度の申告に際し、6百万ドルのリース料収入を計上するとともに、31百万ドルの資本費用控除（CCA, capital cost allowance）を計上して申告した。

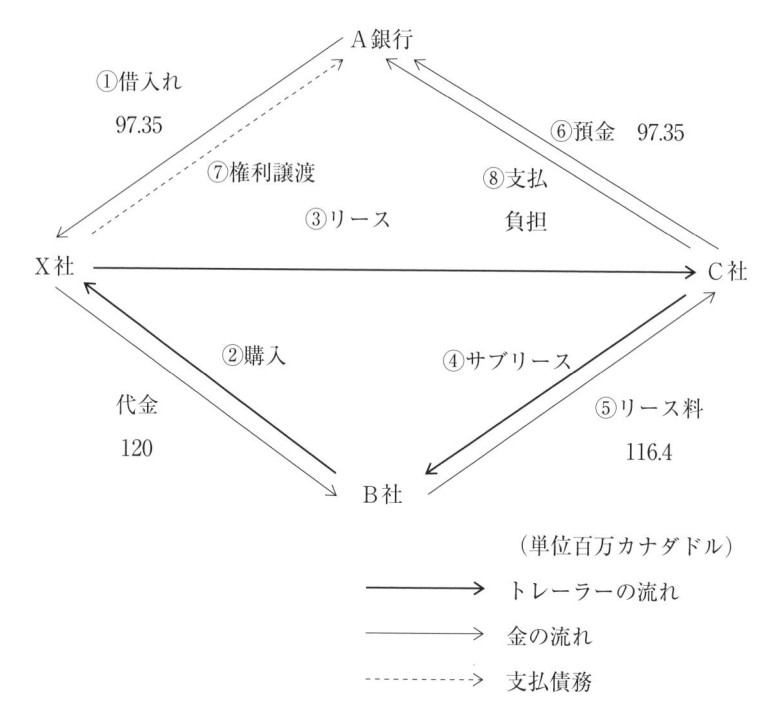

この一連の取引の結果、C社が2005年12月に上記オプションを行使した場合には、(a) X社は、24.99百万ドルを出捐しているものの、19.05百万ドルが返ってくることとなり、実質的には、5.94百万ドル（24.99－19.05）の出捐で、31百万ドルのCCAを受けるとの利益を得ることができ、(b) A社は、C社から支払われる利息6.6百万ドル（0.73×9年）の利益を得ることができ、(c) B社は、X社から代金として120百万ドルの支払を受け、サブリース料としてC社に前払として116.4百万ドルの支払で済んでいるので、差額の3.6百万ドル（120－116.4）の利益を得ることができ、(d) C社は、オンタリオ州債の利子14.45百万ドル（33.5－19.05）から、A社に上記①の借入金の利息6.6百万ドルを支払っても、7.85百万ドルの利益を得ることができる。また、C社は、上記defesanceやlimited recorse loanによりリスクを負っていないこととなっている。

このような場合でも、X社が、31百万ドルの資本費用控除（CCA、capital cost allowance）を受けることができるかが争われた。

　イ　判　旨

　上記最高裁判決は、まず、GAARの適用につき、「一般否認規定の適用には3段階がある。第1段階は、245条1項及び2項に基づき、ある取引から生じる租税上の便益があるかを決定することであり、第2段階は、245条3項に基づき、当該取引が租税回避取引であるかを決定することであり、第3段階は、245条4項に基づき、当該租税回避取引が濫用であるかを決定することである。一般否認的によって課税上の便益を否定する前には、この3段階の要請をすべて満たさなければならない。」（パラ17）とし、順次検討していった。

　租税上の便益があるか否かは、所得税法245条1項の定義に該当するか否かの事実認定の問題であるとし、租税回避取引に当たるか否かは、同法245条3項(a)の「真実の目的（bona fide purposes）」について、「ある取引に課税上の利益を得る目的（tax purpose）と課税以外の目的（non-tax purpose）の両方が併存するとすると、課税以外の目的が主であると合理的に結論づけられるか否かにより決定される。」（パラ27）とし、濫用に当たるか否かについては、「最初にすべきは、当該課税上の便益をもたらした条項の対象、趣旨及び目的を決定するために解釈することである。次にすべきことは、当該取引がその目的内にあるか抵触するかを決定することである。」（パラ44）として、同法245条の判断の枠組みを判示した。

　そして、上記最高裁判決は、本件が濫用であるかにつき、「我々は、上告人の議論がGAARの適切な解釈を反映するものではなく、被上告人の立場を覆すものではないと考える。この結論は、所得税法の関連する条項の文言、文脈そして目的的解釈によって導かれるものである。すなわち、文言でみると、CCA条項『費用（cost）』を資産を取得するときに支払う額との確立された意味で使っている。文脈からみても、この法律の他の条項はこの解釈を支持する。最後に、この法律のCCA条項の目的は、リースバック取引に適用されるが、租税裁判所の裁判官によって見出されたとおり、取得された資産の費用に基づいてCAA控除をすることを許している。この目的は、この法律全体の中でのCCA条項の仕組みから明らかに浮かび上がる。上告人の議論は、これらの条項の目的を不明確にするばかりか、むしろ、これらの条項に外在的な理由で、これらの条項で受け容れられる目的や効果を覆そうとすべきとするものである。」（パラ73、74）とし、X社はCCAによる控除を受けられるとした。

　ウ　検　討
　（ア）　所得税法245条の判断枠組み
　上記最高裁判決は、所得税法245条の適用についての基本的な枠組みを示した判例である。これ以降の最高裁判決も、この判例の枠組みに従って判断している。これをフローチャートで表すと下図のとおりとなる。

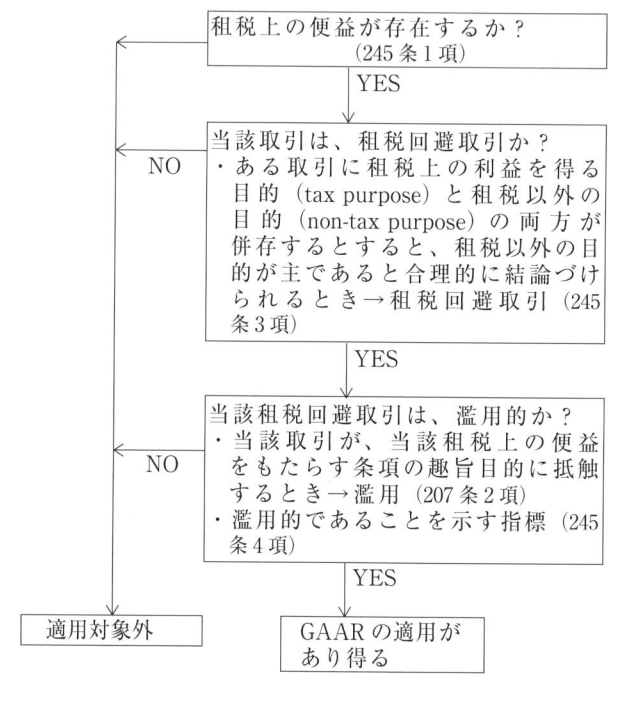

　（イ）　濫用の意義
　X社は、経済的にみると何らコストを負っていないことから、CCAを経済的概念と考えれば、経済的リスクがない場合にはCCAによる控除を受けることができないことになるが、上記最高裁判決は、CCAをあくまでも法的概念と考え、X社は、法的にはトレーラーの所有者ではあるからCCAによる控除を受けられるとしたものである。
　これに対し、上記最高裁判決は、所得税法245条の「濫用」の判断に当たり、経済実質を考慮していないとのリー教授の有力な批判がある。リー教授によると、所得税法245条の立法に当たっての1988年の立法解説書では、同法245

条4項は、真実の経済実質（real economic substance）を持つ取引に適用され
るとし、経済実質をも考慮すべきであるのにこれを考慮していないとするも
のである。

　リー教授によると、経済実質として、税引き前の利益のテストやリスク分
析が問題となるとし、まず、税引き前のテストでは、上記最高裁判決の事案
は、X社の銀行からの借入れが年利7.5％なのに対し、X社のC社に対するリ
ースのリース料が年利8.5％であって借入利息を上回っていることから、税
引き前の利益があるように見えるが、これはごくわずかの利息であり、CCA
により得られる租税上の便益と比較すると僅少であるとし、リスクについて
は、X社は負っていないとし、これらを総合すると、経済実質はないとす
る(注360)。

(4)　Mathew事件最高裁判決

　次に、Mathew事件最高裁判決（判例33）(注361)を検討することとしよう。
これは、tax avoidance karateといわれている類型の租税回避の事案であり、
個別否認規定を逆手に取った事件である。

ア　事案の概要

　A社（Standard Trust Co., STC）は、債務超過であり、Ernest＆Youngが
清算人として選任され、X社の資産（ポートフォリオ）を処分するに当たり、
プランを立て、下図のとおり、A社の100％出資のB社(100458)を設立し（①）、
両社でCパートナーシップ（STIL　Ⅱ）を作り、A社がその収益のうち99％
を取得する権利を得て、B社が1％の収益を取得する権利を得た。そして、A
社は、その所有のポートフォリオを8500万ドル（時価3300万ドル）をCパー
トナーシップに移転させた（②）。この移転については、A社は、所得税法18
条3項の適用により課税されないとしている。その後、D社（OSFC Hold-
ings Ltd.）は、A社から、同社がCパートナーシップに対して有する権利を
1750万ドルで購入し（③）、さらに、Eパートナーシップ（SRMP）に350万ド
ルでこの権利を売却した（④）。Xは、Eパートナーシップのパートナーであ
るが、損失の計上は認められるかが問題となる。

（注360）　Jinyan Li, ""Economic Substance" :Drawing the Line Between Legitimate Tax
　　minimization and Abusive Tax Avoidance", supra, Tax Avoidance in Canada, at 72-79
（注361）　Mathew v R., [2005] SCC 55

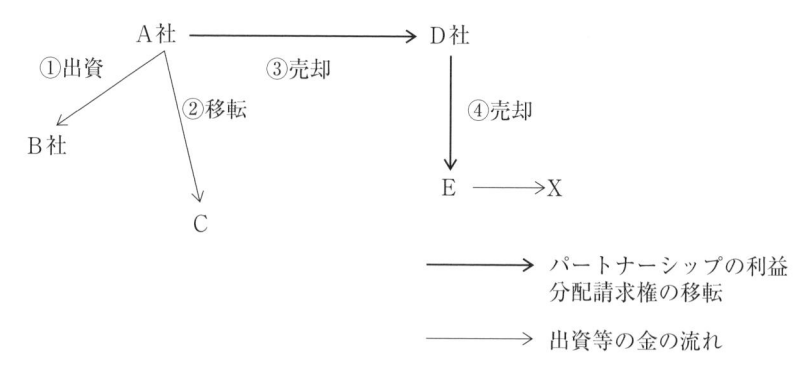

なお、D社は、A社とは独立当事者である。A社からポートフォリオを独立当事者であるD社に直接譲渡するとA社の損失として実現するが、A社からCパートナーシップにいったん譲渡すると、所得税法18条13項が適用されると、損失が実現せず、D社が④の売却をした時点で損失が実現したとして損失の計上が認められることになり、さらに、所得税法96条1項により、Xがパートナーシップの損失を配賦を受けたとして損失の計上が認められるかが問題となったのである。

　　イ　判　旨

　上記最高裁判決は、まず、租税上の便益に2つの条項が関係する場合の解釈方法について、「事実上、高裁の多数意見は、問題の特定条項すなわち18条13項と96条の狭い文言解釈を行い（第1ステージ）、この法律全体の政策が何かを考慮するとの広い目的解釈によってこれを補充した（第2ステージ）。結論は正しいが、我々は、統一された文言解釈、文脈に沿った解釈及び目的論的解釈方法（a unified textual, contextual and purposive apporach）に賛成であり、この2つのステージの方法は採らない。これは、問題となっている条項の文言、文脈や目的を考慮するに当たり立法者の意図を決定するための遵守されるべき解釈の原理である。これは、所得税法やGAARやそれ以外に立法にも同様に適用されるべきである。」（下線筆者）（パラ41）とした上、所得税法18条13項の目的について、「18条1項の下で、損失は、譲渡者又は譲渡者の事業を引き継いだ者の支配に服していて、譲受人であるパートナーシップと特別の関係を有しているのでそれが保持されている。この条項が譲渡者に損失を控除することを否定するのは、その損失が元々由来していて譲渡の前後で譲

渡者の支配が残っているからである。譲受人のパートナーシップにその持分を購入して加わった独立の当事者であるパートナーに損失の便益を認めることは、譲渡者の支配が本質的に残っていることを理由に損失を保持しているとする18条13項の根本的な前提に反している。それは、18条13項の主たる目的やそれが機能する前提に反している。18条13項は、譲渡者と非譲渡者との間に非独立当事者関係があるが故に損失の保持と移転を許しているのである。そのような関係がないなら、この条項を適用する理由はない。」（パラ54）とした上、「Xに損失を認めるのは、18条13項とパートナーシップの条項を無効ならしめるものであり、大臣が一般否認条項の下で上告人の損失を拒否するのは相当と考える。」（パラ58）とし、「当該取引の濫用的性質は、CパートナーシップとA社との最初の関係の非独立当事者の観点からの空虚性（vacuity）と技巧性（artificiality）から確認される。18条13項と96条1項の相互作用の目的的解釈は、通常に事業活動における資産の割合的支配を基準にして損失を保ったり分配することを許すことを示している。この事件では、そのような基準の不存在は、濫用の推論を導くこととなる。CパートナーシップもEパートナーシップも、A社の原資産であるポートフォリオとは別に、真実の資産を取引したことはない。A社は、D社やXとパートナーシップ関係になったことはないにもかかわらず、D社にすべての権利を売っている。唯一の合理的な結論は、一連の当該取引は、例えば独立当事者間のパートナーシップにおける損失のような損失の移転を制限する議会の目的と抵触しているということである。」（パラ62）として、損失の計上は認められないとした。

　　ウ　検　討

　これは、tax avoidance karateといわれている類型の租税回避である[注362]。tax avoidance karateという類型の租税回避は、英国のウォーカー卿が言い出した用語で、実定法上の個別否認規定を逆手に取る租税回避である。このMathew事件では、所得税法18条3項を逆手に取っている。

　前記Canada Trustco事件最高裁判決（判例32）と比較すると、本件では、真実の損失ではないことから、上記最高裁判決は、濫用と判断したものと考える。

（注362）　Peter W.Hogg, et al.,"Principles of Canadian Income Tax Law 8th ed." (Carswell,2013),at 640

　ここで上記最高裁判決が、「統一された文言、文脈に沿った解釈及び目的論的解釈方法」と判示しているのは、前記アのD社が原告となった2001年のOFSC事件高裁判決[注363]において、ロスシュタイン判事が、misuseを特定の条項の政策違反とし、abuseを法律を全体として読んだときの政策違反として、misuseとabuseを区別すべきとしたのに対し、misuseとabuseを区別する必要はなく、「統一」して解釈すべきであるとの立場のことである。

(5)　MIL事件租税裁判所判決

　次に、2006年のMIL事件租税裁判所判決（判例34）[注364]について検討することとする。これは、トリーティ・ショッピングへの一般否認規定の適用を否定した判決である。

ア　事案の概要

　X社は、A（カナダ非居住者）が1993年にケイマンに設立した法人であり、Aが保有していたDFR社の100%の株式のうちの29.4%を保有させていた。DFR社は、1994年11月、ニッケル鉱脈などが発見されたことから急騰した。1995年6月、X社は、非関連のB社（ルクセンブルク法人）にDFR社の株式の一部を譲渡したことから、DFR社の発行済み株式の9.817%の株主となった。1995年6月、X社は、ルクセンブルクに居住地を移し、同月、X社は、B社にDFR社の株式の一部を譲渡し65百万ドルのキャピタル・ゲインを得た。X社は、カナダ・ルクセンブルク租税条約13条4項(b)に基づき、DFR社の10%未満の株主であることからキャピタル・ゲインが除外されると主張し、カナダ歳入庁はこれを認めた。また、1995年9月、X社は、B社にDFR社の株式の一部を譲渡し4.5百万ドルのキャピタル・ゲインを得たが、これもカナダ歳入庁は、除外を認めた。

　その後、1996年8月、下図のとおり、X社は、B社にDFR社の株式の残りを譲渡し（以下「本件譲渡」という。）、425.9百万ドルのキャピタル・ゲインを得た。これに対し、カナダ歳入庁は、一般否認規定を適用し、キャピタル・ゲインの除外を否認した。

（注363）　OSFC Holdings Ltd. v R, [2001] 4 CTC 82。この事件の詳細については、拙著・濫用法理347〜350頁を参照されたい。

（注364）　MIL S.A. v Canada, 2006 DTC 3307 (TCC)

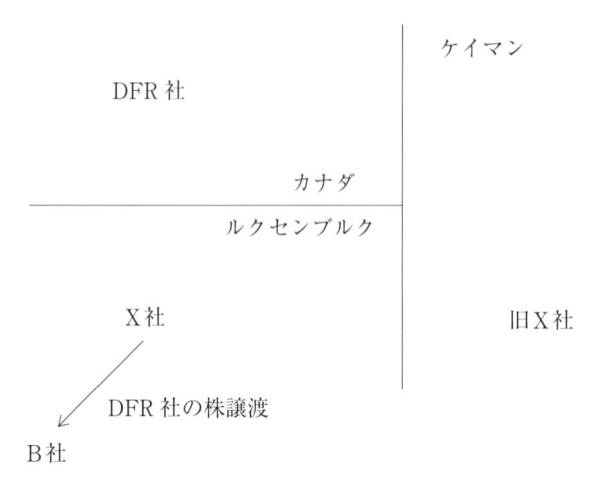

　イ　判　旨

　1審の租税裁判所は、X社がルクセンブルクに居住地を変更したことには商業上の目的があるとした。また、課税庁は、1995年のCrown Forest事件連邦最高裁判決[注365]を引用して、トリーティ・ショッピングが、2国間租税条約の濫用であると主張したのに対し、租税を軽減するために租税条約を選ぶのは、濫用ではないとして（パラ72）、一般否認規定は適用されないとした。

　控訴審の2007年のカナダ連邦裁判所控訴部（Federal Court-Appeal Division）判決[注366]は、「控訴人が租税条約について二重非課税を許すように解釈すべきではないと議論するが、GAARによって引き起こされる問題は、カナダの租税負担であり、ルクセンブルクの課税庁の歳入ではないのである。（パラ8）」として、控訴を棄却した。

　ウ　検　討

　X社が、ケイマン法人のままであれば、カナダとケイマンとの間に租税条約が締結されておらず、本件譲渡のキャピタル・ゲインについて、カナダが課税することが可能であったのである。X社が、ルクセンブルクに居住地を

（注365）　Crown Forest Industries Ltd. v Canada, ［1995］2 SCR 802
（注366）　R v MIL S.A., ［2007］4 CTC 235

移したのは、カナダ・ルクセンブルク租税条約の適用を受けるためであったと考えられる。本件は、トリーティ・ショッピングの事案と考えられるが、カナダの租税裁判所や連邦裁判所は、租税条約に二重非課税が濫用であるとの趣旨があるか否かが明確でないと考え、一般否認規定の適用をしなかったものと考えられる。

　その後のカナダの裁判例で、MIL事件租税裁判所判決の判断が維持されている。そこで、カナダの財務省は、2013年と2014年の予算案で、トリーティ・ショッピング対抗の立法措置を導入することを公表しているが[注367]、現在まで具体的な立法案は示されていない。

(6)　Lipson事件最高裁判決

　次に、2009年のLipson事件最高裁判決（判例35）[注368]を検討することとする。これも、tax avoidance karateといわれている類型の租税回避事案である。

ア　事案の概要

　夫Xと妻A（以下「X夫妻」ともいう。）は、75万ドルで居住する家屋を購入しようと計画し、1994年4月24日、売主との間で、同年9月1日を手続完了日とする契約を締結した。Aは、下図のとおり、1994年8月31日、銀行からXが所有している同族会社（family company）B社の株式購入資金として56万2500ドルを借り入れ（下図①、借入れa）、上記同族会社の株式を時価で購入した（下図②）。その際、Aが上記借入れの返済をするだけの所得がないことから、Xが債務を引き受けその返済を行うことを承諾した。1994年9月1日、夫Xは、Aから得た株の売却代金を上記家屋の購入資金に充当した（下図③）。

　翌2日、X夫妻は、上記家屋を抵当として、銀行から56万2500ドルを借り入れ（下図④、借入れ$β$）、借入れaを返済した（下図⑤）。

（注367）　Martha O'Brien , "Canada", Lang ed. , GAARs, at 149-150
（注368）　Lipson v R. , ［2009］1 CTC 314

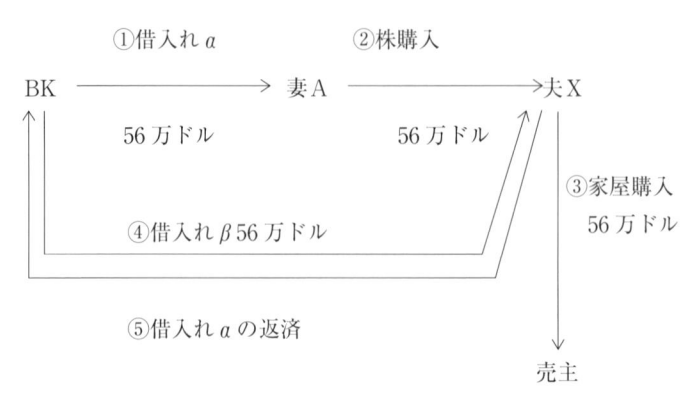

 X夫妻がこのような取引をしたのは、個人が居住するための家屋の購入資金のための借入れだと利子控除できないので（所得税法20条1項）、妻によるB社の購入資金の借入れの返済の利子であると主張するためであった。

　これに対し、カナダ国税庁は、Xの主張する利子は、所得税法20条1項の利子には当たらないとして利子控除を否認する課税処分をした。Xが借入れαの利子を控除できるかが問題となった。

　イ　判　旨

　本件では、所得税法245条3項の租税回避取引に当たることは、当事者間で争いはなく、同条4項の濫用に当たるかが問題となった。上記最高裁では、4対3で意見が分かれたが、多数意見を代表して、ルベル判事は、全体的目的（overall purpose）ではなく、全体的結果（overall result）でみるべきだとし（パラ34）、同法20条1項の利子控除の規定の濫用ではないものの、同法74条1項の配偶者間の譲渡の規定の濫用であるとして（パラ42）、課税処分を適法とした（パラ51）。

　さらに、ルベル判事は、GAARが不確実であるとの納税者の主張に対し、「実は、同僚のビニー判事は、Canada Trustco事件やKaulius事件に反しGAARを本質的に破壊し、法律解釈方法であるとの見せかけで、GAARを所得税法の外にしようと読んでいる。条項の目的が租税回避取引に反するか否かはいつも明白ではないかもしれないとの点で、GAARは、タックス・プランニングに対し、ある程度の不確実さを持ち込んでいるが、そのような不確実さは、法律を2つとない事案に適用しなければならない全ての状況において

固有のものである。GAARは、刑罰でもなければ、納税者を服従させるためのハンマーでもない。それは、所得税法の複雑な文脈において、濫用的な租税回避を制限し租税制度の公正さを保つためにデザインされている。不確実さを避けようとの願望は、これがなければ有効となるであろう取引への適用を明らかに意図している所得税法の条項を無視することを正当化できない。」（下線筆者）（パラ52）とした。

　一方、反対意見の一人のビニー判事は、上記ルベル判事の意見に対し、「同僚のルベル判事は、先の分析で、本質的にGAARを『破壊し』、『GAARを所得税法の外にしようと読んでいる』と言っているが（パラ52）、申しわけないが、これは、納税者が租税上の便益を主張するのに依拠している『特定の条項』から生じる特定の『精神や目的』の濫用であるかを証明する責任を財務大臣が負っているかどうかについての反対に対しいくぶん黙示録的決定（apocalyptic verdict）を下しているようにみえる。」（パラ96）と反論している。

　なお、このビニー判事の反対意見に、デシャンプ判事も同調している。

　　ウ　検　討

　　（ア）　Singleton事件最高裁判決との関係

　このLipson事件も、上記のとおり、tax avoidance karateといわれている類型の租税回避である（注369）。このLipson事件は、2001年のSingleton事件最高裁判決（注370）と類似した事案である。このSingleton事件最高裁判決は、法律事務所のパートナーであるSingletonが、パートナーシップから出資金30万ドルを引き出して自宅を購入し、一方で、銀行から29万8750ドルを借り入れてパートナーシップに出資し直した。Singletonは、銀行からの借入利子の控除ができるかが問題となった事案である。Singleton事件は、Lipson事件と同様、自宅の購入資金の借入れであれば支払利子の控除ができないので、パートナーシップへの出資のための借入れの利子であると主張した事案である。この事件では、GAARの適用は問題となっておらず、所得税法20条1項の利子に当たるかが問題となった事案である。このSingleton事件では、最高裁は、所得税法20条1項の利子に当たるとして、支払利子の控除を認めた。

　一方、ルベル判事は、Lipson事件は、所得税法20条1項だけでなく、同法74条1項も問題となっており、事案を異にするとした（パラ20）。

（注369）　supra, Hogg, Principles, at 640
（注370）　Singleton v R,［2002］1 CTC 121

　（イ）　多数意見と少数意見との相違

　多数意見のルベル判事とビニー判事は、前記イのとおり、激しく対立し、ルベル判事は、ビニー判事をGAARを破壊していると激しく批判し、一方で、ビニー判事は、ルベル判事の意見を「黙示論的決定」であるとして批判している。このような対立は、GAARに対する見方についてのいわば哲学的な違いに由来していると考えられる。

(7)　Copthorne事件最高裁判決

　さらに、2012年のCopthorne事件最高裁判決（判例36）[注371]を検討することとする。これは、非常に複雑な組織再編成の事案であり、納税者が意図した租税上の便益（払込資本の償還）が第1次合併だけでは達成することができず、第2次合併で初めて達成されるとの事案である。

　ア　事案の概要

　（ア）　第1次合併

　本件は、香港の長江実業の創始者である李嘉誠（Li Ka-shing）一族が支配するグループ法人によるものである。

　Copthorne I（カナダ法人）は、李一族が株主のオランダ法人である Big Cityの子会社であるが、李一族が株主のVHHCI（カナダ法人）からその子会社のVHHC（カナダ法人）の株式を購入し、その子会社にした。Copthorne I は、VHHCと合併することを目指したが、垂直合併をすると、所得税法87条3項により、VHHCIがVHHCに払い込んだ払込資本（paid-up capital、PUC）67百万ドルが消去されることから、これを避けるため、下図のとおり、1993年にVHHC株をBig Cityに譲渡（以下「本件株式譲渡」という。）して、姉妹会社となった後、合併（第1次合併）し、これにより、Copthorne I は、Copthorne II となった。

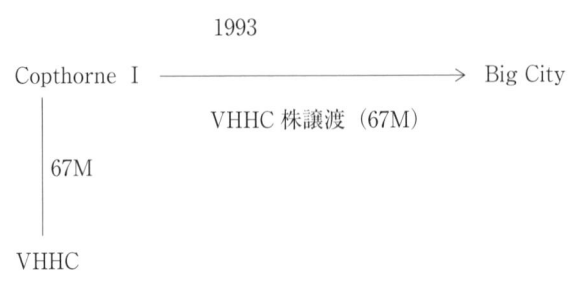

（注371）　Copthorne Holdings Ltd. v Canada, [2012] 2 CTC 29

　なお、CopthorneⅠは、カナダのホテルの売却により多額の利益を得ていたが、一方で、VHHCの子会社のVHSUBで多額の損失を出していたことから、上記合併前に、VHHCIからVHSUBの株式を購入し、第三者に時価で譲渡して、損失を実現させ、ホテルの売却による利益を相殺するなどした。

　　（イ）　第2次合併

　さらに、李一族は、CopthorneⅡの子会社のCOIL（バルバドス法人）が、カナダのFAPI（Foreign Accural Property Income）で課税されるおそれがあったことから、これを回避するため、下図のとおり、1994年にBig Cityが保有するCopthorneⅡとVHHCIの株式を李一族が株主のLE（バルバドス法人）に譲渡した。この際、Big Cityは、多額のキャピタル・ゲインを得たが、これは、加蘭租税条約により非課税であった。そして、CopthorneⅡとVHHCIが合併し（第2次合併）、CopthorneⅡがCopthorneⅢとなった。CopthorneⅢは、この合併により払込資本が過大になったとして、LEに142百万ドルを償還（以下「本件償還」という。）をした。このうち、67百万ドルは、第1次合併で温存された67百万ドルであった。

　これに対し、カナダ国税庁は、1993年の本件株譲渡を租税回避取引であるとし、垂直的合併で行えるのを水平的合併にしたのが濫用であるとして、本件償還のうち67百万ドルに相当する額を否認し、58百万ドルをみなし配当として、CopthorneⅢに源泉徴収義務を課す課税処分をした。

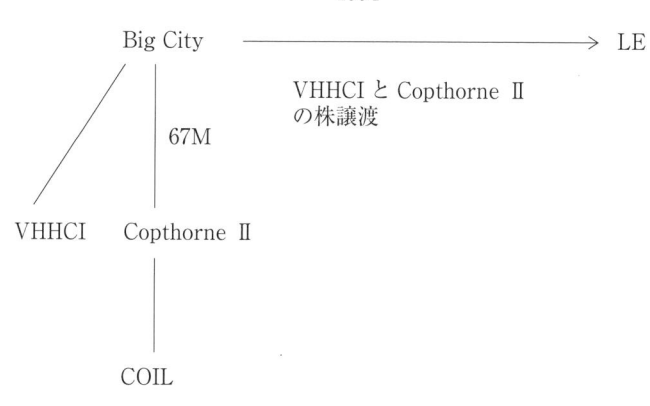

　　イ　判　旨

　上記最高裁判決は、ロスシュタイン判事が多数意見を代表してその意見を

述べている。ロスシュタイン判事は、序論で、カナダ・トラスト事件最高裁判決に従い、一般否認規定の適用に当たっては、①租税上の便益（tax benefit）があるか、②当該取引が租税上の便益を生じさせる租税回避取引（an avoidance transaction）か、③当該租税回避取引が租税上の便益を濫用的に（abusive）に生じさせているかを検討すべきとし（パラ33）、順次検討している。

　　（ア）　租税上の便益の有無

　そして、まず、租税上の便益については、払込資本が減額されなかったこととする租税裁判所の認定を支持した（パラ38）。

　　（イ）　租税回避取引該当性

　次に、租税回避取引については、本件株譲渡が本件償還と一連の取引（a series of transaction）といえるか否かが問題となるところ、租税裁判所は、強い結び付き（storng nexus）があるとし、連邦裁判所控訴部は、カナダ・トラスト事件の最高裁判例に従うと、強い結び付きまで必要ではなく、一連の取引がその決定に当たり一連の取引との関連（in relation to）あるいはその理由で（because of）なされたかどうかで足りるとしたが（パラ46）、ロスシュタイン判事は、それも必要でなく、単なる可能性（mere possibility）や非常にかけ離れている（an extreme degree of remoteness）以上であれば足りるとした（パラ47）。

　また、所得税法248条10項の解釈について、「目論見（contemplation）」が将来の目論見だけか（prospective）過去に遡ったもの（retrospective）をも意味しているかが問題となったが、ロスシュタイン判事は、「248条10項の文言と文脈は、いつ一連の目論見が催されるかについては、オープンにしている。文言において、関連取引がいつ一連との関係で目論まれなければならないかについては、何も規定していない。特に、関連取引が後続の目論見の完成でなければならないということは何も示唆されていない。当該条項の文脈は、狭い解釈に反する示唆した一連の定義を拡張するものである。」（パラ54）として、過去に遡ったものをも意味しているとした。

　そして、結局、本件株式譲渡と本件償還は、一連の租税回避取引であるとした。

　　（ウ）　濫用該当性

　その上で濫用であるか否かについては、ロスシュタイン判事は、まず、

「GAARは、納税者が依拠する条項の対象、趣旨及び目的を決定するため、議会が当該法律の文言の背後を解明する格別の義務（unusual duty）を付与するための法的なメカニズムである。納税者の取引がその依拠している関連条項の文言に厳密に合致していれば、これらの取引は当該条項の対象、趣旨及び目的（object、spirit、purpose）と一致する必要がないかもしれない。そのような場合に、GAARは、財務大臣によって発動されるであろう。GAARは、納税者になにがしかの不確実性を作り出す。しかし、裁判所は、245条が最終手段の条項として立法されたことを記憶にとどめなければならない（Canada Trustco事件判決・パラ21）。」（パラ66）とした。

　その上で、ロスシュタイン判事は、具体的には、「ある取引が当該法律の濫用か誤用であるか否かを決するためには、裁判所は、最初に、『当該法律の仕組み、関連条項及び可能な外的な手助けを考慮して、当該租税上の便益が依拠している条項の対象、趣旨及び目的を決定しなければならない。』（Canada Trustco事件判決・パラ55）。当該条項の対象、趣旨及び目的は、『当該法律の特定又は相互に関係する条項に潜在する法的理由』（V. Krishna, The Fundamentals of Income Tax Law (2009), at p. 818) として述べられている。」（パラ69）とし、「次に、裁判所は、当該取引が特定された目的に適うか抵触するか否かを考慮しなければならない（Canada Trustco事件判決・パラ44）。」（パラ71）とした。

　このように一般論を述べた上で、ロスシュタイン判事は、本件の関係規定として、所得税法89条1項（払込資本の定義規定）、87条3項（合併後の法人の払込資本が被合併法人の払込資本を超えないことの規定）及び84条3項（株式償還に係る規定）の趣旨・目的を検討し、同法87条3項を文脈で検討すると、「払込資本の仕組みやXによってなされた非企業結合やその他の議論を検討し、87条3項の立法理由として残る結論は、合併後の法人から払込資本の償還としての支払は、そのような支払が課税資本の支払としてなされた場合にのみ、みなし配当として課税されるべきでないということである。この除外の目的は、払込資本を資本の返還として認識することである。」（パラ112）とした上、「確かに、87条3項は、垂直的合併と水平的合併の2つの選択肢を認めている。また、当該文言は、納税者に1つ又はその他の選択を選ぶことを妨げてもいない。しかし、私は、87条3項の対象、趣旨及び目的は、株主が合併後の法人から課税資本を超えるとして負担しない場合の支払としてなされる場合

に許しており、それ以外は、妨げていると結論する。」（パラ126）として、本件一連の取引が、所得税法87条3項の趣旨・目的に抵触するとした。

そして、結論として、ロスシュタイン判事は、「私は、Copthorn I によるVHHC株のBig Cityに対する売却は、キャンセルから払込資本の67Mを保護するために企てられたものであり、87条3項の文言には反しないものの、その目的と抵触しこれを破棄するものであるとの意見である。」（パラ127）として、所得税法245条により本件株式譲渡を否認して源泉徴収されるとした。

　　ウ　検　討

上記最高裁判決には、カナダでも、abuseか否かの判断基準が曖昧になっているとの批判もあるが[注372]、ロスシュタイン判事の主導の下、カナダ最高裁がGAARの適用について積極姿勢を示していると考えられる。

5　英　国

(1)　概　観

　　ア　判例の変遷

まず、英国の判例の変遷について概観する。英国は、1935年のWestminster事件上院判決（判例37）以来、「租税回避のための契約であっても、私法上有効な契約であれば、この契約による租税負担の軽減を否定することはできない。」とするウエストミンスター原則が支配的である。このウエストミンスター原則は、法的形式（form）を重視する立場であり、法的には有効ではあるが、経済的には不合理な契約を用いて、いわゆるタックス・シェルターを作り出すとのタックス・シェルター産業を助長した。

このような傾向に歯止めを掛けたのが、1981年のRamsay事件上院判決（判例38）であり、「複合取引（composite transaction）を構成する個々の契約が私法上有効であっても、分離することができない過程で予め計画されている結果次の段階でキャンセルすることが意図されている契約で生み出される損失は、制定法が扱っている損失ではない。」とするラムゼイ原則が打ち出された。しかし、このラムゼイ原則は、その後1984年のDawson事件上院判

（注372）　Brian J. Arnold,"Some Thoughts on the Supreme Court's Approach to the Determination of Abuse Under the General Anti-Avoidance Rule" Canadian Tax Journal Vol.62,No.1,(Canadian Tax Foundation,2014),at 113

決^(注373)で、Ramsay事件のような資金が循環するいわゆる循環取引だけでは

なく、資金が一方的に流れていく直線型の取引にも適用されるとされた。こ

れは、米国の段階取引の法理（step transaction）の法理と類似の法理である

ことから、このような法理は、米国と同じような経済実質主義（substance-

over-form-doctrine）を認めたものではないか、それとも、このような法理

は、租税法独自のものではなく、一般的な目的的解釈（purposive inter-

pretation）の法理を租税法に適用したにすぎないのかが問題となった。そし

て、2001年のWestmoreland事件上院判決^(注374)などを経て、2004年のBarc-

lays事件上院判決（判例39）は、「新しい方法の本質は、現実の取引（これは、

共に機能する目的での一連の要素の包括的効果を考慮することを含んでい

る。）が制定法の条項に制定法の表現に合致しているかどうかを決めるため

の取引の性質を決めるために目的的な解釈を与えることであった。」（パラ32）

と判示して、納税者を勝訴させ、ラムゼイ原則は、一般的な目的的解釈の法

理を租税法規に適用したにすぎないとの後者の立場が採られた。もっとも、

上記Barclays事件上院判決と同じ日に、上院は、Scottish Provident事件上院

判決（判例40）で、ラムゼイ原則を適用し、納税者を敗訴させたことから、

なおもラムゼイ原則の意義が問題となった。

　さらに、英国では、上院（the House of Lords）が議会から独立し、2009年

から最高裁（the Supreme Court）として上告事件を扱うこととなったが、

2011年のTower MCashback事件最高裁判決^(注375)は、ラムゼイ原則を租税法

規を目的的に解釈するルールとした上で、ラムゼイ原則における事実認定の

在り方を表したアローータウン・テストを採用して、当該取引について、事実

を現実的にみて（realistically viewed）、制定法の趣旨に反しているとして、

ソフトウエアの著作権取引を利用したタックス・シェルターの資本控除

（capital allowance）を否認した。

　　イ　GAARの制定

　次に、英国におけるGAARの制定について述べることとする。英国におい

（注373）　Furniss（Inspector of Taxes）v Dawson and related appeals, [1984] 1 All ER 530

（注374）　MacNiven（Inspector of Taxes）v Westmoreland Investments Ltd, [2003] 1
　　AC 311

（注375）　HMRC v Tower MCashback LLP1, [2011] UKSC 19。事案の詳細は、拙著・濫
　　用法理465頁以下を参照されたい。

ては、1998年に一度GAARの立法が検討されたことがあるが、これは、用語
や手続に問題があるとして廃案となった[注376]。その後、前記アのとおり、租
税回避の判例が動いていき、ラムゼイ原則の意義が見直されるようになった
が、2011年のMayes事件控訴院判決[注377]での歳入関税庁が敗訴したことな
どを契機に、ラムゼイ原則にも限界があることが認識されるようになった。
このMayes事件は、投資型生命保険契約（second-hand insurance policy）に
おけるSHIPS2というスキームであり、1988年の所得税及び法人税法（In-
come and Corporation Act）のPart13の第2章の539条以下の生命保険契約に
関する規定のうちのcorresponding deficiency relief（対応的損失控除）を利
用したタックス・シェルターである[注378]。

　このような経緯から、英国政府は、アーロンソン弁護士に一般否認規定の
導入の研究を委託し、アーロンソン弁護士の下に、ホフマン卿、タイリー教
授やフリードマン教授を委員とする委員会が組織されて、議論を重ね、その
結果に基づいて、2011年にアーロンソン意見書[注379]が公表され、この意見書
に基づき、2013年に同年財政法206ないし215条でGAAR（以下「英国GAAR」
という。）が制定された。この一般否認規定は、租税回避をすべて対象とする
のではなく、目に余る租税回避スキーム（egregious tax avoidance scheme）
を対象とするGeneral Anti-Abuse Ruleであり、二重の合理性のテスト
（double reasonable test）が採用されている。

　その後、注目すべき判例として、ラムゼイ原則の意味を確認し、目的的解
釈の意味を明らかにした2016年のUBS銀行事件最高裁判決（判例41）がある。

　英国GAARは、上記のとおり、英国の判例の限界を是正しようとするもの
であることから、租税回避についての重要な判例も検討する必要がある。そ
こで、まず、英国GAARの概要を述べた上で、①Westminster事件上院判決、
②Ramsay事件上院判決、③Barclays事件上院判決、④Scottish Provident事
件上院判決、⑤UBS銀行事件最高裁判決について論じ、さらに、②ないし⑤

（注376）　Judith Freedman,"United Kingdom" Lang ed.,GAARs,at 745-746、拙稿・前掲
　　　租税研究2017年3月号353頁
（注377）　Mayes v HMRC,［2011］EWCA Civ 407
（注378）　事案の詳細は、拙著・濫用法理483頁以下を参照されたい。
（注379）　岡直樹「GAAR Study:包括型租税回避対抗規定が英国税制に導入されるべきか
　　　否かについての検討　アーロンソン報告書」租税研究2013年8月号469頁

の事件で問題となっているラムゼイ原則と一般否認規定の関係について論じることとする。

(2)　英国GAAR

　ア　規　定

英国GAARの中核は、2013年財政法207条である。207条の具体的規定は次のとおりである。

「1項　取決め（arrangements）は、すべての状況について考慮を払った場合に、租税上の便益（tax advantage）を得るのが当該取決めの主たる目的（the main purpose）又は主たる目的の1つ（one of the main purposes）であると合理的に結論することができるときには、『租税取決め（tax arrangements）』である。

　2項　租税取決めは、下記を含むすべての状況を考慮した場合、その締結又は実施が、適用される租税法規の規定との関係において合理的な一連の行為（a reasonable course of action）として合理的に考えることができない（cannot reasonably be regarded）ときに、『濫用（abusive）』である。

　　(a)　当該取決めの実質的な結果が、当該規定が立脚している原則（明示されているか黙示的であるかを問わない。）や当該規定の政策目的と矛盾していないかどうか。

　　(b)　そのような結果を達成しようとしている手段が、1つないしそれ以上の仕組まれた（contrived）あるいは通常と異なる（abnormal）ステップを含んでいないか。

　　(c)　当該取決めが当該規定の不備（shortcoming）を利用することを意図しているかどうか。

　3項　租税取決めが他の取決めの一部を構成している場合、それらの他の取決めもまた考慮されなければならない。

　4項　次のそれぞれは、租税取決めが濫用（abusive）であることを示す場合の例である。

　　(a)　当該取決めのもたらす課税上の所得、利益又は譲渡益の金額が、経済目的のそれより相当程度少ない場合

　　(b)　当該取決めのもたらす租税上の控除又は損失が、経済目的のそれより相当程度大きい場合

　(c)　当該取決めが、支払われていない又は支払われる蓋然性に乏しい
　　　税の還付又は控除（外税控除を含む。）の請求する権利をもたらす場合
　　　ただし、いずれの場合についても、かかる結果又は関連する規定が立
　　　法された時点において予想されていた結果（result）に当たらないと
　　　合理的に認められる場合に限る。

5、6項　（省略）」

　このほか、英国GAARで特徴的な規定は、英国の2013年財政法第5編の211
条2項で、HMRCのガイダンスが裁判所を拘束することが規定されている。
また、同条3項では、裁判所は、当該取決めが締結された時のHMRCや財務省
の公表されたガイダンスやその他の資料を考慮することができるとされてい
る。このような証拠法則は、英国の裁判所では、通常は認められていないも
のであり、このような証拠法則を立法で新たに規定したことは、今後の実務
に与える影響も大きく、英国でも今後の動きが注目されている。

　もう1つは、オーストラリアの一般否認規定で問題となっている選択可能
な「仮定的事実（alternative postulate）」あるいは「反対事実（counterfac-
tual）」の問題についての英国版GAARの対応である。特に、オーストラリア
では、国税庁が示した仮定的事実の合理性が問題となり、納税者から、税効
果を得ることができなければそもそもそのような取引をしない（the "do no-
thing" option）との主張が出されるなどして、2009年から2011年にかけて、オ
ーストラリア国税庁が示した仮定的事実が不合理であるとして、第Ⅳ編Aの
適用が否定される下級審判決が続いた。英国版GAARの立法に当たり、アー
ロンソン弁護士を中心とする研究メンバーは、上記のようなオーストラリア
の動きを把握しており、仮定的事実がどうあるべきかについて法律で規定す
るのは困難であるとし(注380)、その結果、アーロンソン意見書では、対抗措置
は、合理的で妥当な（reasonable and just）結果を生み出すものでなければな
らないとするにとどめたのである(注381)。そのため、2013年財政法第5編の

（注380）　Judith Freedman, "Desingning a General Anti-Abuse Rule: Striking a Balance",
　　Asian-Pacific Tax, Bulletin(IBFD), May/June 2014, at 171
（注381）　アーロンソン意見書5.35

209条2項では、「租税利益を取り消すために講ずる必要のある調整とは、妥当で合理的なものをいう。」と規定されているのである。

　イ　具体的な適用順序

　（ア）　まず、対象税目は、所得税、法人税、譲渡所得税、石油収入税、相続税、不動産取得印紙税、居住用不動産税であり、付加価値税を除くとされている（2013年財政法206条3項）。付加価値税は、Halifax事件ECJ判決（判例4）の「濫用的行為（abusive practice）の法理」で判断されることになるのである。

　（イ）　租税上の便益には、a）課税上の所得控除（relief）又はその増加、b）税の還付（repayment）又はその増加、c）税の源泉徴収（charge）若しくは賦課（assessment）の回避又は減少、d）潜在的な賦課の回避（avoidance of possible assessment to tax）、e）税の支払の延期又は還付の前倒し、f）税の控除若しくは予納（account for tax）義務の回避が含まれる（2013年財政法208条）。すなわち、租税上の便益には、課税減免規定を充足させる場合（上記a）、b）、e））だけでなく、課税根拠規定を回避する場合（上記c）、d）、f））も含まれている。なお、租税上の便益があるか否かを判定するに当たっては、ガイダンスCのパラ2.5が、香港のGAARである61条Aの適用に当たっての2007年のTai Hing Cotton Mill事件判決におけるホフマン卿のアプローチを採用しているのが参考となる。すなわち、ホフマン卿は、「歳入庁長官は、……納税者が最高の税率を引きつける選択的行為に入ったという前提に基づき査定を行う権限を与えられてはいない。それは、権限の合理的な行使ではない。しかし、納税者が租税上の便益を確保できなかったとした場合、歳入庁長官は、証拠が示す最もありそうな取引を仮定することを選択することができよう。」（パラ21）との意見を述べており、このようなアプローチにより、租税上の便益があるか否かを判断することとなる。

　（ウ）　否認の対象は、取決め（arrangement）である（2013年財政法207条2項）。

　否認の基準は、濫用基準であり（2013年財政法207条2項）、租税上の便益を生じさせる租税法規の趣旨・目的に抵触しているかを濫用としてとらえ、しかも、上記207条2項のとおり、「合理的な一連の行為として合理的に考えること

ができない場合に、『濫用』である。」（下線筆者）とするもので、いわゆる二重の合理性のテストで判定するところに特徴がある。この二重の合理性のテストというのは、当該事案を取り扱う裁判官が不合理と考えるだけでなく、合理的に考えても、このような見解があり得ないということを意味しており、より客観性を確保することとなっている。

　具体的には、①租税上便益が存在するか、②当該租税上の便益は、対象となる税目に関するものか、③当該租税上の便益は、当該租税取決めにより生じているのか、④当該租税取決めは、濫用的かで判断されることとなる。上記二重の合理性のテストは、④の濫用か否かを判断する際の基準である。

　（エ）　以上をフローチャートで表すと下図のとおりとなる。

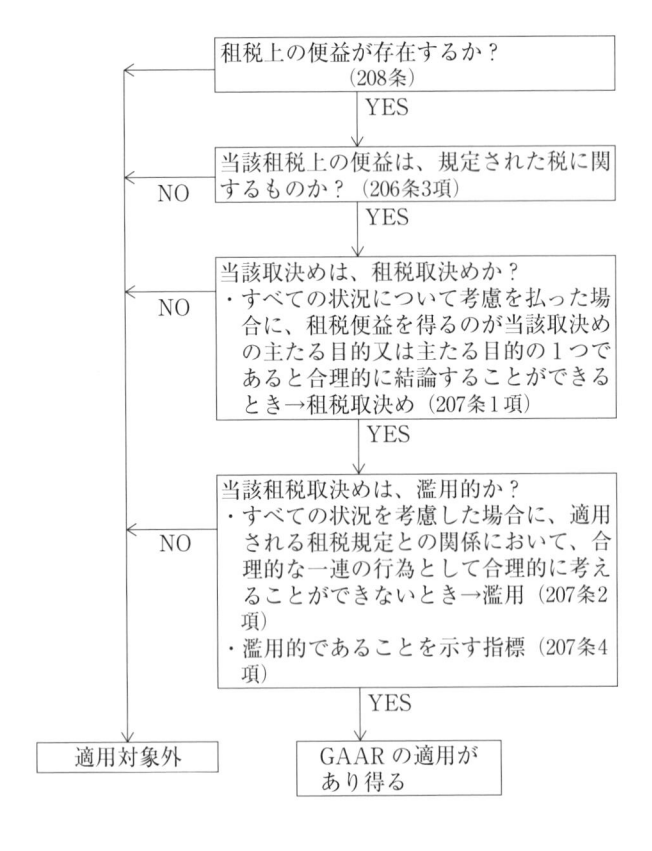

このフローチャートと前記4 (3) ウ (ア) のカナダの所得税法245条の適用の
フローチャートを比較すると、英国のGAARは、カナダのGAARと非常に類
似していることが明らかであり、違いは、対象が取引よりも広く取決めとさ
れていること、濫用か否かの判断に当たり、指標を明示していることと考え
られる。

　なお、歳入関税庁は、2013年のGAARの制定に伴い、適用に当たってのガ
イダンスを公表している。このガイダンスで、GAARの規定の説明や実例が
示されている[注382]。

　ウ　BEPS行動計画との関係

　英国のGAARの導入は、OECDにおいてBEPSが問題となる以前の議論で
なされたものである。英国のGAARは、前記(1)イのとおり、タックス・シェ
ルターの事案に対してラムゼイ原則の適用に限界があるとの問題意識から議
論されるようになったものであり、BEPSで問題となった英国における企業
が海外に所得を移転する租税回避を念頭に置いたものではない。その意味で
は、BEPSに対して、英国のGAARは、限界があるといわざるを得ない。

　英国において、BEPSへの対応としてなされた立法は、第1章第3節の4
(2)イのとおり、2015年4月の財政法で導入された迂回利益税（Diverted
Profits Tax）である。

　(3)　Westminster事件上院判決

　まず、1935年のWestminster事件上院判決（判例37）[注383]から検討するこ
ととする。これは、所得税の上乗せの付加税(sur-tax)における経費控除の
可否が問題となった事件であり、ウエストミンスター原則を確立した判例で
ある。

　ア　事案の概要

　Xは、ウェストミンスター公爵であるが、下図のとおり、それまで1週間に
つき60シリングを支払っていた雇人Aとの間で、年金として一定時期から7
年間、1週間につき38シリングを支払うとの捺印証書契約（deed of covenant）
を締結した。一方、Xは、雇人Aに対しては、それまで1週間につき60シリン
グを支払っていた賃金を22シリングで満足することを期待する旨の手紙を書

（注382）　このガイダンスの詳細については、小林剛訳「英国の一般的租税回避対処法ガイ
　　ダンス」亜細亜大学経済學紀要41巻第1/2号13頁を参照されたい。
（注383）　IRC. v Duke of Westminster,［1936］AC 1

いて、これに同意させた。

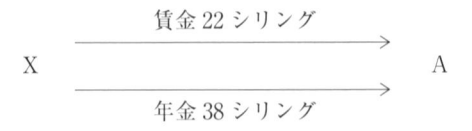

$$X \xrightarrow{\quad 賃金 22 シリング \quad} A$$
$$X \xrightarrow{\quad 年金 38 シリング \quad} A$$

　Xは、Xにおいて年金として支払った38シリングが、シェジュールDの年金として、Xの所得税の付加税から控除されるとして申告したが、内国歳入庁は、シェジュールEの賃金であるとして、この控除を否定する課税処分をした。

　　イ　判　旨

　上院は、シェジュールDの年金として、Xの所得税の付加税から控除されるとして、内国歳入庁の上告を棄却した。

　多数意見を書いたトムリン卿は、「私が扱った契約についての疑問はさておき、租税事件では、裁判所が当事者の法的地位を無視し、いわゆる事物の本質（substance of the matter）なるものを考慮することができる、という原則が存在するといわれており、本件においてこの事物の本質は、年金受領者が従来の賃金あるいは給料と等しいものを受領してXに雇われており、それ故、Xに雇われている間、当該年金は賃金あるいは給料として扱われなければならないということである。この原則は、初期のいくつかの事件において使用された用語の誤解に基づくものと思われる。この原則は、金色のまっすぐな法の境界を示す杖の代わりに、不明確で歪んだ裁量のコードを用いるようなものであり、この誤解を是正し、この原則をおしまいにするのが早ければ早いほど、これに係わっているすべてがよくなる。」とし、「国民は誰でも、もし可能であるならば、当該法律のもとで課せられる租税をそうしない場合よりも少なくするために、自らに関する取引に手を加える権利をもっている。もしある者がこのような結果をそうしない場合よりも少なくするために、自らに関する取引に手を加えることに成功した場合、内国歳入庁あるいは他の納税者が、彼の巧妙さをどんなに迷惑がったとしても、彼はそれよりも多い租税の支払いを強制されることはない。この（国側の主張する）いわゆる実質主義は、納税者が彼に要求されている租税の額について、法的にこれを請求されないように自らの取引に手を加えたにもかかわらず、彼にその租税を支払わせようとする試み以外の何物でもないように私には思えるのである。」

（下線筆者）とし、さらに、「事態は、私の友人ワリントン卿が、大法官として、ダッシュウッド事件判決において用いた次の言葉によって正確に示されていると思う。『我々は形式の背後を尋ねて実質を直視しなければならないといわれている。私も実質を見るが、当該実質を確定するために、私は、当事者が締結した取引の法的効果を見ることにしている。』と。このように本件における実質とは、通常の法原則に基づいて確定された当事者の法的権利義務より生じるものである。そして、私が既に述べたところを考慮するならば、結論は、各々の年金受領者が、年金受領の権利を持ち、当該年金は、年金受領者と支払人との間において支払われるものとして、支払人による所得税の控除に服し、また、これを支払人が付加税の目的のために自己の総所得より控除されるべきものとして取り扱う権利を有する、ということでなければならない。もちろん、当該文書が真実（bona fide）ではなく、また、これに基づいて行うことが意図されておらず、ある別の取引を隠蔽する手段としてのみ用いられる場合が存在するであろう。本件は、このような場合ではなく、また、それは主張されていない。本件捺印証書契約は、真実のものと認められてきており、そして、それらに相応の法的効力が付与されてきているのである。結果として、もしある別の処理（上訴人の主張する目的から『実質』と呼ばれる。）がなされたならば支払うべき額より、少額の租税が支払われることになるからといって、本件証書を無視したり、それらがある異なる効力を持つものとして取り扱うことはできないのである。」として、結局、内国歳入庁が主張した租税法上の実質主義による否認を否定した。

　ウ　検　討

　（ア）　ウエストミンスター原則の意義

　この判決は、「租税回避のための契約であっても、私法上有効な契約であれば、この契約による租税負担の軽減を否定することはできない。」とするウエストミンスター原則を確立した判例である。この判決は、元々は、現実のポジションを表さない単なるラベルだけの契約では、租税上の効果を生じないとするとの意味であったが、その後、この判決が法的実質か経済的実質かの議論の過程で、法的実質を追求する判例であると受けとめられ[注384]、上記の

（注384）　Judith Freedman,"United Kingdom",Lang ed.,GAARs,at 743、拙稿・前掲租税研究2017年3月号352頁

ウエストミンスター原則につながったと考えられる。

この判決がなされたのと同じ1935年に米国では、Gregory事件連邦最高裁判決（判例23）がなされている。両判決とも、納税者には節税の権利があると判示した上、Westminster事件上院判決は、租税回避目的の契約であってもこれを否定できないとし、Gregory事件連邦最高裁判決は、事業目的の法理を使って限定解釈をして、租税回避を否定したのが対照的である。その後、英国と米国とでは、租税回避に対する司法判断が大きく分かれることとなったのである。

このウエストミンスター原則は、非常に根強い考え方であり、現在でも、カナダ、ニュージーランド及びインドの裁判所は、このウエストミンスター原則を前提にしていると考えられる。

なお、この判決は、奇しくも我が国の岩瀬事件高裁判決（判例5）と非常によく似た発想で判決がなされている（第1章第4節の1(2)参照）。

　（イ）　mislabellingの問題

このようにウエストミンスター原則は、当事者間の契約が真実であれば、たとえ租税回避目的であってもこれを尊重するとの原則であるが、当事者の主張する契約の法的性質をそのまま受け容れるとの法理ではない。

この点、タイリー教授も、その体系書の5.6.2.において、「契約はラベルでなく事実（facts）をみる」との表題で、「ウエストミンスター原則は、『裁判所は取引の実質（substance）ではなく形式（form）をみるべきである』としばしば定式化されて表現される。しかし、この定式は、納税者の支配下にある事項である取引の形式が租税上の目的において決定的であることを示唆しがちであるということでミスリーディングである。しばしば当事者の与えた法形式は、決定的ではなく、裁判所は、当事者の選択した法形式において、真の租税上の効果を決定するためには事物の実質（the substance of the matte）をみなければならない。それ故、裁判所は、実質をみることによって、この形式が他と同様租税を誘導していると結論することもできる。これらの場合、裁判所は、取引にそれが有していない法的性格を与えるのではなく、締結された契約の租税法における真の性格（the true character）を発見するように努めるのである。例えば、裁判所は、たとえ、契約書では書かれていなくても、当該取引がパートナーシップにより実行されたと考えることができる。このような文脈では、契約書は、証明された事実を否定するのに

使うことはできないのである。しかし、事実と法的取決めが同じ方向を示している場合には、裁判所は、これらを無視することはできない。<u>結局、関係のある当事者によって取引に与えられたネーミングは、当該取引の性質を決定するのに必要ではない。</u>」（下線筆者）^(注385)と述べているところである。

　また、マーレイ弁護士も、英国でも、契約の法的性質について納税者の主張に裁判所が拘束されるかとについて「mislabelling」の問題があるとしている。マーレイ弁護士によると、このようなmislabellingには、（ⅰ）当事者が当該契約をある契約類型に当たると主張しているのを裁判所が否定する場合と、（ⅱ）当事者が当該契約の対価とされたと主張しているのを裁判所が節税効果なども含まれているとする場合の2つのタイプがあるとして、前者は、shamとは異なり、当事者の意思の問題であり、後者は、問題となっている課税要件が資本控除（capital allowance）の要件のように契約の分析のみに焦点を合わせていない場合には許されるとしている^(注386)。マーレイ弁護士は、前者の例として1990年のAntoniades事件上院判決^(注387)を挙げ、後者の例として、2011年のMCashback事件最高裁判決^(注388)を挙げている。

　前者のAntoniades事件上院判決は、借家法（Rent Act）の問題で租税事件ではないものの、賃貸人が賃借人と契約を締結した際に契約書に共同占有条項（co-occupation）を書き入れていたが、実際には、賃借人が排他的に占有していることから、借家法の保護の対象となるtenancyに当たるとしたものである。上院は、当事者の意思に基づきこの共同占有条項をshamとしたものであるが、マーレイ弁護士は、これは、契約のどの類型に当たるかは法律問題であり、当事者の意思には依存しないとしている。

(4)　Ramsay事件上院判決

　次に、1981年のRamsay事件上院判決（判例38）^(注389)を検討することとする。これは、証券の譲渡による譲渡損の計上の可否が問題となった事件で、ラムゼイ原則を確立した判例である。

(注385)　supra, Tiley, Revenue Law 7th ed.（注39既出）, at 111-112

(注386)　supra, Murray, Tax Avoidance 3rd ed.（注4既出）, at 239-240

(注387)　AG Securities v Vaughan,［1988］UKHL 8

(注388)　HMRC v Tower MCashback LLP2,［2011］UKSC19。事案の詳細は、拙著・濫用法理465頁以下を参照されたい。

(注389)　W.T.Ramsay Ltd. v IRC,［1982］AC 300

　ア　事案の概要

　X社（W.T.Ramsay Ltd.）は、別の取引によるキャピタル・ゲインを相殺するため、みせかけだけのキャピタル・ロスを創り出すこととし、下図のとおり、1973年2月23日、C社の発行済全株式を18万ポンドで取得し、同日、金融機関Aから44万ポンドを借りて、C社に22万ポンドずつ年利11％で貸し付けたが、同年3月2日、L1の貸付の利率を0％、L2の貸付の利率を22％と変更して、同日、L2の貸金債権を金融機関M社に39万ポンドで売却し、これによるキャピタル・ゲインを得て、Aに返済した。ここでみせかけのキャピタル・ロスは、C社の株式の譲渡損であり、M社への売却によるキャピタル・ゲインは、1965年財政法附則7章5条3項b及び11条1項にいう証券による債務（debt on a security）であるとして、非課税となるので、キャピタル・ロスだけが残る仕組みとなっているのである。

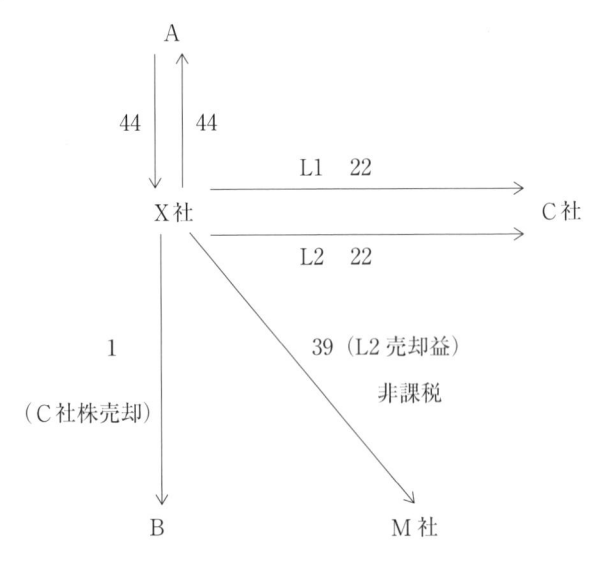

　X社が、上記のとおり、Aからの借入金を返済後、C社は、同月9日、清算を行うこととなり、L1債権の元本22万ポンドをX社に返済し、また、M社からL2債権を39万ポンドで買い戻したため、L2債権が消滅した。C社が、L2債権を買い戻したことにより、C社の株価が下がり、X社は、このC社株をBに1万ポンドで売却して、予定どおり、17万ポンドのキャピタル・ロスを生じさせた。結局、X社は、一連の取引により、C社の株式を取得するための18万ポンドと2つの貸付金44万ポンドを支出したものの、L2のM社への売却に

より39万ポンド、L1債権の元本返済22万ドル及びC社の株式の売却により1万ポンドを取得している。そうすると、X社は、(39＋22＋1)－(18＋44)＝0であり、最終収支では、ほとんど支出していないにもかかわらず、C社の株式の売却による17万ポンドのキャピタル・ロスを控除することが可能となったのである。これに対し、内国歳入庁は、XのC社株の売却によるキャピタル・ロスは、1965年財政法23条1項の損失に当たらないとして、課税処分をした。

　　イ　判　旨

　上院は、C株式の売却によるキャピタル・ロスは損失に当たらないとして、Xの上告を退けた。

　最も重要な意見を書いたウィルバーフォース卿は、まず、その考えの基礎となる原則を明らかにするとして、「第1に、国民は、法律の明白な文言によってのみ課税され、法律の真意や公平性によっては課税されない。議会のいかなる租税法規もこの原則に従って解釈されなければならない。そして何が明白な文言であるかは標準的な原則により確定されなければならない。しかし、これらは、裁判所に文言解釈をするよう制限するものではない。問題となっている法律の文脈や体系を全体として検討すべきであり、法律の目的を考慮すべきである。」とし、「第2に、国民は、租税負担を軽減するために、自らに関する取引に手を加える権利をもっている。」とし、「第3に、特別委員会は、事実認定のために、証書や取引が真正（genuine）かshamかを見つけなければならない。ここで証書がshamというのは、証書に表示されているものがあるものであっても、事実は別なものである場合であり、真正というのは、法的に、証書に表示されたものがそのとおりである場合である。」とし、「第4に、証書や取引が真正（genuine）であるとされた場合、裁判所は、そこに潜在する実質を探求することはできない。これは、よく知られたウェストミンスター事件の原理である。これは、基本的な原理であるが、拡張されすぎるべきではない。裁判所は、真正であると認定された証書や取引を容認するよう義務づけられてはいるが、裁判所は、当該証書や取引をそれが属する流れから切り離して、盲目的（in blinkers）に判断することが強制されるのではない。もし、証書や取引が複数の一連の取引の一部であるとして、又は、全体として実行するよう意図されたより大きな取引の構成要素として効果を発揮するよう意図されていたとみることが可能であれば、そのようにみることを妨げる原理はない。そうするのは、実質より形式をみるとか形式より実質をみるとかではない。税が賦課されることが求められるような取引の法的性質、そして、もし、それが一連の取引又は複合取引から生じるものならば、

そのように機能するよう意図された取引の法的性質を確定することは、裁判所の職務である。」（下線筆者）とした。

そして、ウィルバーフォース卿は、上記原則を適用して、「不服申立庁である特別委員会が、個々の証書や取引がshamでないと自ら認定したことによって、証書そのものや当事者の明白な意図を証拠として、問題となる取引は如何なるものか、ということを自ら判断できなくなってしまうと考えるのであれば、それは誤りであり、また不必要な自己抑制である。ウエストミンスター原則及びその他の先例のもとでも、全体として実行されることが意図された複合取引（composite transaction）においては、必ずしも個々の取引過程を個別に考察する必要はない。そのようなケースに特に該当するのは、いったん計画が動き始めれば、連続する各段階を経て計画を成し遂げるという義務の存在が（当事者の間で）承認されている場合である。また、計画が成し遂げられるという予測が存在し、かつそうでならない現実的可能性の存しない場合もこれに当たる。このような場合、特別委員会は認定し、法の問題として、問題となっているのは1つの複合取引なのか、それとも数個のそれぞれ独立した取引なのかを決定すべきである。」とし、「分けることのできない過程における1つの段階で引き起こされ、単一の継続的な操作として計画されている結果次の段階でキャンセルされることが意図されている損失（又は利得）は、制定法の扱っている損失（又は利得）ではないと言うことは、私の考えでは、司法作用の範囲内である。」とした上、「これらの事実に基づくと、損失を生み出した取引の結合における1つの段階を取り出し、かつ、そこでいったん停止させて判断するのは、完全に間違った分析である。というのは、この損失は、完全に利得の反映（reflexion）にすぎないからである。正しい見解は、全体としてこのスキームを観察すると、利得も損失も生じなかったということを見抜くことであり、これが私の結論である。」（下線筆者）とした。

すなわち、L1とL2の貸付けは、利得と損失をそれぞれ生み出した後、初めから消滅させることが予定されている取引であり、self-cancellingな取引である。ウィルバーフォース卿は、このような全体としてみると、self-cancellingな取引である場合には、利得も損失も発生してないとみるべきとしたのである。

　　ウ　検　討

これは、「複合取引（composite transaction）を構成する個々の契約が私法上有効であっても、分離することができない過程で予め計画されている結果

次の段階でキャンセルすることが意図されている損失は、制定法が扱っている損失ではない。」とするラムゼイ原則を確立した判例である。

このRamsay事件上院判決は、ウィルバーフォース卿の意見でも引用されているが[注390]、米国の1960年のKnetsch事件連邦最高裁判決（判例24）や1957年のGilbert事件巡回裁判所判決[注391]を分析し参考としていることである。そのため、その後、1984年のDawson事件上院判決では、資金が循環するいわゆる循環取引だけではなく、資金が一方的に流れていく直線型の取引にも適用されるとされた。これは、米国の段階取引（step transaction）の法理と類似の法理であることから、その後、このような法理は、米国と同じような経済実質主義（substance-over-form-doctrine）を認めたものではないか、あるいは、このような法理は、単に租税法規の目的的解釈（purposive interpretation）にすぎないのかが問題となったのである。

また、ウイルバーフォース卿は、上記のとおり、「裁判所は、真正であると認定された証書や取引を容認するよう義務づけられてはいるが、裁判所は、当該証書や取引をそれが属する流れから切り離して、盲目的（in blinkers）に判断することが強制されるのではない。もし、証書や取引が複数の一連の取引の一部であるとして、又は、全体として実行するよう意図されたより大きな取引の構成要素として効果を発揮するよう意図されていたとみることが可能であれば、そのようにみることを妨げる原理はない。」との意見を述べているが、これは、契約をその状況から合理的に認定するとの考え方が基礎となっていると考えられる。ウイルバーフォース卿は、契約解釈の一般論についても、英国の伝統であった厳格な文言解釈から合理的な解釈をすべきとの意見を述べており、ウイルバーフォース卿のこのような考え方がラムゼイ原則の根拠ともなっていると考えられる。ウイルバーフォース卿の契約解釈についての考え方については、第1章第4節の1(1)オを参照されたい。

(5)　Barclays事件上院判決

次に、2004年のBarclays事件上院判決（判例39）[注392]を検討することとする。これは、資本控除の可否が問題となった事件であり、ラムゼイ原則が一般的な目的的解釈の法理であることを明らかにした判例である。

（注390）　[1982] AC 300, at 326-327

（注391）　Gilbert v CIR, 248 F 2d 399(957)。事案の詳細は、拙著・濫用法理366, 367頁を参照されたい。

（注392）　Barclays Mercantile Business Finance Ltd. v Mawson, [2005] 1 AC 684

ア　事案の概要

　X社（BMBF）は、バークレイ・グループに属する会社で、ファイナンス・リース等を営む会社であり、アイルランド法人であるA社は、アイルランドで天然ガスの供給をする会社である。X社は、下図のとおり、バークレイ・グループに属するC行から借り入れた資金（下図①）で、1993年12月31日、A社が開発し所有していたスコットランドのモファットからアイルランドのバローまでの間の天然ガスのパイプラインを91.292百万ポンドで購入し（下図②）、直ちにリースバック（下図③）した。A社は、このパイプラインを同社の完全子会社であるB社（BGE(UK)）にサブリース（下図④）した。なお、この売買代金額は、上記パイプラインのA社による建設コストの額である。

　X社とA社のリース契約におけるリース期間は、33年間で、リース料は、最初の2年間は、2.86百万ポンドずつであり、3年目は、6.01百万ポンドでその後は毎年5%ずつ増加していくとの契約であった。X社は、A社にリース料の保証を求め、C行が保証をした。C行は、この保証をするに当たり、B社に対し、91.292百万ポンドの担保を求め、このため、A社がバークレイ・グループの会社でジャージー島所在のD社に91.292百万ポンドの預金（下図⑤）をした。

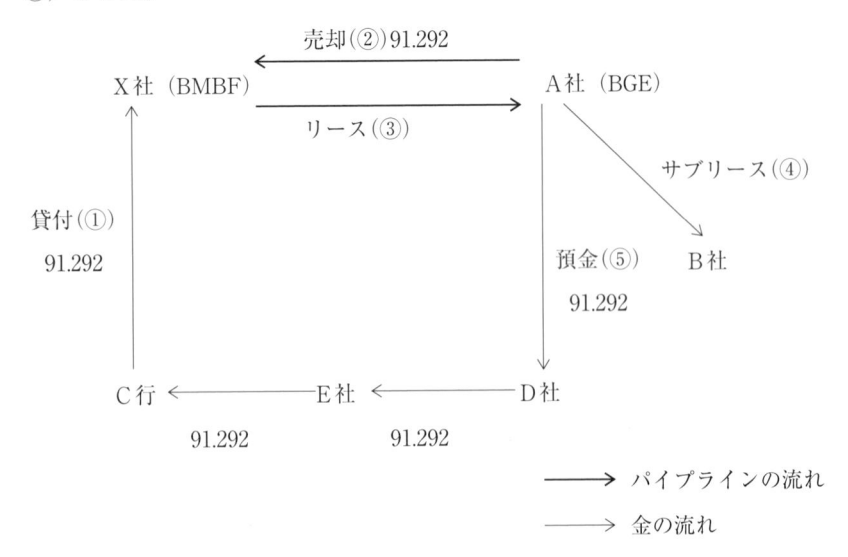

※資本控除法24条1項

「このパートの条項を前提として、(a)事業を営む者が専らその事業の目的に使うための機械や設備の提供のための資本支出を要したとき、かつ、(b)その支出の結果が生じた間、機械や設備がその者に帰属し、あるいは、帰属していたときには、この章の条項に従って、その者に控除が認められる。」

X社は、購入代金91.292百万ポンドをC行から借りたが、この91.292百万ポンドは、A社がD社に預金した91.292百万ポンドがバークレイ・グループ会社でマン島所在のE社を経由して、C行に環流している。A社は、D社に対する預金の利息として、8.1百万ポンドを得ているが、X社から受け取った売買代金は実質は受け取っていない。このスキームは、バークレイ・グループの会社であるF社により考案されたもので、予め予定されたものであった。

この場合、X社は、1990年資本控除法（Capital Allowances Act）24条1項に基づき、パイプラインの資本控除（capital allowanace）が認められるかが問題となった。

内国歳入庁Yは、X社の資本控除を否認したが、これに対し、X社が訴訟を提起し、1審は、commercial realityがないとして、Yの処分を適法としたが、2審[注393]は、commercial realityがあるとし、Yが上告した。

　イ　判　旨

これに対し、上記上院判決は、ニコルス卿が5名の裁判官（ニコルス卿、スティン卿、ホフマン卿、ホープ卿、ウォーカー卿）を代表して意見を述べた。

ニコルス卿は、まず、Ramsay事件上院判決（判例38）のウイルバーフォース卿の意見のうちの「何が明白な文言であるかは標準的な原則により確定されなければならない。しかし、これらは、裁判所に文言解釈をするよう制限するものではない。問題となっている法律の文脈や体系を全体として検討すべきであり、法律の目的を考慮すべきである。」との部分と「税が賦課されることが求められるような取引の法的性質、そして、もし、それが一連の取引又は複合取引から生じるものならば、そのように機能するよう意図された取引の法的性質を確定することは、裁判所の職務である。」との部分を引用して

（注393）　Barclays Mercantile Business Finance Limited v Mawson，[2002] EWCA Civ 2853

（パラ29及び30）、「これらの2つの原則を適用すると、解釈問題として、裁判所が関心をもっていた制定法の条項、すなわち控除すべき損失を差し引いた利得に対しキャピタル・ゲイン税を課すには利得や損失は商業的実体（commecial reality）を有する利得や損失に言及していたとの結論を導き出したのである。」（パラ31）として、それ故、上記ウィルバーフォース卿が「分けることのできない過程における1つの段階で引き起こされ、単一の継続的な操作として計画されている結果次の段階でキャンセルされることが意図されている損失（又は利得）は、制定法の扱っている損失（又は利得）ではないということは、私の考えでは、司法作用の範囲内である。」と述べたのであるとし（パラ31）、「新しい方法の本質は、現実の取引（これは、共に機能する目的での一連の要素の包括的効果を考慮することを含んでいる。）が制定法の条項に制定法の表現に合致しているかどうかを決めるための取引の性質を決めるために目的的な解釈を与えることであった。」（パラ32）とした上、「しかし、不幸なことに、制定法の解釈原理についてのこの通常の原則の表明の租税に関する法律家への目新しさがラムゼイ事件が独自の特殊なルールにより支配された新しい司法判断を確立したとする傾向を生み出したのである。この傾向は、これですべてではないものの、租税法の2つの特徴により助長された。第1は、ウイルバーフォース卿が『現実の世界において（in the real world）』と言ったように、租税は、一般的には、存在している経済的行為や取引に言及して課税されることである。第2は、知的努力の大部分が、課税される取引と同様の経済効果をもつが租税法規の条項の範囲外にある形式で取引を構成することに向けられたことである。これらの複合的取引においては、なんら事業目的がないが、その取引を課税範囲から除外する効果をもつ要素を含めることに特徴がある。」（パラ34）として、1984年のDawson事件上院判決などを引用して、「これらの事件は、租税法規の解釈に当たり、商業目的（commercial purpose）のない取引又は取引の構成要素を否認すべきとの見解を引き起こしている。しかし、それは度を過ごしている。どのような制定法規の解釈に当たっても必要な2つの段階―すなわち、第1段階は、目的的解釈において、どのような取引が制定法の表現しているものに合致するかをきっちりと決めることであり、第2段階は、問題の取引がそれに当たるか否かを決めること―を省くことになる。リベイロ判事がCollector of Stamp Revenue v Arrowtown Assets Ltd事件判決のパラ35で述べているとおり、『Ramsay事

件の流れの事件で採られている疾走している原則は、解釈の一般原則及び事実の分析についての盲目的ではないアプローチ（unblinkered approach）を含んでいる。究極の問題は、関係する制定法の規定が、目的的に解釈したとき、現実的にみて、当該取引に適用されることを意図したものかどうかである。』」（下線筆者）（パラ36）とした。

　そして、ニコルス卿は、Westmoreland事件上院判決を引用して、「Westmoreland事件は特定の制定法の条項に注意深く焦点を当てることが必要であり、租税回避目的で挿入された循環的支払いや要素が否認されるか、あるいは、制定法の目的に関連性がないとして扱われるかを決める前に制定法が要求していることを特定する必要があることを示している。ホフマン卿の意見において、もし制定法が利得や損失のように商業的な概念に言及することによりこれを要求しているときは、複合取引に挿入されたいかなる商業目的を有しない要素は否認されるべきであるが、もし制定法の要求がその法的性質に純粋に言及することによりこれを要求しているときは（Westmoreland事件における債務免除）、法的効果をもつ行為は、商業目的をもとうがもつまいが、要件を充足する。これは、不合理な一般化ではなく、真実主義（truism）であり、我々は、制定法の意味が何であるかに迫る解釈に代えて提供しようと考えているものではない。それは、すべての概念をアプリオリに商業的か（commercial）か法的か（legal）かの分類をすることによって答えられるとの考えを正当化するものでもない。それは、目的的解釈の否定そのものである。」（パラ38）とし、「本件は、Westmoreland事件と同様、目的的解釈において、制定法が現実に何を要求しているかに迫る分析が必要であることを示している。控除を許す目的は、我々が既に述べたとおり、事業（trade）の目的のために使われた機械やプラントの減価償却を利益から控除するという通常の会計的控除と租税上同等のものを提供することにある。この目的に一致するように、24条1項は、事業者が彼の事業の目的のための機械やプラントの供給における資本支出を被ったことを要求しているのである。事業がファイナンス・リースである場合には、これは資本支出がその事業の過程においてリースをする目的で機械やプラントを取得したことにより被ったものであることを意味している。そのような事件において、プラントの価値の減価償却を受けるのは所有者としての貸主でありそれ故に彼の事業の利益に対する控除を受ける資格があるのである。」（下線筆者）（パラ39）とし、また、「もし

借主がアレンジをすることを選んでいても、たとえそれが売買とリースバックのための取引の予め予定された部分であり、売買代金の大部分が賃料の支払いの撤回不能な実行によりもたらせられる結果となったとしても、それは貸主には関係がない。貸主の立場に立つと、この取引は全く同じである。誰もBMBFがパイプラインの所有権を取得したことは争いがなく、あるいは、法人税を負担する賃料という形式において、BMBFに対しその事業の過程における所得を生み出すものであることも争いはない。その見返りに、91百万ポンドを支払っているのである。パーク判事や特別委員会が強調する支払いの循環性は、BMBFが、その事業の通常の過程において、パイプライン購入のためのバークレイ銀行からの借入れを引き起こし、また、バークレイ銀行がたまたま賃料の支払いをBMBFに担保する現金を提供する銀行になった。しかし、これらは思いもかけないことであった。これらの取引は、循環していようがいまいが、資本控除を受けるための資格を生み出す要素として必要なものではない。」(パラ42)との意見を述べ、全員一致でYの上告を棄却した。

　　ウ　検　討
　　（ア）　ラムゼイ原則の意義
　この事件の上院判決は、ラムゼイ原則が、租税回避の否認の一般法理であるのか、一般的な目的的解釈の法理にすぎないのかの論争に終止符を打ち、一般的な目的的解釈の法理を租税法に適用したにすぎないとの立場を確立した判例である。
　この判決は、資本控除法24条の目的的解釈をして、事業（trade）の目的のために使われた機械などの減価償却を利益から控除するとの会計的な控除と租税上同等のものを提供することにあるとし、ファイナンスリースは、「事業」に当たるから、それだけで資本控除を受けることができ、支払が循環しているといったことは関係がないとしたものである。
　また、この判決は、パラ36で、ラムゼイ原則の基礎となっている考え方について、2003年の香港のArrowtown事件終審法院判決(注394)でのリベイロ判事の「究極の問題は、関係する制定法の規定が、目的的に解釈したとき、現実的にみて、当該取引に適用されることを意図したものかどうかである。
　（The ultimate question is whether the relevant statutory provisions, const-

---

(注394)　Collector of Stamp Revenue v Arrowtown Assets Ltd, (2003) HKCFA46

rued purposively, were intended to apply to the transaction, <u>viewed realistically</u>)」（下線筆者）との判示を引用しているが、このリベイロ判事の判示は、その後、ラムゼイ原則に基づく事実認定の在り方を表すものとして「アロータウン・テスト」と呼ばれて、英国の下級審の裁判所で引用されるようになったり、あるいは、アーロンソン意見書でも引用されている（パラ3、11）。

　（イ）　資本控除

　資本控除は、税法上の政策的な控除であるが、カナダの2005年のCanada Trustco事件最高裁判決（判例32）が類似の事件である。Barclays事件上院判決は、あくまでもラムゼイ原則の適用が問題となったのに対し、Canada Trustco事件最高裁判決は、カナダのGAARの適用の可否が問題となった事件である。そのため両判決は、理由付けは異なっているが、いずれも控除を認めたものである。これについては、第4節の1を参照されたい。

(6)　Scottish Provident事件上院判決

　2004年のScottish Provident事件上院判決（判例40）[注395]は、上記Barclays事件上院判決と同じ日の上院の判決であり、ラムゼイ原則を適用して、納税者が敗訴した事件である。

　なお、この事件の納税者側の代理人は、英国のGAAR制定に当たっての意見書を書いた他ならぬアーロンソン弁護士であった。

　ア　事案の概要

　X社（SPI）は、下図のとおり、A社（Citibank）との間で、国債を売買する契約をした。その際、X社がA社に対し、その時点での市場価格の70％の行使価格で国債を売却するオプション（以下「Citibankオプション」という。）を付与し、一方で、A社がX社に対し、同じ量の国債を市場価格の90％の行使価格で売却するとのオプション（以下「SPIオプション」という。）を付与した。

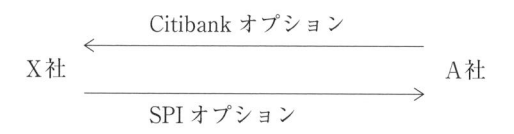

Citibank オプション

X社 ←―――――――――――――――→ A社

SPI オプション

（注395）　IRC v Scottish Provident Institution, [2004] UKHL52

　X社がA社にオプションを付与した時点では、A社がオプションを取得したこと自体は非課税であった。その後、A社がCitibankオプションを行使し、X社がその保有する国債をA社に市場価格の70％で譲渡したことから譲渡損が生じた。一方、X社は、すぐにSPIオプションを行使したことにより、結局、国債の譲渡はなく、また、若干の手数料がA社に渡るほかは金員の交付もなかった。

　X社のこの譲渡損の控除が認められるかが問題となった。すなわち、Citibankオプションだけみると、X社に譲渡損が認められるが、SPIオプションによりその効果がキャンセルされることとなっていることからラムゼイ原則の適用が問題となった。

　　イ　判　旨
　　　（ア）　下級審判決
　1審は、CitibankオプションとSPIオプションが別々に行使される可能性があったとして、X社が譲渡損を控除できるとして、X社を勝たせた。

　　　（イ）　上院判決
　これに対し、上記上院判決は、やはりニコルス卿が5名の裁判官（ニコルス卿、ステイン卿、ホフマン卿、ホープ卿、ウォーカー卿）を代表して意見を述べた。

　ニコルス卿は、「不確実性は、当事者がSPIオプションが、当該オプションが行使されない外的チャンスが生じるレベルでSPIの行使価格を注意深く選択することから生じる。行使価格を90％としたのに商業的理由はない。金員の流れがあるとの観点で、80％で固定させ、A社の行使価格を60％に減少させることにより節税効果を達成できる。それ故、X社が複合取引の一部ではないということにより依拠している偶発性は、複合取引の一部であった。商業的理由で選んだのではなく、X社が複合取引ではないと主張することができるようにするためにのみ選ばれたものである。それは、現実の（real）商業上のリスクではあるが、その片寄り（odds）は、当事者が当該スキームの利益を受けるリスクを生じさせるのに十分な好ましいものであった。」（パラ22）とし、「我々は、もし当事者が意図的に商業的とは無関係な偶発性を挿入することにより、当該スキームが計画どおり実行されないとの受け容れられるリスクを創出しているとの理由のみで、複合的効果について無視するとすると、1994年法の150条A（1）のような条項について複合的取引の効果について言及

するよう解釈するとのラムゼイ原則の価値を破壊することとなるであろうと考える。我々は、ラムゼイに対抗する手段を備えることにより、人為的な租税スキームの世界に戻ることとなろう。そのようなスキームの複合的効果は、当事者の意図や予測に反して、それが機能しなかったとの可能性を考えないで、その機能するよう意図されていたとおり考慮されなければならない。」（下線筆者）（パラ23）として、全員一致で、Yの上告を認めた。

　　ウ　検　討

　このScottish Provident事件上院判決は、納税者が複合契約の一部の契約を許容範囲内のリスクを伴った取引とすることにより、self-cancellingではないとしてラムゼイ原則の適用を免れようとした事件である。これに対し、上院は、このような納税者の取決めにより、ラムゼイ原則は否定されないとしたのである。

（7）　UBS銀行事件最高裁判決

　次に、2016年のUBS銀行事件最高裁判決（判例41）[注396]を検討することとする。これは、制限付きの償還株式が非課税か否かが問題となった事件で、ラムゼイ原則やアローダウンテストの意義について明らかにした判例である。

　　ア　事案の概要

　UBS銀行とドイツ銀行が、それぞれ社員にジャージー島等の特定目的会社（SPV）の制限付償還株式をボーナスとして与えたことが、2003年の給与及び年金関係所得税法（Income Tax（Earning and Pensions）Act 2003、以下「ITEPA」という。）上の非課税規定に当たるかが問題となった事件である。両事件は、類似した事件であり、共通の事実関係は、下図のとおりである。

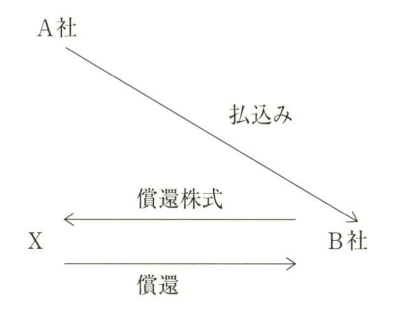

（注396）　UBS AG v Revenue and Customs Comrs, DB Group Service（UK）Ltd v Revenue and Customs Comrs，[2016] UKSC 13 [2016] WLR(D) 133

※ITEPA423条1項

「本章において、雇用に関係づけられた証券は、次の場合に制限付き証券又は制限付き利益となる。

(a)　2ないし4項の適用される条項（provisions）を作り出すいかなる契約、取決め又は条件がある場合

(b)　雇用に関係づけられた証券の市場価格が、当該条項がなかったときに想定される価格より低いとき」

　まず、A社は、ボーナスを支給する社員Xを決定し、Xに対し、A社がジャージ島等に設立した特定目的会社（SPV）であるB社の制限付きの償還株式（redeemable share）を与える。このB社は、A社の支配下には置かれていない。この償還株式には、条件が付いていて、特定の状況に当たるときは、償還ができなくなる。しかし、この条件は、短期間で解除され、その期間内に上記条件を満たさないときには、Xは、B社に償還を求めることができることとなるのである。UBS銀行は、この条件として、Xに付与後「3週間以内にFTSE100（Financial Times Stock Exchange、ロンドン証券取引所における株価指数）が一定額を超過した場合」とし、ドイツ銀行は、「8週間以内にXが自主的に退職するか過誤で免職された場合」と定めて、それぞれ社員らにB社の償還株式を与えたとの事案である。

　イ　判　旨

　（ア）　1審は、両事件とも、Xらの所得税は免除されないとしたのに対し、控訴審は、両事件とも免除されるとしたので、歳入関税庁が上告した。

　（イ）　最高裁は、歳入関税庁の上告を認め、Xらの免除は認められないとした。

　主導的な意見を書いたリード卿は、まず、ラムゼイ原則について、「Barclays事件上院判決において、ニコルス卿による委員会の単一の意見において上院が説明したとおり、制定法の解釈の現代的アプローチは、特定の条項の目的を考慮し、その文言をできる限りその目的に最も効果を与えるように解釈することである。しかし、Ramsay事件上院判決までは、租税法の解釈は、著しく文言解釈に依拠していた。さらに、裁判所は、たとえ制定法の条項がどのようなものであれ、個別的な法的個性（例えば、金銭の支払、資産の移転、債務の創出）をもつ複合取引の全ての要素をそれ自身の別々の租税上の効果を持つものとして扱ってきていた。ステイン卿がMcGuckian事件で述

べたとおり、それら2つの特徴の結合—文言解釈と複合的スキームの個々の段階の別々の租税法の適用の主張—が、一般の納税者に損害を与えることを栄えさせる租税回避を許していた。」(パラ61) とし、「Ramsay事件上院判決の意義は、これら2つの特徴を駆逐したことにあった。第1に、伝統的に他の法領域でなされていた制定法の目的的解釈を租税事件まで拡張した。第2に、そして等しく意義があることであるが、制定法の目的的解釈に依拠した事実の分析を確立したことである。それ故、Ramsay事件上院判決自体は、キャピタル・ゲイン租税法で用いられている『損失』や『利得』との用語は、商業的な実体をもつ損失や利得について述べているものとして目的的に解釈されるとしたのである。何が生じるかについて商業的意義のある結果を伴う商業的統一体を構成する複合取引に関する事実は、制定法を当該取引の効果を述べることとして解釈し、取引を全体としてみることによってのみ決定される。」(下線筆者) として、Ramsay事件上院判決におけるウィルバーフォース卿の「分けることのできない過程における1つの段階で引き起こされ、単一の継続的な操作として計画されている結果次の段階でキャンセルされることが意図されている損失（又は利得）は、制定法の扱っている損失（又は利得）ではないと言うことは、私の考えでは、司法作用の範囲内である」との意見を引用している (パラ62)。

　さらに、リード卿は、Barclays事件上院判決が、パラ35で引用している判例等を挙げて、「それぞれの事件において、裁判所は、複合的取引の全体的効果を考慮し、租税回避以外の理由がなく挿入された要素が意味がないとしてきた。しかし、それは、すべて問題となっている条項の解釈にかかっている。いくつかの立法は、適切に解釈されると、たとえ問題となっている取引が当該租税上の救済を得る目的以外の理由なしに企てられた大きな取引の一部を構成したとしても、租税上の救済を付与している。このポイントは、Westmoreland事件上院判決やBarclays事件上院判決自体に描かれている。」(パラ65) とし、「この立場は、Barclays事件上院判決で引用されているArrowtown事件におけるリベイロ判事の判示に要約されている」として、「究極の問題は、関係する制定法の規定が、目的的に解釈したとき、現実的にみて（viewed realistically）、当該取引に適用されることを意図したものかどうかである。」との判示を引用して (パラ66)、「しかし、『現実（reality）』への言及は、誤解されてはならない。第1に、Barclays事件上院判決やそれより以前の判決で

描かれたアプローチは、Snook事件控訴院判決[注397]で説明されているsham
の概念とは関係がない。反対に、McGuckian事件でステイン卿が観察したと
おり、租税回避は、真実の契約書の実行や真実の取決めの締結に拍車をかけ
るものである。」（下線筆者）（パラ67）とし、「第2に、それは、もし、取引を現
実とは関係なくみるとの選択があれば、取引が常に現実的にみられるという
わけではない。ポイントは、ある事実が制定法の適用と関係がないとすると、
そのときは、制定法の目的上無視され得るのである。もし、Ramsay事件上
院判決が言うとおり、関係のある事実が一連の商業的に結びつけられた取引
の全体としての経済的結果であるとすると、そのときは、全体としての経済
的結果が焦点を合わせる必要のある事実である。他方、当該法規が裁判所に
特定の取引に焦点を合わせることを要請しているとすると、Westmoreland
事件上院判決やBarclays事件上院判決のとおり、他の取引は、たとえ関係し
ていても、適用に当たって何の関連性ももつことはないであろう。」（下線筆
者）（パラ68）として、アロータウン・テストの意義を述べた。

　また、リード卿は、Scottish Provident事件上院判決（判例40）も意義があ
るとして、前記(6)イ（イ）のパラ22と23を引用し（パラ70）、「それ故、制定法の
条項は国債に対する現実かつ実際上の資格（entitlement）に関するものとし
て適切に解釈されることを根拠に、たとえ、当該取決めが意図されていると
おり機能しないリスクがあるとしても、等価で反対の債務によってキャンセ
ルされることが意図され予期されている法的な資格には適用されない。」（パ
ラ71）とした。

　次に、立法趣旨について、7部は、Gray's Timber事件判決事件に従うと、将
来の行為は、偶発的な出来事でなくなるまで待たなければならないことを避
けるためであるとし（パラ74）、「それ故、要約すると、423条1項が『2ないし4
項の適用される条項を作り出すいかなる契約、取決め又は条件』は、事業上
又は商業上の目的を持った条項（provision）のみに限定され、その唯一の目
的が租税上の免除を得ることといった商業とは無関係な条件ではない。」（下
線筆者）（パラ85）として、423条1項の「条項」を限定解釈すべきとした。

（注397）　Snook v London and West Riding Investments Ltd, ［1967］2 QB 786(CA) at
　802

　そして、事実の適用として、まず、UBS銀行事件については、「3週間以内にFTSE100を超過した場合」との条件は、全く恣意的であり、そのような条件は、真実の事業や商業上の目的のある条項であるとする423条とは、全く関係がないとし（パラ86）、ドイツ銀行事件については、当該条件はより単純であるが同じくらいに人為的であるとし（パラ88）、両事件とも、非課税条項には当たらないとした。

　　ウ　検　討

　　（ア）　ラムゼイ原則の意義

　リード卿は、上記上院判決前の2016年2月の講演で、ラムゼイ原則とHalifax事件ECJ判決（判例4）の法理を比較する講演をしていて（注398）、この講演の内容により、上記上院判決におけるリード卿の意見の意味がより明らかになる。

　まず、上記上院判決は、ラムゼイ原則に基づく事実認定を表すものとしてアロータウン・テストを挙げ、これは、目的的解釈に沿う事実の分析のあり方について表したものとしていることである。ここでのポイントは、取引を構成する個々の契約を全体としてみるというにとどまらず、課税要件の目的に沿って意味のある事実が何かを考慮して、当該要件に該当するか否かを判断するということにある（注399）。

　このアロータウン・テストが、2004年のBarclays事件上院判決（判例39）後、なおも一般的な目的的解釈の法理であるのか、租税法上の特別の法理であるのか否かが英国で議論がなされていて、フリードマン教授は、目的的解釈の枠内であり、特に租税法上の特別の法理ではないとしている（注400）。この点、リード卿は、アロータウン・テストは、明確に目的的解釈に沿う事実の分析の在り方であるとしたものである。

　また、Barclays事件上院判決やWestmoreland事件上院判決が、控除を認め

（注398）　supra, Reed, BTR 2016.3（注126既出），at 288。この論文の詳細については、拙稿・前掲租税研究2017年2月号（注180既出）240頁を参照されたい。

（注399）　拙稿・前掲租税研究2017年2月号251，252頁

（注400）　Judith Freedman, "United Kingdom", Lang ed., GAARs, at 745、拙稿・前掲租税研究2017年3月号353頁

た理由についても、これらの事件で問題となった条項の目的が、特定の取引に焦点を合わせているからであるとし（パラ68）、整合的に説明した。

さらに、アローダウン・テストの意義については、1967年のSnook事件控訴院判決[注401]で説明されているshamの概念とは関係がないとしている（パラ67）のも、注目される。このSnook事件控訴院判決において、ディープロック卿は、「shamという用語が法的に意味を持つのであれば、shamとの用語は、第三者や裁判所に対し、当事者が与えようと意図した現実の法的な権利義務とは違う法的権利義務を当事者間で与えるようにみえるよう当事者間で意図された行為や文書を意味すると理解する。」と述べている。すなわち、ここでいうshamは、我が国でいうと「仮装」に相当し、契約の表示どおりの法的効果が発生しない場合であると考えられる。

また、リード卿は、上記講演録で、ラムゼイ原則は、租税法に固有の法理ではなく、目的的解釈とそれに沿った事実の分析の在り方であるとしているが、Halifax事件ECJ判決の濫用的行為（abusive practice）の法理については、司法上の一般的な租税回避の否認の法理であるとしている[注402]。そして、VATの租税回避が問題となった2015年のPendragon事件上院判決[注403]で、Halifax事件ECJ判決の法理を適用する上での困難さについて説明している[注404]。

これからも明らかなとおり、リード卿は、ラムゼイ原則は、租税回避の否認の法理ではなく、あくまでも一般的な目的的解釈とそれに沿った事実の分析の在り方であるにの対し、CJEUの濫用的行為の法理は、一般的な租税回避否認の法理であるとしているのである。

（イ）　目的的解釈の限界

リード卿は、423条1項の「条項（provision）」について、事業上又は商業上の目的を持った条項（provision）のみに限定されるとしているが（パラ85）、リード卿は、このような解釈も目的的解釈の範囲内と考えていることである。

我が国の外税事件最高裁判決（判例1）でも、法人税法69条の「納付」を「正

（注401）　Snook v London amd West Riding Investments Ltd., ［1967］2 QB 786

（注402）　supra, Reed, BTR 2016.3, at 294

（注403）　HMRC v Pendragon plc, ［2015］UKSC 37

（注404）　拙稿・前掲租税研究2017年2月号252頁以下

当な事業により納付した場合」と限定解釈することが可能かが問題となっているが、同様の問題である。

(8)　ラムゼイ原則と一般否認規定の関係

ラムゼイ原則は、USB銀行事件最高裁判決（判例41）におけるリード卿の意見により明らかにされたとおり、目的的解釈とそれに沿った事実の分析の在り方であると考えられる。

一方、一般否認規定との関係が問題となるが、ラムゼイ原則は、目的的解釈の範囲内での問題であり、一般否認規定は、目的的解釈の限界を超えた場合である。このように考えると、両者は矛盾するものではなく、まずは、ラムゼイ原則で検討し、目的的解釈を超えるおそれがある場合には、次に、一般否認規定の適用が問題となるとの関係にあると考えられる。この点、ニュージーランドのBen Nevis事件最高裁判決（判例31）における少数意見が参考となる（同判決の「検討」参照）。

第4節　一般否認規定における論点の検討

1　一般否認規定と経済実質

一般否認規定は、第1節の2のとおり、大きく分けると、事業目的の有無を判断基準とするもの（事業目的基準型）と濫用に当たるかを判断基準とするもの（濫用基準型）に分かれる。事業目的の有無を問題とするものは、経済実質を考慮して、事業目的の有無を判断することとなる。一方、濫用基準の場合、租税上の便益が生じる規定の趣旨目的に反するかの判断であり、基本的には、法的な判断であり、経済実質を考慮すべきか否かが問題となる。カナダのCanada Trustco事件最高裁判決（判例32）で争われた問題である。

カナダの最高裁は、経済実質を考慮すべきでないとして、Canada Trustco事件で問題となったリースバック取引について所得税法245条の濫用に当たらないとした。しかし、税引き前のテストやリスク分析といった経済実質をも考慮すると、資本控除が想定している取引とはかなり異なる取引であると考えられる。一方、英国のBarclays事件上院判決（判例39）は、上記Canada

Trustco事件最高裁判決と類似の事案であるがラムゼイ原則の適用が問題となり、資本控除の目的に沿って解釈して、事業がファイナンス・リースであり、その目的の範囲内であるとした。ラムゼイ原則は、あくまでも目的的解釈の法理であり、解釈論の枠を超えることはできず、直ちに経済実質が問題となるのではないが、GAARにおける「濫用」を判断するに当たっては、「濫用」に当たるか否かの考慮要素として、経済実質を考慮することも許されると考える。

　英国のGAARも、「濫用」に当たるか否かの指標として、租税上の便益と経済上の目的を比較しているが（2013年財政法207条4項）、これは、「濫用」の判断をするに当たり、経済実質を考慮することを意味していると考えられる。

2　主観的要件の有無とその内容

　一般否認規定において、租税上の便益を得る目的といった主観的要件が必要となるかが問題となる。

　これは、そもそも理論的な租税回避の定義と関係する問題である。第１章第３節の３(2)で論じたとおり、理論上の租税回避の定義に、「主として租税上の便益を得ることを目的」とするという主観的要件が必要と考える。実際上も、全く事業目的のないあからさまな租税回避の場合には、その客観的な態様だけから租税回避と認めることができるが、事業目的が併存している場合には、客観的態様だけからでは、これが租税法規の趣旨に反して許されないものかは断定できない。

　オーストラリアの事業目的型のGAARだけでなく、カナダや英国のような濫用型のGAARでも広く採用されているところである。

3　一般否認規定と個別否認規定との関係

　次に、一般否認規定と個別否認規定との関係が問題となる。

　このような個別否認規定と一般否認規定との関係は、ドイツでも問題となっている。2000年1月19日のダブリンドック事件についての連邦財政裁判所判決（IR 94／97）の事案である。これは、ドイツ法人がアイルランド・ダブリンの国際金融サービスセンター（IFSC）に子会社を設立し事業を営んでいた事案に、ドイツのCFC税制上適用除外要件に当たる場合に、なおAO42条が

適用されるかが問題となった事案である。上記連邦財政裁判所は、「当部は、1977年AO42条の適用は、論理的理由により、AStG7条（タックス・ヘイブン対策税制）以下の条文より優先するということを前提とする。」とした上、「本件では、まず、AStG7条によるA社が稼得した資本所得の加算が考慮され、次に、ドイツアイルランド租税条約22条2項1文aのaa）第3段による加算金額の非課税が考慮されることになる。」とし、「しかし、A社は、確かに負の所得を稼得しているが単なるメールボックス会社ではない。」とし、「それ故、濫用は認められない。」として、CFC税制の適用除外要件に該当した場合には、AO42条は適用されないとした。

この連邦財政裁判所の判決に対し、ドイツの税務当局は、納得できず、2001年3月19日、これらの判決で示された見解には従えないとの通達を発した。AO42条の2002年の改正は、この流れによるものである。

個別否認規定は、一般には、特定の要件を満たす場合に租税上の便益を否定する規定である。個別否認規定は、このような特定の要件を満たす場合には、否認できるとの趣旨の規定であり、この特定の要件を満たさない場合には、正当な事業活動として是認するとの趣旨の規定ではない。そうすると、個別否認規定が適用されない場合であっても、一般否認規定は適用されると考える。

我が国の組織再編成に係る行為計算否認規定でも同様の問題が争われ、ヤフー事件最高裁判決（判例18）の1審で、個別否認規定である特定役員引継要件を満たさない場合でも、法人税法132条の2が適用されるとされているところである。

4　一般否認規定と租税条約との関係

(1)　租税条約の濫用の意義

租税条約の濫用として問題となるのは、一般否認規定の適用が問題となるのは、トリーティ・ショッピングである。トリーティ・ショッピングとは、米国のモデル条約の1996年の技術的説明によると、「二国間条約である租税条約の定める特典を本来享受することのできない第三国の居住者がこの条約上の特典を享受する目的でその条約締結国のいずれかに国に子会社を設立するなどして形式的に その居住者になることにより租税負担の軽減を図るこ

と」^(注405)である。

　このようなトリーティ・ショッピングには様々な態様があるが、OECDの1986年の導管報告書によると、トリーティ・ショッピングには、大きく分けて、①直接導管方式（Direct-conduit Method）と②飛び石方式（Stepping-stone Method）の2つの態様があるとされている^(注406)。これは、第三国と条約締結国の一方との間に更にタックス・ヘイブン地を介在させるかの取引の形態の違いによる区別である。

　(2)　2010年IFAローマ大会

　一般否認規定と租税条約との関係については、2010年にローマで開催されたIFAの年次総会の議題1で議論されている。この議題1は、「租税条約と租税回避」とのテーマであり、前半では、租税条約とタックス・ヘイブン税制などの個別否認規定との関係も議論がなされたが、後半では、条約の濫用特にトリーティ・ショッピングが議論された。

　上記議題1での議論に当たり、各国でトリーティ・ショッピングが問題となっている典型的な事例として、2つ挙げている^(注407)。この類型化は、トリーティ・ショッピングが実際の問題となっている紛争の類型に着目したもので、トリーティ・ショッピングの問題を検討する上で非常に有意義である。

　　ア　back-to-back取決め

　1つは、「back-to-back取決め」という事例であり、下図のとおり、Xが、R国のR社を間に入れて、S社に貸付け、S社からR社を介して利子を受け取るとの取決めである。「back-to-back」というのは、直訳すると「背中合わせ」との意味であるが、間に中間者を入れて連続して行う取引のことである。X国とS国は、租税条約を締結していないために、直接取引を行うと、S社

（注405）　US Model Tecnical Explanation（1996）,"Purpose of Limitation on Benifits Provisions".

（注406）　OECD,"Double taxation conventions and the use of coduit companies" adopted on 27 November 1986。これら2つの態様については、拙著・濫用法理278,279頁を参照されたい。

（注407）　Lue De Broe et al.," Tax Treaties and Tax Avoidance: Application of Anti-Avoidance Provisions",BIT July 2011,at 382-383。なお、この論文は、IFAのローマ大会のパネリスト達による議論の要約である。

は、利子の支払に当たり、多額の源泉税を課税されることとなるが、間にR
社を入れると、S国とR国との間では、利子に対する源泉税が5％に軽減され
ているため、利子に対する源泉税を軽減できることとなるのである。

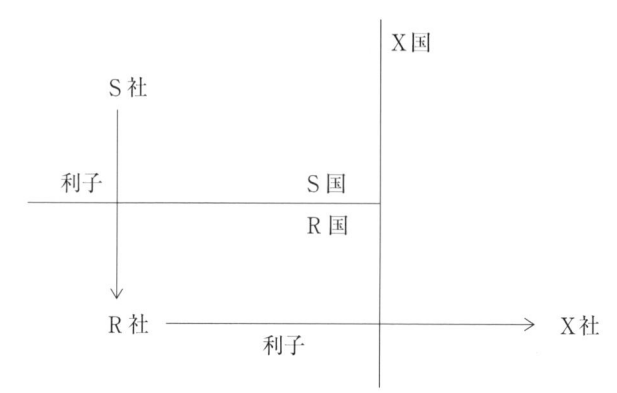

　米国の1971年のAiken事件租税裁判所判決（判例27）や英国の2006年のIn-dofood事件控訴院判決[注408]がこの類型に当たる。

　　イ　capital gain取決め

　もう1つの類型は、「capital gain取決め」という事例であり、OECDモデル
条約では、キャピタル・ゲインは、原則として譲渡者の居住地でのみ課税さ
れるとされているが（同13条5項）、下図のとおり、これを利用するものである。
すなわち、X国とS国は、租税条約を締結しておらず、X社がS社の株式を
直接保有して、第三者であるA社にS社株式を譲渡するとS国でキャピタ
ル・ゲイン課税が行われる場合に、R社にS社の株式を保有させ、R社をし
て、A社にS社株式を譲渡するとの事例である。S国とR国は、OECDモデ
ル条約に従った租税条約を締結しているとSR条約で譲渡者の居住地国であ
るR国の課税に従うこととなるが、R国では、キャピタル・ゲインが非課税
であると、X社は、キャピタル・ゲイン課税を免れることとなる。

（注408）　Indofood International Finance Ltd. v JPMorgan Chase Bank N.A., London
Branch, ［2006］EWCA Civ 158。事案の詳細については、拙著・濫用法理256〜258頁を
参照されたい。

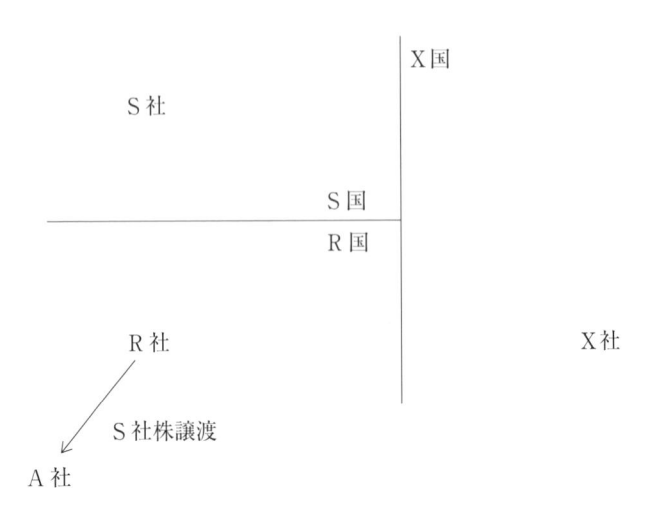

　カナダの2006年のMIL事件租税裁判所判決（判例34）は、この類型の1つであると考えられる。

　　ウ　トリーティ・ショッピングの不当性

　議題1のパネリスト達は、上記2つの事例を議論する前に、トリーティ・ショッピングが租税条約の不当な利用であるか否かを議論し、下表の点をそれぞれ指摘した[注409]。

トリーティ・ショッピングを不当とする議論	トリーティ・ショッピングを正当とする議論
①　不適当（improper）で租税条約の目的に反する。 ②　租税条約の相互主義（reciprocity）を侵害し、譲歩のバランスを変更することとなる。	①　全ての導管が、技術的（artficial）で実体がないわけではない。 ②　租税条約は本当に相互主義に基づいているだろうか。例えば、先進国と開発途上国との間の租税条約がそうである。いくつかの譲歩は、一方的である。「交渉された」条約のバランスは、必ずしも公正ではない。

<hr />

（注409）　supra, De Broe, BIT July 2011, at 383

③　経済的帰属原則（the principle of economic allegiance）に反する。	③　専門家は中間事業体につながり（nexus）と実体を要求することには賛成していない。
④　導管を支配する事業体の所在地国が源泉地国との間の租税条約を交渉することの阻害要因となる。	④　この議論は根拠がある。導管を支配する事業体の所在地国と源泉地国との間の租税条約は、相互主義と相互の協力を達成する。
⑤　源泉地国において好ましくない歳入減が生じる。	⑤　このような証拠はない。反対に、資本と技術の流入による開発途上の源泉地国を促進する。

　トリーティ・ショッピングの不当性については、上記の表のとおり、様々な議論があり、上記パネリスト達の議論において、米国のように、租税条約上特典は二重課税の現実のおそれがある場合にのみ認められるとして強く不当であるとする国から、その対局に、インドのように、2003年のAzadi Bachao Andolan事件最高裁判決（第4章第2節の3（1）ア参照）が判示するとおり、租税条約は課税権の配分を定めるものであり、租税の配分を定めるものではなく、租税条約の文言に従うと、全く不当とはいえないとする国があり、中間的な国として、カナダやフランスが位置付けられるとする[(注410)]。

　エ　一般否認規定との関係

　トリーティ・ショッピングと一般否認規定の関係については、OECDモデル条約第1条のコメンタリー9.2が「これらの国は、租税が、租税条約の規定によって制限（稀に拡張）されたとしても、窮極的には国内法の規定を通して課される、という事実を考慮する。そこで、租税条約の規定の濫用はいかなるものであれ、租税が課される国内法の規定の濫用であると性質を決定することもできる。」と指摘するとおり、多くの国は、租税条約の濫用は、租税が課される国内法の規定の濫用であると性質決定をしていると考えられる[(注411)]。このように考えると、トリーティ・ショッピングに対し、一般否認規定が適用されるのは、当然ということとなる。

　この点、アムステルダム大学のヴィーゲル教授によるGeneral Reportも、

（注410）　supra, De Broe, BIT July 2011, at 383-384
（注411）　Id., at 384

「かなりの数のブランチ・レポートが租税条約の濫用は国内の租税回避防止原則の適用によって取り扱われている。」と結論しているところでもある[注412]。

(3)　2015年のOECDの行動6の最終報告

BEPSプロジェクトの行動6で「租税条約の濫用」が取り上げられ、2015年にOECDの最終報告書が公表された。それによると、租税条約上の濫用防止規定として、①主要目的テスト（Principal Purpose Test、以下「PPT」という。）、②特典制限条項（Limitation on Benefits、以下「LOB」という。）の導入を勧告するものである。

ここでPPTにおける目的（purpose）とは、納税者主観的な意思ではなく、あくまでも外形的事実関係から客観的に認定される目的であるが[注413]、具体的基準を示すものではなく、将来の未知の取引に対応できるメリットがあるが、納税者の予測可能性で問題があり、また、課税庁の立証の負担が大きいとの問題点がある。一方、LOBは、米国が租税条約への導入を進めてきた規定であり、具体的な基準を示すものであるが、規定が複雑で長文となり、機械的な適用となるため、将来の未知の取引に対応できないおそれがある反面、納税者の予測可能性は高く、また、課税庁の立証も比較的容易であるとのメリットがある。そこで、OECDの最終報告書は、各国の租税条約に最低基準として、①PPTのみ、②LOB＋PPT、③LOB＋導管防止規定（限定的PPT）の導入を勧告するものである。

BEPSプロジェクトの最終報告書は、主要目的テストの具体的条項として、「この条約の他の条項にかかわらず、ある所得・資産に関するこの条約の特典は、もし、あらゆる関連する事実を考慮した上で、当該特典を得ることが当該特典を直接・間接にもたらす取引の主要目的の1つ（one of the principal purposes）であると推論することが合理的である場合には、与えられない。ただし、当該条項において当該特典を与えることが、関連する条約の規定の趣旨・目的に合致することが立証される場合には、この限りでない。」（下線

（注412）　Stef van Weeghel,"General Report", Cahier vol.95a,（International Fiscal Association,2010）,at 35

（注413）　緒方・前掲フィナンシャル・レビュー平成28年1号（注142既出）204頁

筆者）との条項を勧告するものである（注414）。

　これは、租税回避を法の濫用（形式的には法の要件を満たしつつ、実質的には法の趣旨・目的に反する行為）ととらえた上で、そのような租税回避を防止する規定としてとらえたものである（注415）。

　そして、BEPSプロジェクトの最終報告書は、モデル条約の第1条のコメンタリーとして、上記PPTの条項のコメンタリーとして、租税条約の濫用の場合に条約上の特典を得ることができないとし、このようなPPTは、確認規定であると規定することを勧告している（パラ14）（注416）。

　このようにPPTを租税条約の濫用であるとすると、GAARと同趣旨の規定であり、当該条約にPPTの規定がない場合に、GAARで代替することが許容されていることになる（注417）。

（4）　小　括

　以上、2010年IFAローマ大会での議論や、2015年のOECDの行動6についての最終報告書を検討してきたが、トリーティ・ショッピングが租税条約の濫用や租税回避に当たるかの議論がされてきたが、その点は、2015年のOECDの行動6についての最終報告書で、租税条約の濫用であることが明確になったと考えられる。

　また、トリーティ・ショッピングの場合に、GAARが適用されるか否かも議論されてきたが、世界の多くの国は、適用されるとしていると考えられる。その理由は、トリーティ・ショッピングは、租税条約の締結国以外の第三国の居住者が、条約上の特典を享受しようとするものであるが、対象となっているのは、租税条約上のものではあるが、租税法上の特典（軽減措置）であり、また、そのような特典を得るために、back-to-back取決めの場合には、条約の締結国に子会社を設立して、その子会社を中間者として間に入れ、capital gain取決めの場合には、条約の締結国に子会社を設立して、その子会

（注414）　supra, OECD, Preventing the Granting of Treaty Benefits in Inappropriate Circumstances（注193既出）, at 55

（注415）　緒方・前掲フィナンシャル・レビュー平成28年1号204頁

（注416）　supra, OECD, Preventing the Granting of Treaty Benefits in Inappropriate Circumstances, at 81、緒方・前掲フィナンシャル・レビュー平成28年1号204, 205頁

（注417）　緒方・前掲フィナンシャル・レビュー平成28年1号206頁

社に株式を保有させて、第三者に譲渡するといった私法行為を行うものであり、このような条約上の特典を得るための私法行為を租税法上無視したり、引き直しをすることがGAARに認められており、租税条約適用に当たっての前提問題として、GAARが適用することが可能だからと考えられる[注418]。

5　立証責任の所在

　一般否認規定の場合、事業目的がないことや濫用に当たることの立証責任が課税庁にあるのか、事業目的があることや濫用に当たらないことの立証責任が納税者にあるのかが問題となる。

　カナダのCanada Trustco事件最高裁判決（判例32）で争われた問題である。上記最高裁判決は、「所得税法245条1、2及び3項のもとで、課税上の便益の存在や租税回避取引であるかの決定は事実問題である。それ故、立証責任は、財務大臣の課税処分やその前提とする事実を争うときのほかの租税手続と同様である。第1次的な責任は、課税上の便益の存在を争ったり、当該取引で主に進められている真実の課税以外の目的を示すことにより、財務大臣の事実の前提を反駁したり挑戦する納税者にある」（パラ63）とした上、前記OFSC事件の高裁判決が、立証責任における理論的観点（theoretical perspective on the burden of proof）と立証責任における実務的観点（practical perspective on the burden of proof）とを区別し、245条4項の適用は、事実問題ではなく法律問題であって、裁判所の決する問題とし、ただ、立証責任における実務的観点として、財務大臣が問題となっている条項の政策を提出しなければならないとしたのに対し、このような立証責任の区別をしないとした（パラ64）。

　そして、上記最高裁判決は、納税者は、いったんある条項の文言に該当することを示したときは、当該条項の趣旨・目的に反していないとの立証をすることは要請されていない。当該条項を文脈や目的論的解釈の方法で解釈したときに齟齬や無意味になってしまうと主張する財務大臣にある。財務大臣は、法律の趣旨・目的について意見を述べるのに納税者より有利な立場にあるからである。」（パラ65）とし、財務大臣に所得税法245条4項の適用に当たっての当該条項の趣旨・目的に反することについての立証責任があるとした。

（注418）　Krever, "General Report", Lang ed., GAARs, at 15、拙稿・前掲租税研究2017年3月号343頁

第４章

新興国の一般否認規定

第 1 節　概　　観

1　新興国の租税制度の特徴

BRICSを中心とする新興国の租税制度には、下記の特徴がある。

① 社会資本の整備が遅れていることや地下経済の規模が大きいことから、関税、消費税及び源泉徴収を中心とした所得課税が中心である。

② 国税組織やスタッフが不十分であり、一部の納税者との癒着などの腐敗もみられ、また、司法制度が未発達であるため、納税道義が十分に確立されていない。

なお、ロシアは、かつてのG8ということで先進国の1つに位置付けられるが、ここでは、BRICSということで新興国の1つとして論じることとする。

2　新興国における一般否認規定の立法

BRICSのうちロシアを除いて、GAARあるいはそれに類似した制度が立法されている。それらについては、第 2 節で検討することとする[注419]。

一方で、新興国は、急速なグローバリゼーションに晒されており、新興国でGAARが必要と考えられる。しかし、新興国がGAARを立法するに当たり、先進国のGAARを参考にすべきであるが、新興国それぞれの事情もあり、先進国のGAARをそのまま移植するのではなく、新興国のそれぞれの実情に合わせて、合理的なGAARを導入すべきであると主張されたりしている[注420]。

第 2 節　新興各国の一般否認規定

1　ロシア

(1)　概　　観

1991年のソビエト連邦崩壊後、ロシアは、社会主義体制を改め、これを継

(注419)　新興国のGAARについては、青山慶二「途上国における一般的租税回避否認規定（GAAR）」租税研究2014年6月号225頁以下、同「途上国の一般的租税回避否認規定（GAAR）の課題とわが国への示唆—新興国を中心に—」フィナンシャル・レビュー平成28年1号47頁以下を参照されたい。

(注420)　拙稿・前掲租税研究2016年5月号（注3既出）225頁

承する連邦国家として再構成された。ロシアの租税法の大部分は、1998年から2000年にかけて、整備されたが、ロシアには、現在に至るまで一般否認規定はない。

　しかし、それに代わる判例法理として、「不当な租税上の便益の法理（unjustified tax benefit）」が発展している。これは、元々は、大陸法諸国に認められる法の濫用の法理に起源を持つものと考えられる[注421]。このような法理に基づき、ロシアの裁判所は、例えば、2004年のYukos事件[注422]において、石油取引をするに当たり中間に子会社を入れて多額のVATを免れようとしたのに対し、親会社に売上げが帰属しているとして課税した処分を適法としたりした。

　なお、ロシアは、1993年のロシア連邦憲法で、最高裁判所と最高商事裁判所を規定していたが、2014年の憲法改正により最高商事裁判所が最高裁判所に併合された。もっとも、2014年憲法改正後も下級商事裁判所は存続している。この最高商事裁判所は、社会主義時代の国家仲裁委員会の後身であり、商事事件と行政事件を扱った[注423]。租税事件で関係があるのは、この最高商事裁判所である。

(2)　判例法理の発展

　このようにロシアでは、判例で不当な租税上の便益の法理が採られていたが、基準が曖昧なことから、ロシアの最高商事裁判所が、2006年にルーリングを発出し[注424]、どのような場合に、不当な租税上の便益となるかを示し、これが現在の判例法理の基準となっている。具体的には、次のいずれかの場合に租税上の便益が不当になるとして、①当該納税者の取引がその事業上の性質に応じていないと説明される場合、②特定の認められた取引が事業上の理由を欠いている場合、③当該租税上の便益が真実の起業家の行動といかなる関係もなく得られている場合、④納税者が、事業上のパートナーが租税法規に違反すると認識すべきであるにもかかわらず、適切な慎重さを欠いて行

（注421）　Roustam Vakhitov, "Recent Developments Regarding Judicial Anti-Tax Avoidance in Russia", (European Taxation, 2005 April), at 165

（注422）　the Court of Instance, 26 May 2004, No. A40-17669/04-109-241

（注423）　小田博『ロシア法』（東京大学出版会、平成27年）60,61頁。なお、この最高商事裁判所は、英語では、"the Supreme Arbitration Court"と翻訳されている。

（注424）　Plenary Ruling No.53,12 October 2006

動している場合を挙げている[注425]。

　その後、2012年にロシアの最高商事裁判所の判決[注426]は、上記2006年のルーリングを是認した上、不当か否かは、当該取引の現実の性質を考慮すべきであり、租税上の利益の正当性は市場価格に依存すべきであるとのルールを補充した[注427]。

　もっとも、ロシアでは、租税回避と脱税の区別が明確にはなされてはおらず、上記2006年のルーリングも両者が混在していると考えられる[注428]。

　このようにロシアでは、租税回避に対しては、明文規定によらない租税回避の否認ルールで対処しており、上記ルーリングに基づき、様々な事件が裁判で争われている。具体的には、セールス・リースバック取引において貸主がVATの還付請求をすることができるかが争われた事件では、最高商事裁判所は、このような取引には事業目的があり、不当とはいえないとし、一方、ある会社が、社会税の支払が免除されている小規模の事業体を介在させて、従業員を雇い入れ、社会税を免れたとの事案では、最高商事裁判所は、不当としている[注429]。

2　南アフリカ

(1)　概　観

ア　旧所得税法103条

　南アフリカは、1941年に、所得税法90条で一般否認規定を導入した。その後、1962年に103条（以下「旧所得税法103条」という。）に改正されたが、同条は、下記のとおり、異常性（abnormarity）基準を採っていた。

○旧所得税法103条

「本条を適用するには、以下の4つの要件を満たす必要がある。

　①　取引（transaction）、処理（operation）又はスキーム（scheme）が存在すること（スキームの要件）

　②　租税の回避（avoidance）、控除（reduction）又は繰延べ（postpone-

（注425）　Vladimir Tyutyuryukov,"Russia",Lang ed.,GAARs,at 544
（注426）　No.2341/12,3 July 2012
（注427）　Vladimir Tyutyuryukov,"Russia",Lang ed.,GAARs,at 544-545
（注428）　Id.,at 545
（注429）　Id.,at 555-556

ment）の結果があること（租税効果の要件）

③　その取引が、状況を考慮したとき、租税上の便益を得る以外の事業目的のために用いられる通常の方法ではない方法（in a manner not normally）で開始していること（異常性の要件）

④　その取引が、租税上の便益を得るための唯一又は主たる目的で開始されていること（目的の要件）」

　この要件のうち、上記③の異常性の要件が裁判例で争われ、歳入庁に異常であることの立証責任があるとされ、歳入庁が旧所得税法103条を適用するに当たり困難である原因となっていた。

　さらに、旧所得税法103条は、リースバック取引が問題となった1999年のConhage事件最高裁判決（判例42）で適用を否定されたことから、この判決を契機に、歳入庁は、2005年にディスカッション・ペーパーを公表して、2006年に現行の80条AないしLに改正され、現在に至る。

　　イ　Conhage事件最高裁判決

　ここで1999年のConhage事件最高裁判決（判例42）(注430)について検討することとする。これは、リースバック取引においてリース料の損金算入が問題となった事件である。

　　　（ア）　事案の概要

　X社（Conhage Pty）は、新たな設備投資のためA銀行に借入れを申し出たが、A銀行はこれを断り、代わりにセールス・アンド・リースバック取引を勧めた。そこで、X社は、下図のとおり、A銀行との間でセールス・アンド・リースバック取引を行った。

　当時、南アフリカは、キャピタル・ゲイン課税が導入されていない時期であり、この取引を選択することにより、X社は、キャピタル・ゲイン課税を受けることなく、レンタル料の損金算入が可能となる。

　歳入庁は、この取引を経済実質主義に基づきローンであるとして、また、

―――――――――――――――

(注430)　CIR v Conhage(Pty) Limited, 1999(4)SA 1149,61 SATC 391

旧所得税法103条を適用して、レンタル料の支払の損金算入を否認した。

　　（イ）　判　旨

　上記最高裁判決は、まず、歳入庁による本件取引をローンとみなすとの主張を退けた。次に、旧所得税法103条の適用については、納税者の本件取決めの唯一の目的は税負担の軽減にあったとの歳入庁の主張を排斥し、X社にはファイナンスの実際のニーズがあり、本件の租税上の便益は歓迎すべき副産物（welcome by-product）にすぎないと判示した。また、上記判決は、本件事業目的を達成するために採り得る手段は複数あり、そのうち税負担の少ない方を選択する権利が認められるとした。

　　（ウ）　検　討

　本件では、旧所得税法103条に弱点があることが明らかとなった。それは、複合取引の場合、その一部に専ら租税上の便益を得る目的の取引が挿入されていたとしても、全体として商業目的があれば、否認できないとされたからである[注431]。

(2)　現行GAAR

　南アフリカの現行のGAARは、所得税法80条AないしLに規定されている。南アフリカの一般否認規定は、許されない租税回避取決め（impermissible tax avoidance arrangement）を否認するとの規定である。一般否認規定が適用されるか否かは、①取決め（arrangement）があるか、②その取決めが租税上の便益をもたらす目的のものか、③租税上の便益を得る目的が唯一又は主たる目的であるか、④そのような契約の開始や実行が通常でないか、事業の状況の場合には、商業上の実質（commercial substance）を欠いていないか、いかなる状況においても、所得税法の条項を誤用（misuse）又は濫用（abuse）していないかを判断して決することとなる。すなわち、南アフリカのGAARは、「許されない租税回避」か否かについて、所得税法80条Aにより、①租税上の便益を得る目的が唯一又は主たる目的であるかと、②汚れた特徴を有しているかにより決するとの二分脚テストを採っていると考えられる。

　ここで注目すべきは、所得税法80条Aの「目的」である。旧所得税法103条の「目的」は、納税者の主観で判断されるとして、納税者が、なにがしかの商業上の目的を有していたと主張するとこれを覆すのは困難であったが、現

（注431）　Ernest Mazansky,"South Africa's New general Anti-Avoidance Rule -The Final GAAR", BIT April 2007, at 160

行GAARは、所得税法80条Gで、「租税取決めは、関係する事実や状況に照らして合理的に考慮したときに、租税上の便益が租税回避取決めの唯一又は主たる目的でないと証明されるときに限り、唯一又は主たる目的が租税上の便益を得るために締結されあるいは実行されたとみなされる。」と規定し、旧所得税法103条の問題点を改めていることである[注432]。

　主要な規定は下記のとおりである。

○80条A（許されない租税回避取決め）

「ある租税回避取決め（tax avoidance arrangement）は、以下の場合には、許されない（impermissible）租税回避取決めである。すなわち、もしその唯一又は主たる目的（sole or main purpose）がある租税上の便益を得るためであり、かつ

　a）　事業の状況においては―

　　i　租税上の便益を得る以外の真実の事業目的（bona fide business purpose）のために通常であれば費やすような方法で契約を開始したり実行しているとき

　　又は

　　ii　80条Cの条項を考慮すると、全体として又は部分的に商業上の実質（commercial substance）を欠くとき

　b）　事業外の状況においては、租税上の便益を得る以外の真実の目的のために通常であれば費やすような方法で契約を開始したり実行しているとき

　c）　いかなる状況においても―

　　i　独立当事者間における人的つきあい（persons dealing）において通常であれば創造されないような権利又は義務を創造しているとき

　　ii　本法の条項（本編の条項を含む。）の直接的又は間接的な誤用（misuse）又は濫用（abuse）の結果であるとき」

○80条B（許されない租税回避取決めの結果）

「1項　内国歳入庁長官は、許されない租税回避取決めについて、次の方法で、本法の下における結果を決定することができる。

　a）　許されない租税回避取決めのいかなる段階若しくは部分も無視し、結合し、又は再構成（re-characterising）する方法

（注432）　Annet Wanyana Oguttu, "South Africa", Lang ed., GAARs, at 615-616

　　b)　いかなる融通的な若しくは租税中立的な団体及びその他の団体並び
　　　にこれと同一の人も無視するとの方法
　　c)　租税上の金額の取扱いを決定上、互いに関係している人を1人又は
　　　同一人とみなすとの方法
　　……
　……」

○80条C（商業上の実質を欠くこと）
「1項　本編の適用上、租税回避取決めは、もし、（本編の条項がなければ）
　　　当事者の一方の重要な租税上の便益をもたらす結果となるが、本編の
　　　条項がなければ、得られたであろう租税上の便益を帰属させるとの効
　　　果を離れて、事業上のリスクやネット・キャッシュ・フローのいずれで
　　　も重要な効果をもたらさない場合には、商業上の実質を欠くこととな
　　　る。
　　　……」

　現行GAARは、旧所得税法103条が異常性の要件を満たす場合にのみ否認
できるとしていたのに対し、事業上でみたときに商業上の実質を欠く場合、
その他いかなる状況においても租税法規の誤用又は濫用の場合にも否認でき
るとして拡張している。

　また、前記Conhage事件最高裁判決（判例42）で問題となった複合取引に
ついて、現行GAARは、旧所得税法103条と異なり、取決め（arrangement）
を対象として、全体の取引の一部の取決めを否認できることとしたのであ
る(注433)。

　以上検討したとおり、現行GAARは、旧所得税法103条の欠陥を修正する立
法であり、オーストラリアのGAARを参考にした上、租税回避目的と態様と
を問題とする二分脚テストを採る規定で、バランスのとれたものとなってい
る。

3　インド

(1)　概　観

　ア　判例法理
　インドは、英国の植民地であった経緯から英米法系の国であり、租税法規

（注433）　supra, Mazansky, BIT April 2007, at 161

の文言解釈の傾向が強く、また、ウエストミンスター原則が現在でも強い国である。

　トリーティ・ショッピングが問題となった2003年のAzadi Bachao Andolan事件最高裁判決[注434]でも、インド最高裁は、LOB条項がない限り、租税条約を目的的に解釈して、条約の濫用を限定解釈することは許されないとし、また、ケイマン法人の持株譲渡が当該ケイマン法人の傘下にあるインド法人の持株譲渡に当たるかが争われた2012年のVodafone事件最高裁判決（判例43）でも、インド最高裁は、当該取引が仮装であるか租税回避であることを立証できない限り、実質課税の原則や法人格否認の法理が適用できないとして、課税を違法であるとした。これらは、インドの司法が租税法規や租税条約の文言解釈を重視し、また、契約を経済実質で判断すべきではないとする考え方の表れであると考えられる。

　　イ　GAARの制定

　このような判例理論に対し、インド政府は、2009年以来、GAARの導入を企画してきたが、紆余曲折を経て、2012年に首相の下、Shome博士を中心とする「Shome委員会」を設立し、同年に公刊されたこの委員会の最終勧告に基づき、2013年に所得税法第10章Aを導入し、GAARを導入した。当初は、2015年に施行予定であったが、反対も多く、施行が延期となったものの、2017年4月1日から施行されている。

　インドのGAARは、判例の限界を是正しようとするものである。そこで、まずVodafone事件最高裁判決について検討した後、現在立法されているGAARの概要を述べることとする。

　(2)　Vodafone事件最高裁判決

　2012年のVodafone事件最高裁判決（判例43）[注435]は、株式の間接譲渡の事案である。

　　ア　事案の概要

　X社（VHI）は、ボーダフォン・グループのオランダ法人であるが、下図の

（注434）　Union of India and Anr v Azadi Bachao Andolan and An (2003) 263 ITR 706 (SC)。事案の詳細は、青山・前掲フィナンシャル・レビュー平成28年1号50頁を参照されたい。
（注435）　Vodafone Int'l Holdings B.V. v Union of India, [2012] 341TR 1(SC)

とおり、約111億ドルで、ケイマン法人であるA社（HTIL）から、インド法人であるC社（HEL）の約67％の株式を直接又は間接に有するケイマン法人であるB社（CGP）の全株式を取得する契約を締結した。本件では、X社が、本件取引によってA社に生じた譲渡益（260億ドル）の源泉徴収義務を負うかが問題となった。

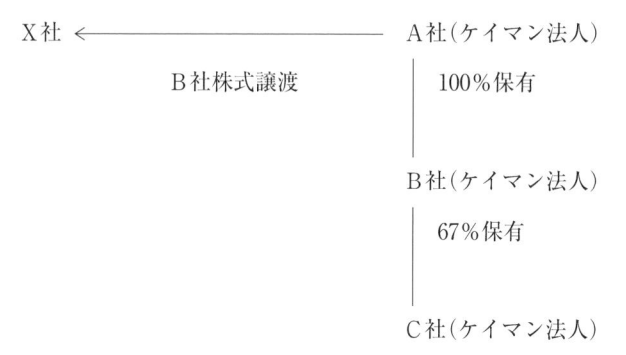

　　イ　判　旨

　上記最高裁判決は、ウエストミンスター原則は葬り去られているのではないとした上、税務当局は、関係する事実に基づき、ケイマン法人がインド法人の株式の保有者になるよう挿入されたことが、商業上の実質（commaercial substance）を欠いた租税回避を唯一の目的であるとの証明ができる場合には、そのような仕組みを無視することができるとしたものの、A社からX社へのB社株式譲渡をそのようにみることはできないとした。

　　ウ　検　討

　インド最高裁は、税負担を減少する目的があっても、商業上の実質が少しでもあれば、租税回避であるとして否認できないとしたものであり、経済実質がないことを理由とする否認については、厳格な立場を採ったと考えられる。

　(3)　GAAR立法

　　ア　規　定

　インドのGAARは、所得税法第10章Aに規定されている。主要な規定は、下記のとおりである。

○95条

「納税者の取決めは、本章の規定により、許されない租税回避取決めとされ、

その結果の課税が決定される。」

〇96条

「ある取決めが下記の2つのテストを満たすときには、許されない租税回避取決めとなる。

（a）　その主たる目的が租税上の便益を得ること

かつ

（b）　それが次の『汚れた（tainting)』特徴のいずれかがあること

　（ⅰ）　独立当事者間では通常設けられないような権利・義務が創設されていること

　（ⅱ）　直接的又は間接的に所得税法の条項の誤用（misuse）あるいは濫用（abuse）の結果をもたらしていること

　（ⅲ）　商業上実体（commercial substance）がないか、97条の下で商業上の実体がないとみなされること

　（ⅳ）　正当な目的（bona fide purpose）上は通常採用されない手段あるいは方法で取決めが契約されあるいは実行されること」

このようにインドのGAARは、主観的要件と客観的要件を組み合わせたものであり、否認の対象を「許されない租税回避」とした上、①租税上の便益を得ることが主たる目的であること、②汚れた特徴があることを要件とするもので、前記2の南アフリカの二分脚テストを採っている現行GAARとよく似た規定となっている。

なお、前記Shome委員会は、上記二分脚テストの下で、GAARが適用される場合と適用されない場合についていくつか具体例を示している[注436]。

　イ　GAARとSAARとの関係

前記Shome委員会は、GAARとSAARとの関係について、両規定が競合する場合には、SAARが優先するとした[注437]。

しかし、2013年に所得税法第10章Aが立法された際、財務大臣は、どちらか一方のみを適用するのみ述べ、それらの適用についてのガイドラインを提供すると述べるにとどまった[注438]。しかし、2017年1月27日に、直接税中央

（注436）　Nilesh M.Kapadia,"India",Lang ed.,GAARs,at 329-330

（注437）　"Shome Committee report",section 3.19

（注438）　Nilesh M.Kapadia,"India",Lang ed.,GAARs,at 334

評議会（the Central Board of Direct Taxes, CBDT）が、会報[注439]を発し、GAARとSAARは共存可能であり、必要であれば、両規定は、当該事案の事実と状況により適用できるとし、一方、租税条約上のLOB条項を満たしている場合には、GAARの発動の機会はないとしている。

4　ブラジル

(1)　概　観

ブラジルは、GAARを有していないが、2001年に導入された内国歳入法典116条がGAARと類似の規定であるといわれている。内国歳入法典116条は、次のとおり規定している。

「行政庁は、課税要件事実の発生あるいは納税義務を構成する要素の本質を隠ぺいする目的で行われた法律行為あるいは事業活動については、普通法により定められる手続に従い、無視することができる。」（下線筆者）

この規定を導入したブラジル政府の意図は、GAARの立法を目指していたと考えられる[注440]。しかし、この116条は、「隠ぺいする目的で行われた」と規定していて、文理上は、仮装行為の否認規定のようにも読める。そこで、この116条がそもそもGAARといえるかどうかは議論がある。

また、内国歳入法典116条に規定する「普通法に定める手続」がまだ立法されておらず、課税当局は、まだ内国歳入法典116条に基づき課税をすることができない状況にある。

(2)　判例理論

一方、ブラジルは、制定法主義の国であり、ブラジルの連邦憲法を根拠とする強固な租税法律主義の原則に立脚している。そのため、財務省の下に設置された不服審査機関である租税審判所（Conselho Adminstraivo de Recursos Fiscais, CARF）は、米国で採られているsubstance-over-formドクトリンなどは採用していなかった。しかし、租税審判所も、内国歳入法典116条の制定により、その傾向が変わりつつあるといわれている[注441]。

（注439）　Circular No.7 of 2017 dated 27 January 2017, http://www.incometaxindia.gov.in/communications/circular/circular7_2017.pdf（平成29年7月20日最終確認）

（注440）　Luis Eduardo Schoueri and Mateus Calicchio Barbosa, "Brazil", Lang ed., GAARs, at 112

（注441）　Id., at 116-117

5　中　国

(1)　GAARの制定

　中国の一般否認規定は、2007年に制定された。中国の一般否認規定は、企業所得税法47条に規定されており、規定の内容は下記のとおりである。

「ある企業が合理的な事業目的をもたず課税所得や租税負担を減少させることに導くいかなる取決めをした場合、課税庁は、合理的な方法を通じて調整する権限をもっている。」

　また、国務院は、2007年の施行令[注442]で、企業所得税法47条の「合理的な事業目的を欠く場合」とは、「主たる目的が租税の減少、回避、繰り延べである取引」を指すとした。

(2)　GAAR適用のガイダンス

　さらに、国家税務当局は、このGAARの執行に当たり、2009年にガイドライン[注443]を通達として公表した。この通達の第10章にGAARを執行するに当たっての基本原則を定めており、92条では、当局は、①租税インセンティブの濫用、②条約の濫用、③法人形態の濫用、④タックス・ヘイブンの利用、⑤真正な事業目的を持たないその他の取決めを企てる企業に対してGAARを適用すべきとし、93条で、税務担当官は実質主義を採るとし、94条で当局が租税回避取決めを検出したときは、経済的実質に即してそれを再構成しなければならないと規定している。

　また、国家税務当局は、2014年にもGAARの適用を明確にするためのガイドライン[注444]を公表している。

　この企業所得税法47条が、適用範囲の広いGeneral Anti-Avoidance Ruleか、それより狭いGeneral Anti-Abuuse Rule であるかについては、議論がある。企業所得税法47条は、濫用の場合を例示しているところからみると、General Anti-Abuse Ruleと考えられるが、上記⑤のとおり、catch all条項があるところをみると、General Anti-Avoidance Ruleのように考えられる。2007年の同条の立案者は、General Anti-Abuse Ruleであると解説しているが[注445]、一方、国家税務当局は、2009年の上記ガイドラインを発したときに

(注442)　国務院企業所得税法執行令120条

(注443)　2009.1.8 Guo Sui Fa 2009 No.2

(注444)　2014.12.2 No.32

(注445)　Jinyan Li,"International Taxation in China",(IBFD,2016),at 479

は、General Anti-Avoidance Ruleであることを強調している。国家税務当局のこのような立場が、2007年の立法趣旨に合っているか否かは、疑問があるとして指摘されているところである[注446]。

6　新興国の一般否認規定の特徴

　ロシアを含め新興国では、租税回避に対する判例法理が若干あるが、完成されたものではない。一方、新興国は、グローバル経済のプレーヤーとして多国籍企業等のタックス・プラニングに対抗するための措置が必要となり、南アフリカのようにGAARを導入したり、インドのようにGAARを導入したばかりの国もある。南アフリカは、2006年に現行のGAARを制定したが、これは、先進国のGAARを十分に検討した上で立法がされたもので精緻なものである。一方、インドのGAARは、かなり制限的なものであり、仮に立法が施行されてもどの程度の実効性があるかは疑問である。

（注446）　Bristar Mingxing Cao and Na Li, "China" Lang ed.,GAARs,at 184

第5章

我が国における今後の展望

314

第1節　昭和37年国税通則法制定における議論

1　昭和37年国税通則法制定の際の立法案

　昭和37年の国税通則法の制定に当たり、当初は、一般否認規定を立法するとの案が提案されていた。すなわち、税制調査会の第2次答申において、「税法においては、私法上許された形式を濫用することにより租税負担を不当に回避し又は軽減することは許されるべきではないと考えられる。このような租税回避行為を防止するためには、各税法において、できるだけ個別的に明確な規定を設けるよう努めるものとするが、諸般の事情の発達変遷を考慮するときは、このような措置だけでは不充分であると認められるので、上記の実質課税の原則の一環として、租税回避行為は課税上これを否認することができる旨の規定を国税通則法に設けるものとする。なお、立法に際しては、税法上容認されるべき行為まで否認する虞れのないよう配慮するものとし、たとえば、その行為をするについて他の経済上の理由が主たる理由として合理的に認められる場合等には、あえて税法上否認しない旨を明らかにするものとする。」（下線筆者）とされていた[注447]。これは、主にドイツ税法の考え方を参考にし、米国のGregory事件連邦最高裁判決（判例23）などの判例法理を参考にして主たる理由が事業目的である場合には、否認できないとするものであると考えられる。

　さらに、租税回避の意義について、上記答申は、その別冊で、「う回又は多段階行為により租税負担を軽減回避すること」とし、具体例として、①昭和34年改正前の所得税法の下で、不動産所得課税を免れるため、借地権設定の対価としての権利金を受け取らずに、これに代えて借地人から一定の金銭の貸付けを受け、その貸付けの条件を通常の金銭の貸付けの条件に比して特に有利な条件によって契約を結ぶ事例、②昭和36年改正前の所得税法の下で、土地等を現物出資することにより不動産会社を設立し、その後この会社の株式を売却する方法等により土地等の譲渡所得課税を回避する事例を挙げてい

（注447）　国税通則法の制定に関する答申（税制調査会の第2次答申）ジュリスト251号34頁

る(注448)。①は、三越事件・東京高裁昭和47年4月25日判決（行集23・4・238）(注449)である。

　また、一般否認規定を立法する必要性について、上記答申の別冊は、「租税回避行為に対する立法のあり方としては、上記……のように、各税法において個別的、具体的に規定を設けることが望ましいものであることはいうまでもない。たしかに立法者は、現にある事例に限らず予想される事例についてもできるだけそれに対処しうる規定を税法に設けるべきであろう。しかし、あらゆる事例を予見し、いかなる経済発展の形態をも想定して、すべての場合につき、しかも個別的、具体的に明文規定を設けようということは無理というべきであろう。もっともこれに対しては、そのような事態が現実に発生したつど、所要の立法をすればよいという議論もあろう。もちろん、このようにして、漸次具体的な規定が整備補完されてゆくことは、それ自体必要なことであり、望ましいことである。しかし、立法における上記のような限界を考えるときは、税法において規定が欠けていることに乗じて、ためにする納税者が私法上許された形式を濫用することにより不当に租税を回避し又は軽減することがいかなる場合にもありうるわけで、このような場合に、これを黙過してよいとすることは負担の公平を生命とする税法のとるべき態度とはいえないであろう。」としている(注450)。

2　一般否認規定の立法が見送られた理由

　しかし、昭和37年の国税通則法の制定に当たっては、一般否認規定の導入に対する反対が強く、結局、立法を見送られた。一般否認規定に対する反対は、主に一般否認規定を実質課税の原則の一環としてとらえていたところにあると考えられる。ここで実質課税の原則とは、税制調査会の第2次答申では、「税法の解釈及び課税要件事実の判断については、各税法の目的に従い、租税負担の公平を図るよう、それらの経済的意義及び実質に即して行なうものとするという趣旨の原則規定を設けるものとする。」(注451)とされているが、法形式や契約の法的解釈を無視して、その経済実質に即して課税しようとするものであり、そのことに対する納税者側の危惧感から反対が強く、見送ら

（注448）　国税通則法の制定に関する答申の説明（答申別冊）11,12頁
（注449）　この事件の詳細は、拙著・要件事実論改訂版38頁以下を参照されたい。
（注450）　前掲国税通則法の制定に関する答申の説明13頁
（注451）　前掲国税通則法の制定に関する答申ジュリスト251号34頁

れたと考えられる。

第2節　一般否認規定導入の必要性と留意点

1　一般否認規定導入の必要性

(1)　租税回避への実効的対応の確保

　昭和37年国税通則法制定の際に議論となっていた租税回避は、第1節の1のとおり、三越事件の事例や不動産を現物出資して会社を設立しその株式を譲渡するといった取引であったが、平成17年から18年にかけて、フィルムリース事件最高裁判決（判例6）、オウブンシャ事件最高裁判決（判例2）や外税事件最高裁判決（判例1）などの本格的な租税回避事案が議論されるようになり、先進国の間で問題となっている租税回避が我が国でも問題となっていて状況が変わっており、また、我が国の判例理論の進展もある。

　さらに、昭和37年国税通則法制定の際に立法が提案された一般否認規定は、第1節の1のとおり、基本的には、ドイツの一般否認規定であるAO42条を参考とするものであった。しかし、現在、先進諸国では、ドイツばかりか、第3章第1節の2の「G7＋オーストラリアのGAAR」のとおり、ほとんどの国で一般否認規定が導入され、G7において、一般否認規定がないのは、我が国だけである。世界の潮流がこのような方向に向かったのは、租税回避に対する対応として、個別否認規定の立法だけでは無理であることが共通の認識とされているからである。このことは我が国だけが例外ではなく、先進諸国との協調関係を保つ上でも、一般否認規定の導入が喫緊の課題であろう。

　筆者は、このようなG7での動向と比較して、一般否認規定がないばかりか、我が国の判例理論に進展はあるものの、第2章第1節の2 (2)で論じたとおり、タックス・シェルターやトリーティ・ショッピングの問題など判例理論の限界もあることから、第1章第1節の2で述べたフィナンシャル・レビューの論文で、我が国の租税回避への対応は、立ち遅れていると結論した(注452)。

　これに対しては、租税回避について「通常用いられない法形式」を基準とする金子説の見解が現在でも維持できることや我が国でも外税事件最高裁判決（判例1）により形成された判例法理があるとして、我が国の租税回避への

（注452）　拙稿・前掲フィナンシャル・レビュー平成28年1号（注6既出）44頁

対応が立ち遅れていると評価するのは行き過ぎであるとの見解もある^(注453)。しかし、第1章第3節の1で詳述したとおり、金子説は、新しい考え方も、私法上の形成可能性を問題とし、その意味での「通常用いられない法形式」を問題とするものであるが、そもそも租税回避は、私法上の形成可能性の濫用ではなく、最終的には租税法規の濫用であるか否かにより決せられるべきであり、同節の3(3)で述べたとおり、このような租税法規の濫用に当たるかを判断するに当たっての「当該租税法規の趣旨に反する態様」であるか否かの考慮要素として、通常性や経済実質を考慮すべきと考える。また、外税事件最高裁判決の評価は難しいが、第1章第2節の4(3)ア(ウ)で述べたとおり、明文規定によらない租税回避の否認のルールを認めるものではなく、あくまでも限定解釈の法理であると考える。外税事件最高裁判決の論理は、その後の事件でも用いられてはおらず、この事案に限った法理であると考えられ、他の租税回避事案に用いることは難しく、租税回避への対応といった観点でみたとき、我が国の判例法理にはなお限界があるといわざるを得ない。そのようなことから、我が国は、世界の各国と比較したとき、租税回避への対応が立ち遅れていると考えざるを得ない。立ち遅れていないとする見解は、租税回避の問題の根の深さについての認識が不十分であるといわざるを得ない。

　第3章第3節の5のとおり、英国は、長年、一般否認規定の導入に対する反対が強く、一方で、ウエストミンスター原則により、租税回避が助長されたことから、判例でラムゼイ原則が発展したものの、ラムゼイ原則にも限界があり、2013年に一般否認規定を導入したのである。我が国の現状は、英国が一般否認規定を導入する前の状態にあると考えられ、租税回避に対する実効的対応が必要である。

　この点、森信教授も、BEPSでの議論や我が国での現状も分析した上で、第1章第1節の2で述べたフィナンシャル・レビュー平成28年1号で、結論として、我が国でもGAARが必要であるとし、GAAR導入に向けての議論を開始することが必要であるとしているところである^(注454)。

(2)　納税者の予測可能性の確保

　さらに、我が国では、租税回避に対する判例理論の発展はあるものの、納

(注453)　長戸貴之「『分野を限定しない一般的否認規定（GAAR）』と租税法律主義」フィナンシャル・レビュー平成29年1号189頁

(注454)　森信茂樹「BEPSと租税回避への対応――一般的否認規定（GAAR）の整備を―」フィナンシャル・レビュー平成28年1号13頁

税者からみると、判例理論だと、かえって予測が困難ではないかとする議論がある。

この点、経済界の関係者である阿部氏から、上記フィナンシャル・レビューの論文において、納税者の予測可能性を高める見地から、GAARが必要であるとの意見が出ているのが注目される[注455]。

もちろん、このように予測可能性を高めるためには、昭和37年の国税通則法の制定の際に示されたような抽象的な規定ではなく、判断基準をも明確にした規定であることが前提となる。

2　一般否認規定導入に当たっての留意点

筆者は、租税回避の本質は、第 1 章第 3 節の 3 で論じたとおり、「法の濫用」と考えているが、実際に立法しようとすると、「濫用」は、我が国では、権利濫用と誤解されるおそれがある。それで、これまでの我が国の立法例や判例の積み重ねをみていくと、「不当」を要件として、個別規定の趣旨に反する場合や経済不合理な場合には、「不当」となると規定して、どのような場合が趣旨に反するのか、あるいは、どのような場合が経済不合理なのかの考慮要素を規定するのが相当と考えている。

筆者は、第 3 章で先進諸国の一般否認規定を検討したが、オーストラリアの一般否認規定を典型とする目的基準の一般否認規定は、General Anti-Avoidance Ruleの語義に適うものではあるが、適用範囲が広すぎることとなるおそれがあり、一方、濫用基準の一般否認規定、とりわけ英国のGAARのようなGeneral Anti-Abuse Ruleは、その適用範囲が明確で、我が国の裁判官にも馴染むものであり、より適切と考えている。

また、課税庁によるGAARの適用が適切になるようにするため、カナダやオーストラリアの例にみられるように、行政内部にGAAR委員会を設置して、課税庁がGAARを恣意的に行使したり、逆にいたずらに消極的にならないようにすべきと考える。

さらに、立証責任も整理して明確にし、例えば、課税庁の方で、趣旨に反するとする根拠事実や経済不合理と考えられる根拠事実について立証責任を

（注455）　阿部泰久「包括的租税回避否認規定創設に対する経済界の考え」フィナンシャル・レビュー平成28年1号174頁

負わせ、これに対し、納税者側で事業目的があることについての立証責任があるとし（ドイツの2008年改正後のAO42条2項参照）、加えて、「一連」か否かの推定規定を入れるなどしたらと考えている。納税者側からみると、「不当」というのが、あたかも課税庁の裁量に委ねられているようにみえるかと思われる。このようにして、「不当」の判断が裁量ではないことを明確にし、納税者側で事業目的があるとの自信があれば、そのような取引をやってもいいとの予測を与えると考える。

3　結　論

　以上、我が国及び世界の各国の租税回避否認規定を論じてきた。我が国では、租税回避に対する比較的一般的な規定としては、同族会社等の行為計算否認規定があり、第2章第2節で論じたとおり、これについては、多数の裁判例がある。しかしながら、第2章第2節の6(2)で論じたとおり、同族会社等の行為計算否認規定の「不当」は、経済合理性基準で判断すべきであると考えるが、この経済合理性基準は、第3章第2節の1(6)で論じた米国における経済実質原則（economic substance doctrine）とは異なり、極めて素朴な基準であり、時代遅れとなっており、限界に来ているのではないかという問題である。例えば、第2章第2節の3(5)の広島地裁平成2年1月25日判決（判例11）は、合併自体に全く事業目的がなく、素朴な経済合理性基準で「不当」と判断されたが、第2章第3節の1(3)のヤフー事件最高裁判決（判例18）は、合併自体には事業目的が認められる場合であり、また、第2章第2節の3(7)のIBM事件高裁判決（判例13）は、一連の組織再編や自己株式譲渡に事業目的があったか否かその判断が困難な事案であった。ヤフー事件やIBM事件のような事案では、素朴な経済合理性基準は馴染まず、まして、IBM事件のように国際的な取引の場合には、その判断が非常に難しくなっているといわざるを得ない。これまで、同族会社等の行為計算否認規定については、多くの裁判例があるものの、解釈や適用には限界があり、また、立法で多少オーバーホールするといっても限界がある。

　さらに、筆者としては、第2章第1節の2で論じたとおり、我が国の租税回避に対する判例法理には限界があり、BEPSで問題とされているような租税回避には十分に対抗できないと懸念している。

　そのようなことから、結論として、我が国でもGAARの導入を検討すべき時期に至っていると考えている。

現代税制の現状と課題
（租税回避否認規定編）

平成29年10月20日　初版発行

著者　今　村　　　隆
発行者　新日本法規出版株式会社
代表者　服　部　昭　三

発行所　**新日本法規出版株式会社**

本　　社	(460-8455)	名古屋市中区栄１－23－20
総轄本部		電話　代表　052(211)1525
東京本社	(162-8407)	東京都新宿区市谷砂土原町２－6
		電話　代表　03(3269)2220
支　　社		札幌・仙台・東京・関東・名古屋・大阪・広島
		高松・福岡
ホームページ		http://www.sn-hoki.co.jp/